SCORPIO

Esther Kochte

Theta Floating

Aktiviere das spirituelle
Potenzial deines Zellbewusstseins
und erschaffe dich neu

SCORPIO

Wichtiger Hinweis

Dieses Buch dient der Information über eine Methode der Selbsthilfe und Bewusstseinsentwicklung. Wer sie anwendet, tut dies in eigener Verantwortung. Die hier vorgestellten Verfahren sind nicht als Ersatz für ärztliche oder psychotherapeutische Behandlung bei ernsthaften Beschwerden zu verstehen. Eine Haftung der Autorin bzw. des Verlags und seiner Beauftragten für Personen-, Sach- oder Vermögensschäden ist ausgeschlossen.

ThetaFloating ist zur internationalen Registrierung als geschützte Wortmarke angemeldet.

FSC
www.fsc.org
MIX
Papier aus verantwortungsvollen Quellen
FSC® C014496

Umschlaggestaltung: _himbeergeist:
Esther Kochte Berlin 2010, www.himbeergeist.net
Schriftdesign: Andreas Schnubel, www.schnubel.com
Coverfoto: Ivan Schneider Berlin 2009, www.ivanschneider.com
Druck und Bindung: GGP Media GmbH, Pößneck

ISBN 978-3-942166-05-8

www.scorpio-verlag.de

Das Leben und die Kunst haben denselben Charakter.
Beide sind fiktiv.
Ein Lebenskünstler ist, wer dies bewusst
zu nehmen versteht.

Versuche nicht, deine Probleme zu lösen –
sei selbst die Lösung!

Inhalt

Einführung

Haben oder Sein?

Angenommen, du dürftest für dein Leben eine einzige Bestellung beim Universum aufgeben und die würde sich garantiert erfüllen. Was würdest du dir wünschen?

Wenn du schlau bist, wünschst du dir etwas, mit dem du alle weiteren Wünsche ganz leicht erfüllen kannst. Wenn du klug bist, wünschst du dir wunschloses Glück. Wenn du weise bist, wünschst du dir nichts. Du bist selbst dieses Glück.

Werde eins mit deinen Visionen

Nach dem kosmischen Gesetz der Resonanz spiegeln sich in unserem äußeren Erleben unsere innersten Emotionen und Glaubensvorstellungen. Wenn andere Menschen uns verletzen, mangelt es uns an Selbstannahme. Reicht das Geld vorne und hinten nicht, schätzen wir unseren persönlichen Wert gering (»Ich verdiene es nicht«), oder es fehlt uns an Vertrauen in die Fülle des Lebens (»Man kriegt nichts geschenkt«). Dies resultiert aus emotionalen und mentalen Mustern, die sich in der Kindheit eingeprägt haben und die auf Zellebene zumeist schon von den Eltern und Großeltern übertragen wurden. Oft stecken wir auch in den Überzeugungen unseres soziokulturellen Umfelds fest: Was viele glauben, erscheint uns real. Den wenigsten ist bewusst, dass wir unsere Realität selbst erschaffen.

Wenn wir nun unser Selbst verändern, gehen unsere Lebensumstände damit automatisch in Resonanz und verwandeln sich entsprechend mit. Bloß, wie sollen wir das anstellen, wenn unsere Konditionierungen uns im Griff haben? Gute Vorsätze oder positives Denken bringen erfahrungsgemäß wenig, denn damit ignorieren wir unsere zellulären Programmierungen, die uns unbewusst sabotieren.

ThetaFloating hingegen wirkt wie ein Transformationsbeschleuniger: Im Theta-Zustand, den auch Anfänger mit einer speziellen Meditation leicht erreichen, begeben wir uns in einen intuitiven Prozess, in dem wir unsere verborgenen Widerstände und Ängste gezielt aufspüren und spielerisch miteinander interagieren lassen. Durch ein imaginäres Manöver unter dem Brennglas des höchsten Bewusstseins, das wir im Theta-Zustand erreichen können, kollidieren die alten Muster und lösen sich auf. Unsere natürliche Lebensenergie kann nun ungehindert fließen, und unsere Selbstbeschränkung weicht einem Gefühl der Verbundenheit und des Urvertrauens. Viele Menschen erfahren dies in einer für sie bis dahin ungekannten Intensität. Durch diesen Prozess bilden nicht nur die neuro-emotionalen Netzwerke unseres Gehirns gesündere Strukturen aus, sondern die gesamte zelluläre Basis organisiert sich neu. Sind wir erst mal auf einer Wellenlänge mit unseren Visionen, können wir diese mit Leichtigkeit manifestieren. Unser Leben kommt in Fluss!

Praxis leuchtet ein

ThetaFloating ist ein ganzheitlicher Prozess, durch den du allmählich mit dem Bewusstsein deiner Seele, deinem wahren Selbst, verschmilzt. »Theta« ist der achte Buchstabe des griechischen Alphabets und bezeichnet die Gehirnwellenfrequenz, die eine Trance kennzeichnet. In diesem erweiterten

Bewusstseinszustand schweben wir mühelos und spielerisch durch unsere emotionalen Landschaften, um darin zu verwandeln, was unser persönliches Wachstum blockiert. Je mehr wir uns durch diese Auflösungsarbeit unserer Essenz nähern, desto leichtfüßiger gehen wir durchs Leben. Dies kommt im Wort »floating« (engl. *schweben*) zum Ausdruck.

Klassischerweise wird eine Bewusstseinstechnik in Seminaren unterrichtet. Seminare sind interaktive Schöpfungen. Als Kursleiterin spreche ich in Hypertexten. Ich erkläre etwas, dann klickt jemand in Form einer Frage auf einen Link innerhalb meines Textes, und ich antworte darauf, dann drückt ein anderer einen weiteren Link und so fort. Dabei gibt es natürlich auch jede Menge Querverlinkungen zwischen den Teilnehmern. Auf diese Weise erstellen wir in jedem Seminar ein ganz spezifisches, auf alle Teilnehmer zugeschnittenes Handbuch samt Praxisteil; das Ganze wird also sogleich mit persönlicher Erfahrung angereichert. Die inneren Zusammenhänge sprudeln intuitiv aus mir heraus. Jeder Einstieg, jedes Betrachtungsfenster führt zur Essenz. Das ist die Magie gemeinsamer Kreativität. Die Fragen der Teilnehmer schließen die Lücken, die ich jeweils in meinem Vortrag lasse, und ich texte luftig, damit die Leute nicht einschlafen, sondern gleich mitdenken. Natürlich gibt es jedes Mal ein bestimmtes Grundkonzept, und so tauchen in jedem Seminar zu einem guten Teil immer wieder die gleichen Fragen auf; ihre Beantwortung gehört zur Routine. Manchmal aber wird mir durch die Antwort, die aus mir spricht, ein Zusammenhang selbst erst klar. So offenbaren sich in den Fragen meiner Schüler meine eigenen Fragen und werden gleich geklärt. Die Energie fließt kongenial für alle Beteiligten.

Auch dieses Buch möchte dich in die Praxis meiner Technik einführen und dir Hilfe zur Selbsthilfe bieten. Den le-

bendigen Austausch und die »vibrations«, die sich in einer Gruppe Gleichgesinnter ergeben, kann es zwar nicht ersetzen. Dafür kann es dir komplexere Einsichten vermitteln, und du hast mehr Zeit, dir die Inhalte zu erschließen und alles persönlich für dich auszuprobieren. Die beiliegende CD mit geführten Meditationen und Übungen kann dir dabei helfen, über den Theta-Zustand in eine höhere Bewusstseinsebene zu gelangen – die beste Voraussetzung, um die magischen Kräfte deines Selbst zu aktivieren. Im Verlauf des Buches findest du Hinweise, an welchen Stellen welche Meditation jeweils passen würde. Natürlich kannst du sie aber auch alle hintereinander genießen. Such dir dafür ein ruhiges Plätzchen. Es empfiehlt sich, die Übungen im aufrechten Sitz durchzuführen, damit der Atem frei fließen kann und du lernst, einen Theta-Zustand im Wachbewusstsein herzustellen und zu halten – kurz vor dem Einschlafen erzeugt dein Gehirn nämlich ohnehin Theta-Wellen. Folgende Tracks bieten dir auf der CD einen kleinen Vorgeschmack:
1. Verwurzle dich in der Erde / 2. Aktiviere deine spirituellen Zellkanäle / 3. Schwebe durch die Chakren ins reine Licht / 4. Expandiere in die Quelle allen Seins / 5. Erschaffe dir neue Zeit-Räume / 6. Bereite dir ein gutes Bauchgefühl.

Eine Audio-CD mit weiteren Meditationen und Übungen ist zusätzlich im Handel erhältlich.

Außerdem habe ich mich darum bemüht, die Inhalte des Buches so zu gestalten, dass die üblichen Fragen, die sich aus dieser Arbeit ergeben, gleich beantwortet werden.

Du kannst sämtliche Anwendungen im Alleingang praktizieren, aber auch zusammen mit einem Partner. Hilfe für andere ist immer auch Hilfe für dich selbst. Wenn du mit einem Freund oder einer Freundin arbeitest und ihr euch gegenseitig dabei unterstützt, eure Muster aufzulösen, profitieren immer beide davon, Geber und Empfänger. Denn was du in deinem Gegenüber erkennst, ist ein Spiegel deines eigenen Selbst. Einen Großteil meiner persönlichen Heilung verdanke ich meiner energetischen Arbeit an anderen.

Auch lässt sich *ThetaFloating* prima in der beruflichen Praxis einsetzen und kann deine bisherigen Kenntnisse als Therapeut, Heilpraktiker oder Coach ergänzen und vertiefen. Unter meinen Klienten und Schülern befinden sich zahlreiche Spezialisten aus der helfenden Branche, von der Auraheilerin bis zum Zahnarzt. Ich habe jedoch ausdrücklich Wert darauf gelegt, dass auch Menschen ohne Vorkenntnisse die Techniken anwenden können, darum wird einiges davon für den spirituell Erfahrenen vielleicht nicht neu sein.

Für die geschilderten Fallbeispiele habe ich, um die Identität der Personen zu schützen, nicht nur deren jeweiligen Namen verändert, sondern auch die inhaltlichen Koordinaten leicht abgewandelt. Jeder Fall ist einzigartig. Dennoch gibt es in der Symptomatik viele Überschneidungen, denn in der archaischen Grundstruktur unseres Bewusstseins, um die es in meiner Arbeit geht, verliert sich unsere Individualität. Darum habe ich einige ihrem Wesen nach typische Beispiele gewählt. Die Schilderungen sind keine kompletten Transkriptionen, das würde den Rahmen dieses Buches sprengen. Sie fassen vielmehr die wesentliche Problematik zusammen und zeigen die Manöver auf, die jeweils zu ihrer Lösung geführt haben.

Im Jahr 2010 als Label für eine ganzheitliche Bewusstseinsarbeit und Lebensart gegründet, unterliegt *ThetaFloating* der permanenten Entwicklung. Es lebt von seiner praktischen Anwendung und würde somit ohne die rege Interaktion mit meinen Klienten und Seminarteilnehmern nicht existieren. Da das Bewusstsein und die sich daraus generierenden Weltbilder ihrem Wesen nach fluktuieren, behalte ich mir vor, meine theoretischen Grundannahmen fortlaufend zu revidieren und an ihrer Alltagstauglichkeit zu messen. Nur ein flexibler Geist ist ein kreativer Geist. Die gewohnte Komfortzone zu überschreiten und Ideen oder Glaubenskonstrukte immer wieder aufs Neue zu hinterfragen und zu irritieren ist eine Grundbedingung für individuelles wie kulturelles Wachstum. Dieses Wachstum zu fördern, Menschen aus allen Umständen heraus zu befähigen, ihr Leben freudvoll zu gestalten und die kreatürliche Würde jedes Einzelnen nicht nur programmatisch zu behaupten, sondern konkret erfahrbar zu machen, ist ein Hauptanliegen von *ThetaFloating*.

Ich wünsche dir viel Freude beim Erlernen und Praktizieren der hier vorgestellten Techniken und beim absichtsvollen Erschaffen deiner Realität. Du weißt ja, das beste Werkzeug ist nutzlos, wenn man es in der Schublade verrosten lässt. Handfeste Resultate erfordern handfeste Praxis. Diejenigen, die keinen Nutzen aus den Inhalten ziehen, sind diejenigen, die ihre Anwendung nie wirklich probieren oder mangels sensationeller Spontanheilung zu früh aufgeben. Wenn du aber einfach loslegst und die Techniken anwendest, erlebst du früher oder später Erfolge; diese können so durchschlagend sein, dass du dich selbst kaum wiedererkennst. Wenn ich dir also eines ans Herz legen darf, dann ist es eine regelmäßige, möglichst tägliche Praxis – mitunter genügen schon zehn Minuten zwischendurch, um dich wieder auf Kurs zu bringen.

Im Onlineforum unter *www.thetafloating.com* kannst du dich mit Gleichgesinnten vernetzen. Teile mit ihnen deine Erfahrungen, Fortschritte und Zweifel – umso schneller kommst du voran. Wer zu Gesprächen oder zum gemeinsamen Üben jeweils zueinanderfindet, ist niemals dem Zufall überlassen. Vielleicht triffst du dabei ja alte Seelenbekannte. Ich habe im Rahmen meiner Praxis einige meiner wertvollsten Freundschaften geschlossen.

Übung: Dein paralleles Selbst

Die bewusste Wahl erschafft neues Bewusstsein. Neues Bewusstsein erschafft neue Erfahrung. Neale Donald Walsch

Wenn du jetzt nach Belieben sein könntest, wo du willst, wo wärst du dann? Dort, wo du jetzt bist? Oder weit weg? Mit wem wärst du dort? Was würdest du augenblicklich tun? Etwa dieses Buch lesen?

Es geht für dich bei dieser kurzen Übung nicht darum, Luftschlösser mit Hirngespinsten zu tapezieren oder deine Karriere bis zur Rente durchzuplanen. Es geht nur darum, zu ergründen, was du genau jetzt, in diesem Augenblick tun würdest, wenn es keine zeitlichen, räumlichen, sozialen oder finanziellen Einschränkungen gäbe und keine gegenwärtigen Verpflichtungen. Schließ die Augen, spür in dich rein:

Wenn es eine Szenerie gäbe, in der ich gerade lieber wäre als die, in der ich mich gegenwärtig befinde, wie sähe diese aus? Ist sie in einem bestimmten Land oder einer Stadt lokalisiert? Wie ist das Klima? Ist dort gerade Tag oder Nacht? Was würde ich an diesem Ort jetzt tun? Beachte dabei nicht, was dein Verstand für richtig hält. Lass die Bilder einfach von selbst vor deinem geistigen Auge auftauchen und zoom dich auf die Entfernung ran, aus der du sie optimal betrachten kannst. Schau dir eine Weile dabei zu, wie du in der Szenerie agierst. Bist du mit dir allein, oder sind Menschen um dich herum?

Wahrscheinlich wirst du dich bei dieser Vorstellung von außen beobachten. Versuche nun, mit deinem parallelen Selbst zu verschmelzen, indem du dich in dessen Perspektive versenkst. Was siehst du direkt vor dir? Betrachte deine Hände. Sind sie perfekt manikürt, oder hast du dunkle Ränder unter den Fingernägeln vom Sandburgenbauen? Schau an dir hinunter. Was für eine Kleidung trägst du – oder bist du nackt? Wie fühlst du dich in deiner idealen Gegenwart? Wie fühlt sich dein Körper an? Spür den Boden unter den Füßen, wenn du nicht gerade im Meer badest, die Luft auf deiner Haut, lausche den Geräuschen, die dich umgeben.

Kehre nach einigen Minuten wieder an den Ort deiner objektiven Wahrnehmung zurück. Ich mache derweil dieselbe Übung. Es ist meine Lieblingsübung, um mich innerlich neu auszurichten, wenn ich spüre, dass ich gerade von meinem derzeitigen persönlichen Ideal abweiche. Hinsichtlich der Übereinstimmung mit deinem Ist-Zustand zählt die Kilometeranzeige dabei weniger als das vorherrschende Gefühl, das du mit der Szenerie verbindest. Denn das verrät dir etwas über ihre eigentliche Essenz – und auf die kommt es an.

Und? Wie war das? Angenehm? Fast so schön wie Urlaub? Oder bist du eher traurig geworden, weil deine Wunschvorstellung meilenweit von dem entfernt ist, was du als deine objektive Realität wahrnimmst? Landen wir wieder auf dem Boden deiner gegenwärtigen Tatsachen. Wie sieht es da aus?

In der Küche stapelt sich der Abwasch, die Kinder streiten sich nebenan um die Playstation, der alte Vater hatte einen Schlaganfall und wartet im Krankenhaus auf deinen Besuch, vor deinen Füßen liegt das in sorgfältige Fetzen gerissene Mahnschreiben vom Finanzamt gemeinsam mit dem ebenso zugerichteten Abschiedsbrief deines Partners, du hast Kopfschmerzen, und deine Schilddrüse fühlt sich an, als hätte sie ihre Tätigkeit soeben endgültig eingestellt. Genau so, nur anders? Oder schlimmer?

Wie fühlst du dich gerade? Großartig und voller erhebender Visionen? Zufrieden oder neutral? Eingeschnürt vom Korsett deiner Verpflichtungen? Dumpf und leer? Planlos und wirr? Verletzt? Mutlos? Oder hoffnungsvoll, weil dieses Buch ein wenig Besserung verspricht?

Dann möchte ich dir gerne einen kleinen Tipp geben: Das Selbst, das du gerade in deiner Fantasie von dir entworfen hast, existiert tatsächlich, und zwar in einer parallelen Welt. Es hat sich von dort aus in dein Bewusstsein eingeschlichen. Und es ist gewissermaßen realer als das, was du als dein wahres Ich ansiehst, denn es spricht dir buchstäblich aus der Seele. Deine Seele ist dein wahres Selbst. Die Persönlichkeit, als die du dich im Alltag wahrnimmst, ist dagegen nur so ein erfundenes Ding, ein Konstrukt deiner selbst. Alles, was du einmal konstruiert hast, kannst du jedoch auch wieder dekonstruieren. Das lohnt sich zumindest für den Teil an dir, der dir nicht gefällt oder Probleme bereitet.

ThetaFloating möchte dir dazu verhelfen, deine Persönlichkeit in grundsätzliche Übereinstimmung mit deiner Seele zu bringen, denn dadurch wird dein Leben sinnerfüllt und glücklich und dein Körper gesund. Wenn du deine kosmischen Antennen – das sind diese winzig kleinen Rezeptoren an deiner Zellmembran – mit der energetischen Schwingung deines Wunsch-Selbst synchronisierst, wird das, was du dir wünschst, in deine objektive Realität gelangen.

Erfahrung geht vor Schulwissen

Die Naturwissenschaft kann das tiefste Geheimnis der Natur nicht lüften, und zwar deshalb nicht, weil wir in letzter Hinsicht selbst ein Teil des Rätsels sind, das wir zu lösen suchen.
Max Planck

Noch vor wenigen Jahren hätte ich einen Spruch wie *There is no way to happyness – happyness is the way* als Postkartenweisheit abgestempelt, mit einem Hanfblatt als Briefmarke. Ich kann von Glück sagen, dass ich die Wirksamkeit spiritueller Kräfte mit einer Wucht erleben durfte, die keinen Zweifel an ihrer Existenz ließen, bevor ich den einschlägigen Erklärungsversuchen dazu begegnete. Ohne diese

Erfahrung hätte ich als Akademikerin niemals auch nur den kleinen Zeh in das Sujet der Esoterik getaucht. Für die sternchenblinkenden Homepages reinkarnierter Atlantis-Priesterinnen und pastell getöntes Erweckungspathos hatte ich nur Spott übrig. Gleich meine erste Telefonsitzung mit einer spirituellen Heilerin, die auf der Grundlage von Theta-Wellen arbeitete, sprengte mein beschränktes Weltbild jedoch auf einen Schlag.

Was Schamanen und geistige Heiler schon seit Urzeiten praktizieren, gerät nun auch zunehmend in den wissenschaftlichen Fokus: Über unser Bewusstsein sind wir imstande, unmittelbar verändernd auf unseren Körper einzuwirken. So lässt sich etwa mit sprachlichen und visuellen Codes über elektromagnetische Wellen unsere DNA manipulieren. Jahrtausendealte Erfahrungen mit hypnotischer Suggestion, Fernheilung oder Telepathie wären damit endlich auch naturwissenschaftlich bestätigt. Wie die Epigenetik, ein relativ junger Forschungszweig der Zellbiologie, herausgefunden hat, sind wir nämlich nicht das Produkt unserer Gene, sondern unsere Gene reagieren über die Zellmembran unmittelbar auf unser Bewusstsein. Bruce Lipton als ein populärer Vertreter der Zellbiologie hat über den unmittelbaren Zusammenhang zwischen Geist und Genetik einige sehr anschauliche Publikationen vorgelegt. Nicht nur körperliche Dispositionen, sondern auch emotionale Traumata werden über unser Genmaterial bis zu fünf Generationen weitervererbt. Wir brauchen also gar keine »schlimme Kindheit« erlebt zu haben, um einigermaßen blockiert zu sein.

Voll im Trend liegen auch Publikationen über die spirituelle Bedeutung der Quantenmechanik und der experimentellen Biophysik. Das Universum und unsere Körper bestehen aus einem gemeinsamen Energiefeld, dem sogenannten Nullpunktfeld oder »Quanten-Hologramm«. »Es ist (…) eine dokumentierte Tatsache«, schreibt Gregg Braden in seinem Buch *Der Realitäts-Code*, »dass das menschliche Bewusstsein unter bestimmten Bedingungen auf die Quantenenergie Einfluss nehmen kann – auf den Stoff, aus dem alles besteht.«[1] Wie zahlreiche physikalische Versuche gezeigt haben, ändern Teilchen ihr Verhalten, indem wir sie beobachten. Allein durch das Betrachten werden wir ein Teil des Betrachteten. Der Fokus unserer Aufmerksamkeit beeinflusst also tatsächlich die Wirklichkeit; wir leben in einem interaktiven Universum.

Aus physikalischer Sicht ist das Leben ein Beziehungsgefüge aus einzelnen Quantenteilchen, die in ständiger Bewegung sind und das Gefüge damit permanent ändern. Die Kraft hinter dieser Bewegung heißt Energie. Und Energie, so postulierte 1944 der Physiker Max Planck, ist mit einem Bewusstsein ausgestattet: Der »Geist ist der Urgrund aller Materie«. Materie ist somit nichts anderes als materialisierte, das heißt auf bestimmte Weise codierte, Gedankenenergie. Wenn wir unsere Gedanken ändern, verändern wir nicht nur unsere persönliche Realität, sondern auch einen Teil der universalen Matrix. Umgekehrt ist unser Leben ein Spiegel unserer bisherigen Überzeugungen. Was wir über uns und die Welt denken, das bestimmt, wer wir sind, was wir tun und wen oder was wir in unser Leben ziehen.

Auch die Hirnforschung und die modernen Neurowissenschaften nähern ihre Erkenntnisse jenen fernöstlicher Seinslehren an. Weltweit entstehen Dialoge zwischen Fachrichtungen, die sich traditionell konträr gegenüberstehen. Der Trend geht weg vom bornierten Schubladendenken der Einzeldisziplinen, hin zu einem ganzheitlichen Bewusstsein, in dem die unterschiedlichen Polaritäten ausbalanciert sind.

---

1 Braden (2008), S. 7f.

Bei allem Rückenwind, den aktuelle Forschungen der spirituellen Szene verschaffen, dürfen wir jedoch nicht aus dem Blick verlieren, dass diese mit ihrer Beweislage immer noch beträchtlich dem hinterherhinken, was ganzheitlich arbeitende Heiler und Therapeuten in ihrem Alltag erleben. Das liegt nicht zuletzt daran, dass wissenschaftliche Disziplinen im Gegensatz zu unserem höheren Bewusstsein dem Kausalitätsprinzip unterworfen sind und ihre systemimmanenten Grenzen haben. Ein Forscher kann niemals einen Standpunkt außerhalb des von ihm erforschten Systems einnehmen. Während wir also auf akademisch (das heißt leider auch immer ökonomisch) legitimierte Erklärungen über die wundersamen Kräfte des Geistes warten, könnten wir manch heilsame Wandlung im Leben verpassen. Dagegen lassen sich kraft unserer schöpferischen Inspiration längst beachtliche Entwicklungsschübe erreichen.

Abgesehen von meiner fulminanten Selbstverwandlung im Zeitraffer, von der ich im nächsten Kapitel erzählen möchte, habe ich in meiner Praxis als Bewusstseinscoach, die ich seither betreibe, zahlreiche kleine und große Wunder erleben dürfen. Da finden zerrüttete Familien in bislang nie gekannter Harmonie zusammen, eine Jahrzehnte währende Panikstörung oder ein chronisches Ohrgeräusch werden spontan geheilt, binnen drei Tagen wächst die zurückgebildete Zahnsubstanz einer Klientin nach, und ein Klient, der HIV-positiv war, wurde durch intensive Bewusstseinsarbeit nach einem halben Jahr schließlich negativ getestet. Seither ist er nicht nur kerngesund, sondern ein ganz neuer Mensch. Wenn du so etwas erlebt hast, dann lässt du dir von keinem von der Pharmaindustrie korrumpierten Schulmediziner mehr weismachen, dieses oder jenes sei unheilbar, und dich von keinem hartgesottenen »Realisten« mehr als Spinner abtun, der sich mit seinen alternativen Heilmittelchen nur etwas vormache. Wer im Schein der offiziell verordneten Realität gefangen ist, betrügt vielmehr sich selbst um seine Autorität, seine Welt bewusst zu formen. Da dem Placeboeffekt der Beigeschmack der Täuschung anhaftet, wird seine tiefere Bedeutung allgemein unterschätzt – zeigt sein Phänomen doch, wie eigenständig der Körper sich selbst zu heilen imstande ist, wenn man es ihm erlaubt, indem man ein vermeintliches Mittel dazu autorisiert. Wenn Spiritualität ein Placebo ist, dann mit dem Effekt der Selbstermächtigung. Realismus ist ein Placebo mit dem Effekt der Selbstbeschränkung.

ThetaFloating leitet sich vor allem aus Erfahrungswissen ab. Ausschlaggebend war für mich meine intensive, auch akademische Auseinandersetzung mit der Psyche und die Bewusstseinsarbeit an mir selbst, der ich mich aufgrund meiner traumatisch bedingten psychosomatischen Leiden von Jugend an verschrieb. Nach vielen Irrwegen, Frustrationen und Rückschlägen erlebte ich vor drei Jahren durch meine Entdeckung von *ThetaHealing* und dessen intensive Anwendung eine sensationelle Heilung. Auf diese Erfahrung, auf die entsprechende Ausbildungen und Trainings folgten, gründete ich meine bewusstseinstherapeutische Arbeit sowie meine Lehrtätigkeit in Seminaren. Neben *ThetaHealing* (nach Vianna Stibal), mit dem ich nach einiger Zeit an konzeptionell bedingte Grenzen stieß, haben mich dabei Methoden wie die *Reference Point Therapy* (nach Simon Rose), die *Quantenheilung* (nach Frank Kinslow), *Matrix Energetics* (nach Richard Bartlett), schamanische Heilweisen wie das hawaiische *Huna*, die Zen-Philosophie sowie nicht zuletzt die anregenden Gespräche und Diskussionen mit meinen Seminarteilnehmern ganz besonders inspiriert. Am wichtigsten waren bei der Entwicklung meiner Methodik aber die Einzelsessions, die ich mit vielen Hundert Personen durchgeführt habe. Kein Konzept kann die nachdrücklichen Erfahrungen, die aus der Praxis resultieren, ersetzen.

Beim Experimentieren mit verschiedenen Strategien und Techniken hat sich gezeigt, dass diese vor allem dazu dienen, den Verstand beschäftigt zu halten, damit ein höheres Prinzip, was auch immer wir darunter verstehen mögen, seine heilsame Kraft an unseren konditionierten Ich-Vorstellungen vorbei entfalten kann. Je plausibler dem Verstand ein Konzept erscheint, desto eher mag er bereit sein, sich auf einen Prozess einzulassen, dem er mit seinem Latein buchstäblich nicht gewachsen ist. So bemisst der Wert einer Methode sich daran, wie gut es ihr gelingt, das Bewusstsein zu beflügeln, klare Impulse für wunschgerechte Veränderungen zu geben und deren Ausführung einer höheren Intelligenz anzuvertrauen.

Die Wirkung von *ThetaFloating* beruht auf der bewussten Rückverbindung mit dem kosmischen Bewusstsein, der universellen Kraftquelle deines Selbst. Allein das häufige Expandieren in die höheren Ebenen deines Bewusstseins bewirkt schon große Veränderungen in der Wahrnehmung deiner selbst wie deiner Umwelt und verändert allmählich aufs Heilsamste dein Energiefeld. Darüber hinaus können wir unseren Transformationsprozess ungemein beschleunigen und steuern, indem wir gezielt unsere Blockaden lösen. Blockaden sind nichts als gestaute Lebensenergie, die aus der unbewussten Trennung von deinem Seelenstrom resultiert.

ThetaFloating bietet dir alle Werkzeuge, die du brauchst, um dein persönliches Energiepotenzial zu entfalten. Konsequent angewandt, kannst du dir damit das schönste Leben kreieren, das du dir nur vorstellen kannst. Dennoch empfehle ich dir, auch für andere Methoden aufgeschlossen zu sein und diverse Lehrer zu konsultieren, denn im gesamten Spektrum des Angebots filtert jeder das für sich Passende heraus. Wenn du erst einmal gelernt hast, dich von der höchsten Instanz deines Bewusstseins führen zu lassen, werden sich dir die richtigen Quellen für deine Weiterentwicklung von selbst erschließen. Ich bin weit davon entfernt, zu behaupten, meine Methode sei die einzig wahre. Jeder Mensch ist anders und benötigt spezielle Impulse für sein Wachstum. Der Bedarf an Energiearbeit ist so gigantisch, dass wir es als Lebensberater und Seminarleiter nicht nötig haben, uns gegenseitig auf die Füße zu treten und einander das Wasser abzugraben. »Du züchtest dir deine eigene Konkurrenz heran«, warnen mich einige meiner Freunde, wenn ich stolz von den Erfolgen meiner Klienten und Schüler erzähle, die auf gleichem Gebiet tätig sind wie ich. »Papperlapapp«, sage ich dann. »Ich züchte mir eine bessere Welt heran!« Denn die Welt möchte ich erleben, in der es mehr Heiler als Nachfrage nach Heilung gibt! Wäre das nicht eine heile Welt?

Die enorme Resonanz auf meine Arbeit von Anfang an zeigt mir, dass das kapitalistische System, in dem Ellenbogen und blindwütiges Territorialverhalten regieren, dem Untergang geweiht ist und Erfolg und Wohlstand sich zuverlässig einstellen, wenn wir von einer Sache überzeugt sind und darauf vertrauen, dass das Universum uns mit genau der Fülle versorgt, für die wir uns aufgeschlossen zeigen. Diese Fülle möchte ich gerne an dich weitergeben. Denn Glück multipliziert sich, wenn man es teilt.

Die Entdeckung meiner Heilkräfte

Das Happy End vorab

War ich Anfang 2007 noch nervlich krank, ausgezehrt, abgemagert, beruflich perspektivlos und hochverschuldet und dachte ob der scherbenreichen Bilanz meines Lebens über Suizid nach, so zähle ich mich heute zu den reichsten und glücklichsten Menschen auf dieser Erde. Nicht nur habe ich mich durch intensive Anwendung diverser Bewusstseinstechniken binnen kürzester Zeit von meinem Leiden erlöst. Auch habe ich Bewusstseinsstadien erreicht, von denen ich bis dahin nicht einmal wusste, dass es sie überhaupt gibt. »Erleuchtung« war für mich bis dahin ein abstrakter Begriff und gehörte in den Bereich der Mythen.

Mein inneres Glück lässt sich nicht in ein, zwei Sätzen beschreiben. Was ihm zugrunde liegt, versuche ich dir im Laufe dieses Buches näherzubringen, damit du es selbst erfahren kannst. Bis dahin nenne ich dir nur einige Punkte meines offensichtlichen Glücks: Ich verbringe einen Großteil meiner Zeit mit selbst gewählten Aufgaben, die mir Freude machen, die mich interessieren, inspirieren, begeistern, herausfordern und wachsen lassen und die auch andere interessieren, inspirieren, begeistern, herausfordern und wachsen lassen. Darum werde ich gut dafür bezahlt; ich kann aus dem Vollen schöpfen und bin finanziell auf hohem Niveau flüssig.

Ich lebe mit einem Mann zusammen, der mich intellektuell, kreativ und erotisch aufs Wunderbarste stimuliert, den ich aus tiefster Seele liebe und der mich ebenso liebt. Ich bin körperlich kerngesund und fit. Ich bin allseits umgeben von freundlichen, liebevollen und wohlwollenden Menschen. Ich habe richtig gute Herzensfreunde, mit denen ich mich vertraulich austauschen kann über das, was uns jeweils umtreibt, und mit denen ich auch in kreativen Projekten zusammenarbeite. Es gibt keine einzige Beziehung mehr in meinem Leben, ob beruflicher, freundschaftlicher oder verwandtschaftlicher Art, die für mich problematisch wäre. Dazu gehört auch die Beziehung zu meinem verstorbenen Vater, dem Hauptverursacher meines einstigen Leidens. Heute kann ich wieder sagen, dass ich ihn liebe. Dabei ist mir das Ausmaß seines Vergehens heute bewusster denn je – mitsamt dem Vergehen an sich selbst. Meine Liebe zu ihm ist nicht märtyrerhaft. Sie ist im Gegenteil die Krönung meiner Metamorphose von der Märtyrerin zur selbstbewussten Schöpferin meines Lebens. Von allen Übungen, die ich im Zuge meiner Heilung zu bewältigen hatte, war die Klärung dieser Beziehung die schwerste. Über ihren Weg führte die Klärung der wichtigsten Beziehung, die ich in meinem Leben zu klären hatte: meine Beziehung zu Gott – oder das, was ich für Gott hielt.

Nachdem ich mich die längste Zeit meines Lebens dem Drama verschrieben hatte, habe ich über die Verbindung zu höheren Dimensionen nun Frieden, Harmonie und innere Balance zu schätzen gelernt, die inmitten der Bewegtheit des alltäglichen Lebens Raum greifen können. Mittlerweile erscheint mir die Erschließung der metaphysischen Gefilde um ein Vielfaches aufregender als die Summe aller Liebesabenteuer, Machtspielchen und Exzesse, die ich im Laufe meiner Karriere als Drama Queen ausgekostet habe. Dennoch möchte ich keine meiner Erfahrungen, und sei sie noch so schmerzlich, missen. Sie haben mich konsequent zur heutigen Einsicht in mein multidimensionales Dasein geführt. Und was gibt es Kostbareres, als seinem wahren Ursprung zu begegnen?

Ich habe und bin alles, was ich haben und sein will – und ich kann alles werden, was mir noch zu werden in den Sinn kommt. Dafür habe ich ein simples Rezept – und das ist die bewusste Verbindung mit meinem Innersten. Dabei respektiere ich auch meine Tücken, Fehler und Widerspenstigkeiten – weil sie mich unermüdlich auf das hinweisen, was noch alles an blockiertem Potenzial in mir steckt. Denn wenn ich eines gelernt habe, dann, dass in den größten Herausforderungen der Persönlichkeit die größten Geschenke liegen.

Wunschmaschine und Zauberstab

Als Vorschulkind habe ich auf dem Papier eine Wunschmaschine entworfen. Damit konnte ich in beliebiger Menge erzeugen, was ein gut sortimentiertes Warenhaus hergab, an dessen Schaufenster ich mir oft die Nase platt drückte: Teddys, Häschen, Äffchen, Bücher, Flummis, Rollschuhe, ferngesteuerte Ferraris, Indianerzelte, Knete, Malstifte, Lakritzschnecken, Feenkleider … Genau genommen, war meine Wunschmaschine eine Superfabrik. Über eine Tastatur gab ich meine Bestellung ein, dann drehte ich an einer Kurbel, und es erschien auf einer Art Display ein kryptischer Code. Die Maschine rumpelte und pumpelte, und kurze Zeit später flog das fertige Produkt aus einem der Ausgabefächer. Ich wähnte mich im Schlaraffenland mit der Fähigkeit, auf Knopfdruck ohne Ende schöne Spielsachen erschaffen zu können, und füllte Listen über Listen mit meinen Wünschen. Doch bald wurde ich dieser Anhäufungen überdrüssig. So ist das mit Wunschmaschinen: Sie erzeugen ständig neue Wünsche. Ich machte mit der Maschine kurzen Prozess und erfand etwas viel Besseres.

Es war ein Zauberstab. Kein Plagiat aus der Faschingsabteilung, sondern ein echter. Woher ich mir da so sicher war? Weil ich selbst als seine Schöpferin ihm magische Kräfte verlieh – mit dem nächstbesten Spruch, der mir in den Sinn kam. Ich schwang meinen Zauberstab im Laub der Bäume, und heraus schwebten winzige, luzide Wesen, die mich umgarnten. Plötzlich waren die »Feuerpüpptina« im Anmarsch und trachteten mir nach dem Leben. Ich zauberte mich unsichtbar und floh in Richtung Klettergerüst, das ich flugs in ein Schiff verwandelte. Auf hoher See balancierte ich als Piratenprinzessin über die Reling und hielt mit meinem Zauberstab das Gleichgewicht.

Es erschien mir keineswegs paradox, dass ich selbst die Schöpferin meines Machtinstruments war und meine Kräfte als Akteurin zugleich davon abhängig machte. Ich folgte der kreativen Dynamik des Spielens. Als Kind konnte ich vollkommen im Spiel aufgehen und gleichzeitig das Geschehen aus verschiedenen Perspektiven lenken. Souverän changierte mein Bewusstsein zwischen verschiedenen Modi und Rollen.

Von Fegefeuern und Teufeln

Doch ehe ich mich versah, glitt mir der Zauberstab aus den Händen. Zwei Wesen kriegten ihn zu fassen, die sich als der Ernst des Lebens und die Umstände vorstellten. Sie erschienen mir so ernst und so umständlich, dass sie mich völlig in ihren Bann zogen.

Irgendwann, ich war achtzehn Jahre alt, überließ ich ihnen meine Kräfte ganz. Das war der Moment, in dem ich meiner Mutter verriet, was ich bis dahin peinlich verborgen hatte: Mein Vater hatte sich seit meinem dritten Lebensjahr sexuell an mir betätigt. Mit dem Schocktrauma meiner Mutter implodierte die Zeit, und es begann eine neue Geschichtsschreibung. Die Antiheldin dieser Geschichte war ich. Ich galt als Märtyrerin der Familie und trug den Titel *Opfer sexuellen Missbrauchs*. Mein Vater war unter der Maske des Pfarrers ein alkoholkranker Schandtäter. Meine Mutter war die Verblendete und Betrogene. Mein Bruder litt als stummer Zeuge im Abseits und haderte mit seiner Männlichkeit. Eine weitere Rolle wurde besetzt: Gott fungierte als übermächtige Kontrollinstanz bei der Scham- und Schulddynamik, die mein Vater in mir in Gang gesetzt hatte, um mich zum Schweigen zu verurteilen. Mein Vater war nicht nur ein doppelzüngiger Manipulator, sondern auch ein charismatischer Erzähler. Eindrücklich hatte er mir anhand apokalyptischer Darstellungen von Fegefeuern und Teufeln die unerträglichen Qualen der ewigen Höllenfeuer geschildert, während er sich an mir verging. Über solche Vorstellungen war er als evangelischer Theologe weit hinaus, und das ließ er sogar durchblicken – aber in meinem Kindergemüt entzündeten sie eine verheerende Wirkung.

Ich nahm meine Opferrolle bereitwillig an, um meine Ehre zu retten, die durch die nun offenkundige Schande verloren gegangen war. Dass mein Vater infolge der offenen Konfrontation wenig später einem Herzinfarkt erlag, ließ mich in meiner Selbstwahrnehmung nicht nur als seine Verräterin, sondern auch noch als seine Mörderin dastehen. In meiner Schuld war ich kontrollierbar und manipulierbar. Mit meiner Beichte war ich überdies ein gefundenes Fressen für den pathologischen Etikettenhandel.

Das Opfermotiv

Es begann die bewusste psychologische Aufarbeitung, die mich in der Weise, wie sich mir der Sachverhalt von familiärer, gesellschaftlicher, fachliterarischer und psychotherapeutischer Seite her darstellte, restlos traumatisierte. Hatte ich bis dahin noch nicht registriert, wie schlimm es eigentlich um mich stand, so hielt ich nun mit Buchtiteln wie *Zart-*

bitter, Seelenmord oder mit Goethes in diesem Kontext vielfach zitierter Verszeile »Was hat man dir, du armes Kind, getan?« das Todesurteil meiner Seele in Händen. Die einschlägig skandierten Symptome liefen in mir ab wie eine Schallplatte, und die Rillen gruben sich über die Jahre immer tiefer in mich ein. Da stand ich also, das arme Kind, durch und durch pathologisiert und gebrandmarkt, entwürdigt und entmachtet, und mein Selbstbewusstsein schwand wie mein lockiges Haar, das mir in Büscheln ausging.

Heute bin ich mir sicher, dass die psychologische Literatur und ihre Verfechter meine Biografie in erheblichem Maße mitgeformt haben. Ich bildete eine Missbrauchspersönlichkeit heraus, wie sie im Buche stand. Denn je mehr ich mich verhielt, wie ein Inzestopfer sich der Lehrmeinung nach zu verhalten hätte, desto weniger machte ich mich verdächtig, nicht doch irgendwie schuld gewesen zu sein an dem, was ich mit meinem Vater erlebt hatte. Wenn das kein Motiv für eine Opfergeschichte ist!

Einem Opfer machen wir gewisse Zugeständnisse. Im gesellschaftlichen Diskurs über den sexuellen Missbrauch fand ich neben den oben genannten Auswirkungen Vorlagen für Männerhass, promiskuitiven Vampirismus, kindliche Regression, Magersucht, Selbstmitleid, Selbstverletzung, cholerische Anfälle, sadomasochistische Tendenzen oder suizidale Erpressung, und ich betrachtete meinen Opferstatus als Lizenz, mit diesen Neigungen ungeniert zu experimentieren. »Versehrtheit adelt«, schrieb ich in einer Prosaminiatur.

Komaklinik oder Klapse

Dazu litt ich, seit ich fünfzehn war, unter unvorstellbar extremen Schlafstörungen. Regelmäßig schlief ich ganze Nächte hindurch überhaupt nicht. Im Durchschnitt kam ich innerhalb von vierundzwanzig Stunden auf etwa drei bis vier Stunden Schlaf – und das über die Dauer von zwanzig

Jahren hinweg. Von all den Strapazen und Schwierigkeiten, die damit einhergingen, kann ich in der Kürze kaum berichten. Die kausalen Zusammenhänge meiner traumatischen Vergangenheit hatte ich längst seziert. Doch keine psychologische Selbsterkenntnis, keine Therapie und keine Pille verschaffte meinen rastlosen Nerven Ruhe.

Ich wusste längst, dass es mir nichts nützte, meine Eltern zu beschuldigen. Seinen Eltern auf der Verstandesebene zu vergeben, ist jedoch nicht das Gleiche, wie ihnen aus vollem Herzen zu vergeben. Um jemandem aus vollem Herzen vergeben zu können, muss das Herz voll sein. Es wohnten einige Menschen in meinem Herzen und zwei Katzen. Wer sich aber nicht recht darin einrichten durfte, das war ich selbst. Mich selbst konnte ich nur ertragen, wenn ich Kunststücke vollführte und Leistungen erbrachte. Wenn ich mich in den verliebten Augen eines Mannes spiegelte. Wenn mein äußeres Spiegelbild mir schmeichelte. »Über die Banden« konnte ich mir selbst in die Augen blicken. Aber wehe, wenn ich versagte. Wenn ich zurückgewiesen wurde. Wenn ich eines Tages kein Begehren mehr würde wecken können, weil ich verbraucht war von den Strapazen meiner inneren Drangsal. Dann hätte ich in keinem anderen Herzen mehr ein Zuhause. Dann wäre ich gänzlich obdachlos. Verführung und Leistung, das waren meine Überlebensstrategien.

Daran änderte auch mein Liebesfrühling nichts, den ich im Aufwind magischer Synchronizitäten nach einer finsteren Talsohle genießen durfte. Früher oder später würde eben doch die Komaklinik ihre Tore für mich öffnen müssen. Indes, mein junger Lover weigerte sich, mir Sterbehilfe zu leisten, und bat mich inständig, es mal bei seiner Heilpraktiker-Schwester zu versuchen. Bitte? Nachdem noch nicht mal die dreifache Dosis Valium meinen Kontrollwahn aus den Angeln heben konnte, sollten mich Globuli und Bachblüten in den Schlaf wiegen? Er insistierte, ich solle es wenigstens mal versuchen, die Schwester praktiziere da neuerdings so eine Methode, die auf einer Art Hypnose beruhe. Mich hypnotisieren? Dass ich nicht lache! Die Ärzte schafften es ja kaum, mich zu narkotisieren! Aber gut, dachte ich, damit er endlich Ruhe gibt, würde ich ihm also beweisen, dass selbst seine tolle Schwester mir nicht würde helfen können.

Zwischen Skepsis und Ekstase

Bei aller Skepsis erlaubte ich also in meiner Not einem »parapsychologischen Etwas«, in meine persönliche Realität einzugreifen. Die Erlösung aus meinem geschlossenen Leidenssystem erfolgte prompt. Mechthild, die Schwester meines Liebsten, schaute im Theta-Zustand geradewegs auf den Grund meines Unterbewusstseins und beförderte mit einem gezielten Griff eine latente Todessehnsucht zutage, die Nacht für Nacht mit meinem Lebenswillen um die Wette gerungen hatte. Außerdem drückte sie mit meiner Zustimmung einmal auf die Löschtaste, um den Groll gegen meinen Vater aufzulösen, den ich in meinen Zellen hortete (was nur temporär gelang – zur vollständigen Vergebung bedurfte es noch anderer Strategien). Im Verlauf unseres einstündigen Telefonats löschte und programmierte sie in einem Affentempo an mir herum, während ich passiv auf dem Sofa saß und meine Katze schnurrend auf meinem Schoß lag. Dann wurde ich etwas unruhig. Obwohl ich bis auf einige Tränen, die mir zwischendurch die Wangen herunterliefen, nichts weiter spürte, wurde mir das Ganze allmählich doch zu anstrengend. Im selben Moment sagte Mechthild, dass es jetzt wohl erst mal genug sei, und wir verabredeten für die nächste Woche eine weitere Sitzung. Ich legte den Hörer auf.

Plötzlich begann ich vor Dankbarkeit und Erleichterung zu heulen, kurz darauf musste ich lachen, dann wieder heulen, dann wieder ... Ich taumelte ins Bad. Das Wesen meines Vaters erschien mir vor den Kacheln und löste in mir, statt der gewohnten Beklemmung, ein Gefühl liebevoller Heiterkeit und Versöhnlichkeit aus. Kurz darauf wähnte ich mich emporgehoben von einer unsichtbaren Substanz, die sich anfühlte wie Gelee, nur viel leichter und lichter. Ich schwelgte eine gefühlte Ewigkeit in einem bis dahin ungekannten Zustand des Urvertrauens, des Getragenseins und der Glückseligkeit.

Was war das für ein Zeug? Was passierte da mit mir? Bisher hatte ich gute Gründe gehabt, Gott, wenn es ihn denn gab, für einen Zyniker der miesesten Sorte zu halten und ihm die kalte Schulter zu zeigen. Dies hier fühlte sich jedoch ganz eindeutig nach einer höheren Intelligenz an, die es gut mit mir meinte!

Auf der Uhr vergingen drei Stunden, dann löste ich mich absichtlich etwas aus meinem zeitlosen Schwebezustand, weil ich mit meinem Liebsten fürs Kino verabredet war. Auf einem »realitätstauglicheren« Niveau jedoch schwebte ich neben ihm weiter und erzählte ihm strahlend von meinem Erlebnis. Und er war baff, wusste er doch selbst nicht so genau, was seine Schwester da Seltsames trieb. In den folgenden Nächten schlief ich wie ein Murmeltier.

Dann ging der Wahnsinn von vorne los. Die alltäglichen Existenznöte, in die ich mich während meiner jahrzehntelangen Quälerei verstrickt hatte, untergruben meine Nachtruhe einmal mehr. Es bedurfte also weiterer Behandlungen, und dann wollte ich dieses »geniale Zeug« selbst lernen, um nicht mehr auf fremde Hilfe angewiesen zu sein. Beflügelt begab ich mich also auf die Suche nach Art und Ursprung dieser geheimnisvollen Energie und fand den eigenmächtigen Zugang dazu einige Monate später in Mechthilds *ThetaHealing*-Seminar in der Pfalz.

Auf rituellen Stützrädern

Offen gesagt, es gab dort Momente, in denen ich mich fragte, wo ich hier gelandet war, so sehr erschauerte ich über das schier unbegrenzte Ausmaß an Möglichkeiten, das sich angeblich mit reiner Geisteskraft bewerkstelligen lassen sollte, und so peinlich berührt war ich gleichzeitig von dem esoterischen Gewand, in dem diese Verheißung daherkam. Nachdem ich jedoch wiederholt die enorme Macht zu spüren bekommen hatte, die in der Essenz des Konzeptes verborgen war, und da ich zu der Schwester meines Liebsten inzwischen absolutes Vertrauen hegte, schaffte ich es, die Sache sportlich zu nehmen und meinen Verstand vorerst ruhig zu halten. Ich hatte längst kapiert, dass es hier um alles oder nichts ging. Entweder Heilung oder es hatte sich ausgekaspert. Ich ergab mich also und ließ meinen intellektuellen Dünkel fahren. Was für eine Befreiung! Auf den rituellen Stützrädern taumelte es sich für mich als blutige Anfängerin ganz hervorragend in geistigen Höhen, und die magischen Sprüchlein, Elfen und Erzengel begannen mir richtig Spaß zu machen. Mein Kinderherz schlug Purzelbäume!

Ein Pakt mit der Vernunft

Zurück in Berlin, verkündete ich allseits triumphierend: »Ich kann jetzt zaubern!« Und es war mir so was von piepegal, dass das für jeden »Uneingeweihten« völlig hirnverbrannt klingen musste, hielt ich doch nichts Geringeres als den Universalschlüssel zu meinem Glück in Händen! Da war er also wieder, mein verbummelter Zauberstab aus der Kindheit.

Zauberstäbe gibt es gar nicht, sagst du? O doch, liebe Leserin, lieber Leser. Die gibt es. Eine andere Bezeichnung dafür lautet »Bewusstsein«. Ich zeige dir, wie dein Bewusstsein auch ohne Engel und Elfen durch die Lüfte schwingen kann (elfisches Gekicher wirkt allerdings krampflösend bei intellektuellen Spasmen). Bist du bereit? Dann verneige dich noch einmal gebührend vor deinem Verstand, bevor du ihn das Fürchten lehrst. Dein Verstand ist großartig. Aber er ist nicht das, wofür er sich hält.

Der Ausweg aus dem goldenen Käfig deines Verstandes führt zunächst mitten durch ihn hindurch. Das ist der Tribut, den ich dem Intellekt als solchem endlich zu zollen habe. Wir hatten damals nämlich einen Pakt: Ich lasse dich nach Herzenslust über Regenbogen rutschen, auf dem Rücken von Einhörnern durch astrale Prärien preschen und mit Abgesandten von Sirius B plaudern, wenn du mir eines Tages von deiner hohen Warte aus erklären kannst, was es mit diesem Teufelszeug auf sich hat. Und dass du nur eines weißt: Mit Kristalltempeln aus Atlantis lasse ich mich dann nicht mehr abspeisen. Ich will die Essenz jenseits aller Fiktion!

Auf der Suche nach einer plausiblen Erklärung für die letzten aller Dinge habe ich inzwischen kiloweise Bücher gewälzt, einen turmhohen Stapel Kladden mit Notizen und gechanneltem Material vollgekritzelt und die Tastatur meines Notebooks mit logischen Ableitungen von Gott eingeebnet. Nach allem, was ich da ermittelt habe, kann ich nur sagen: Die Wahrheit hat einen seltsamen Sinn für Humor! Was buddhistische Weisheitslehren seit jeher annehmen, beginnt nun auch in der westlichen Philosophie des Geistes Raum zu greifen und von den neuesten Ergebnissen der Physik und der Hirnforschung bestätigt zu werden: Der ganz alltägliche Wahnsinn unserer Wirklichkeit ist nichts als eine virtuelle Simulation des Bewusstseins. Wir stehen im Begriff, unsere Vorstellung von einer objektiven Existenz mitsamt ihrer zentralen Schaltstelle, Seiner Majestät, dem Ich, grundlegend zu desillusionieren. Jenseits der Fiktion gibt es schlichtweg – nichts!

Willkommen im Vexierspiel der Realität

Kommst du dir nicht auch manchmal vor wie in einer gigantischen Computersimulation? Hast du hin und wieder das Gefühl, dass alles um dich her irgendwie irreal ist? Fühlst du dich zuweilen wie eine Schauspielerin oder ein Schauspieler, noch dazu im falschen Film? Oder als würdest du träumen? Damit kommst du der Wahrheit verdammt nahe!

Das Universum ist ein Hologramm

Die Umwelt, die wir wahrnehmen, ist unsere Erfindung.

Heinz von Foerster

Stell dir mal vor, die Welt, wie du sie kennst, wäre eine holografische Spiegelung deines Bewusstseins. Ein Hologramm (griech. *holos* = ganz, *gramma* = Botschaft) ist eine dreidimensionale Projektion, die durch Laserstrahlen erzeugt wird und die Illusion von etwas Physikalischem wiedergibt. Deine Mitmenschen wären also wandelnde Phantome – genau wie du. Du erkennst in ihnen jeweils genau das, was du auf sie projizierst. Alles, was du wahrnimmst, ist ein geniales, unzählige Male in sich gebrochenes und dadurch multipliziertes Spiegelbild deines Ich. Deine Wahrnehmung ist der Laserstrahl, der die reflektierten Frequenzmuster deiner Umwelt entschlüsselt und zum Leben erweckt. Du musst nur deine inneren Schwingungsmuster verändern, um dein Erleben mitsamt der Außenwelt zu modellieren. Eine verwegene Vorstellung, nicht wahr? Doch sie funktioniert, und zwar so fantastisch wie dein Bewusstsein! Das Universum ist eine holografische Projektion. Die materielle Welt ist eine Illusion. Jenseits dieser Illusion gibt es nichts.

Tatsächlich ist in den letzten fünfzig Jahren eine wachsende Zahl an Wissenschaftlern zu genau dieser Überzeugung gelangt und hat damit ein Modell der Realität begründet, das in den 1980ern als *holografisches Paradigma* bekannt wurde. Zwei Pioniere dieses Weltbilds sind der österreichisch-amerikanische Neurophysiologe Karl Pribram und der englische Quantenphysiker David Bohm. Ihre Erkenntnisse wurden inzwischen auch erfolgreich in den Bereich der Akustik übertragen. Nun liefern sie die physikalische Antwort auf fernöstliche Seinslehren, die schon seit Jahrtausenden davon ausgehen, dass die Welt der materiellen Erscheinungen *Maja* sei, eine Illusion, ein Schleier, der uns den Blick auf die eigentliche Wirklichkeit verhängt. Wie kam es dazu?

1982 beobachtete der Physiker Alain Aspect an der Pariser Universität in einer Versuchsanordnung, dass subatomare Partikel wie Elektronen unabhängig von ihrer Entfernung zueinander jeweils exakt synchronisierte Bewegungen vollzogen. Offensichtlich standen sie in unmittelbarer Wechselbeziehung zueinander – gerade so, als wüsste das eine Teilchen im selben Moment, was das andere gerade macht. Ganz offensichtlich verstößt diese Entdeckung gegen den Grundsatz aus Albert Einsteins Relativitätstheorie, nach dem sich im Universum nichts schneller bewegen könne als das Licht. Damit wäre unsere Vorstellung von der Begrenztheit durch Zeit und Raum grundlegend infrage gestellt.[2]

---

2 Vgl. Jansen (2007)

Und was hat das Ganze mit einem Hologramm zu tun? Schauen wir uns zunächst an, wie ein Hologramm überhaupt entsteht, dann verstehen wir genauer, was es charakterisiert.

Angenommen, du willst ein Hologramm von deinem rosafarbenen Pudel erzeugen. Dafür musst du zunächst eine holografische Vorlage von deinem Pudel erstellen, die du anschließend projizierst. Für die Vorlage tauchst du den Pudel erst mal in einen Laserstrahl. Vorausgesetzt, er bleibt dabei still sitzen, reflektiert der Pudel diesen Strahl. Auf den Strahl, der vom Pudel reflektiert wird, richtest du einen zweiten Strahl, das heißt, du lenkst einen zweiten Strahl aus derselben Lichtquelle durch Spiegel so um, dass beide Strahlen miteinander kollidieren. Aus der Überschneidung der beiden Laserstrahlen resultiert ein Muster aus unregelmäßigen Wellenlinien, ein sogenanntes Interferenzmuster. Dieses Bild wird auf einen Film aufgenommen. Die Bildvorlage auf dem Film ist in dem Muster codiert und beinhaltet alle sichtbaren Informationen über den Pudel, etwa seine genauen Ausmaße, seine lockige Frisur, seine dekadente Farbe, seine heraushängende Zunge, seine treuen Augen und seinen Schwanz. Wenn du den Film nun entwickelst, erkennst du deinen Pudel in dem Durcheinander der codierten Wellenlinien mit bloßem Auge nicht wieder. Erst wenn du den Film durch einen weiteren Laserstrahl ausleuchtest, erscheint ein dreidimensionales Abbild deines vierbeinigen Freundes. Du kannst es von allen Seiten und aus verschiedenen Blickwinkeln betrachten. Dein Pudel blinzelt dir absolut realistisch und detailgetreu entgegen.

Doch der eigentliche Clou kommt erst noch: Denn wenn du die holografische Vorlage halbierst und beide Hälften erneut mit einem Laser anstrahlst, wird dir dein Pudel nun in zwei kleineren, aber kompletten Bildern entgegenblinzeln! Teilst du diese Bilder noch einmal, hast du gleich vier vollständige Pudel. Jeder Teil des Hologramms beinhaltet also die Gesamtinformation des kompletten Bildes. Das bedeutet, ein Hologramm ist fraktal strukturiert und seine Essenz unteilbar. Der Mikrokosmos entspricht exakt dem Makrokosmos, dem er angehört. Alles ist in einem.

Aus diesem Phänomen leitete David Bohm nun die Erklärung für das Verhalten der subatomaren Partikel in Aspects Versuch ab: Die Partikel würden nicht in Überlichtgeschwindigkeit über irgendein mysteriöses Signal miteinander kommunizieren. Vielmehr sei ihre Getrenntheit von vornherein eine Illusion. Auf einer dem Mikroskop verborgenen Realitätsebene seien diese Partikel »keine individuellen Einheiten, sondern Ausdehnungen desselben fundamentalen Etwas«.[3] Allein darum erschienen uns die Objekte unserer Welt als voneinander getrennt, so Bohm, weil wir nur einen begrenzten Ausschnitt ihrer Realität beobachten könnten. Im Grunde seien sie Aspekte einer tiefer liegenden, immateriellen Einheit. Dies erinnert an den geistigen Urgrund der Materie, von dem bereits Max Planck gesprochen hatte. Folglich könne die materielle Realität in ihrem Innersten gar nicht wahrhaftig existieren, sondern müsse einer Täuschung entspringen, genauer, einer gigantischen holografischen Projektion unserer Sinne.

Zu einem entsprechenden Ergebnis gelangte bereits in den 1960ern der Hirnforscher Karl Pribram, als er den Sitz unserer Erinnerungen im Gehirn ermitteln wollte. Hologramme waren in den USA damals voll im Trend, wie die legendäre Filmserie *Star Trek* dokumentiert – 1963 entstand das erste Hologramm an der Universität von Michigan –, und so lag es in der Luft, dieses Modell in seine Überlegungen mit einzubeziehen. Eine weitere Eigenschaft des Hologramms ist es nämlich, dass alle seine Teile unendlich mit-

3 Jansen (2007)

einander verknüpft sind und in unmittelbarer Wechselwirkung zueinander stehen. Und ist es nicht eines der erstaunlichsten Merkmale des menschlichen Gedankenprozesses, jede Information augenblicklich mit einer anderen Information in Beziehung zu setzen?

Was kommt dir etwa spontan in den Sinn, wenn du das Wort »Haifisch« liest? Sicherlich das Meer, die Farbe Silbergrau oder Weiß, Flossen, scharfe Zähne, der berühmte Film von Steven Spielberg und, wenn du im Deutschunterricht gut aufgepasst hast, auch die *Dreigroschenoper* von Bertolt Brecht. Für diese Assoziationen hast du keine drei Sekunden gebraucht.

In welcher zerebralen Datenbank sind derartige Informationen katalogisiert und abgespeichert? In keiner bestimmten, wie zahlreiche Experimente inzwischen belegen, sondern im gesamten Gehirn. Eine der ersten Versuchsreihen dazu reicht bis in die 1920er-Jahre zurück. Der Psychologe Karl Lashley entfernte nach und nach verschiedene Teile des Gehirns von Ratten, denen er zuvor die Bewältigung komplexer Aufgaben beigebracht hatte. Doch welchen Teil er auch immer beseitigte, die Ratten waren nach wie vor imstande, ihre Aufgaben zu bewältigen.

Pribram übertrug das holografische Prinzip nun auf die neuronalen Verknüpfungen im Gehirn und kam darauf, dass Erinnerungen in Mustern von Nervenimpulsen gespeichert sein müssen, die das Gehirn in seiner Gesamtheit durchkreuzen. Das entspräche exakt den Mustern von Laserstrahlüberlagerungen, die auf einer holografischen Vorlage gespeichert sind. Wie ein Hologramm Frequenzen verschlüsselt und wieder entschlüsselt, so übersetzt auch das Gehirn die unzähligen Frequenzmuster, die unsere Sinne in Form von Licht- und Schallwellen erreichen, in die konkrete Wahrnehmung unserer Welt. Danach wäre das Gehirn selbst ein Hologramm – was nur konsequent ist, wenn wir davon ausgehen, dass jede Erscheinung einen fraktalen Ausschnitt der gesamten Schöpfung offenbart.

Das »Alles-in-einem«-Patent

Jenseits des Universums von Zeit, Raum und Veränderung befindet sich die wesentliche Wirklichkeit – die fundamentale Wahrheit.

Kybalion

Das Geheimnis des Lebens zu lüften und die letzten Ursachen unserer Existenz zu ergründen stachelt den menschlichen Ehrgeiz seit jeher an; darauf beruht letztlich alles Erkenntnisstreben. Die holografischen Prinzipien der Geistigkeit, der Ganzheitlichkeit, der fraktalen Entsprechung und der Bildung von Schwingungsmustern finden sich bereits in der hermetischen Philosophie. Ob die Realität außerhalb unserer Wahrnehmung existiert oder nicht, lässt sich mit unserem intellektuellen Instrumentarium jedoch nicht in letzter Konsequenz herausfinden, denn ein Beobachter kann niemals einen Standpunkt außerhalb der Totalität einnehmen, die er beobachten will. Jeder Beobachter ist ein Mitschöpfer des Beobachteten. Unsere teilnehmende Beobachtung bringt eine spezifische Realität erst hervor. Subjekt und Objekt gestalten sich gegenseitig. Demgegenüber sind wir sehr wohl in der Lage, unseren bisherigen Horizont zu transzendieren und unseren seinsmäßigen Ursprung subjektiv zu erfahren. Der traditionelle Weg dorthin führt über die Meditation.

2500 Jahre Erleuchtungserfahrung legen uns nahe, dass alle Phänomene, die wir in unserer Welt wahrnehmen, dem Bewusstsein entspringen, genauer: dem bewussten Sein. Gemeint ist kein spezifisches oder persönliches Bewusstsein, sondern das universale Bewusstsein. Es ist die Quelle aller Erscheinungen – ein neutraler Begriff für Gott.

Reines Sein ist reines Gewahrsein, jenseits aller Form,

zugleich ist es allen formalen Erscheinungen immanent. In fernöstlichen Philosophien wird das reine Bewusstsein »Leere« genannt oder «Nirwana«. Das Wort aus dem Sanskrit bedeutet »Erlöschen« (wörtlich »Verwehen«) und bezeichnet das Auslöschen aller mit der Vorstellung vom Dasein verbundenen Faktoren. Das Sein als das ultimative Subjekt durchdringt alle Erscheinungen, doch entzieht es sich allen Beschreibungen, die naturgemäß unserem dualistischen Denken, also der Unterteilung in Subjekt und Objekt, entspringen.

Wenn das bewusste, in sich selbst ruhende Sein allen Erscheinungen zugrunde liegt, ist Materie in Form gebrachtes oder »in-formiertes« Bewusstsein. Mit jeder Schöpfung findet also eine bestimmte Aktivität im Bewusstsein statt. Aktivität meint Bewegung. Schöpfung ist Bewusstsein in Bewegung. Physikalisch entspricht dieser Bewegung die Schwingung der subatomaren Teilchen, die wir unter dem Mikroskop beobachten können. Wäre das Bewusstsein reines Licht, wäre die Materie sein Schatten. Nur wenn es sich aus sich selbst heraus bewegt und in den Schatten eintaucht, kann das Licht seine eigene Leuchtkraft erkennen. Gott ist das sich seiner selbst bewusste Bewusstsein.

Warum ruht es nicht einfach nur in sich selbst? Warum erschafft es immerzu etwas? Gegenfrage: Warum nicht? Vielleicht einfach, weil es möglich ist? Die New-Age-Bewegung hat dazu eine Idee, die ihrer eigenen Motivation verdächtig ähnlich sieht: Demnach ist das göttliche Bewusstsein mit seiner Schöpfung voll auf dem Selbsterfahrungstrip. In der Schöpfung fächert sich das All-Sein in unendlich viele Details auf und gewinnt dadurch unzählige »persönliche« Perspektiven, durch die es sich selbst betrachten kann. Auch durch dich und dein Erleben in der Dualität, im polaren Spannungsverhältnis zwischen den Elementen und Ereignissen, erlangt es eine ganz spezifische Erfahrung – darum hat es dich hervorgebracht. Umgekehrt wächst du mit deinem persönlichen Bewusstsein deinem ursprünglichen Sein entgegen. Die Vorstellung mag anthropozentrisch anmuten, oder anders gesagt: Sie menschelt gewaltig! Doch wenn das große Ganze in all seinen Teilen enthalten ist, dann dürfen wir getrost davon ausgehen, dass der Transfer vom menschlichen aufs universale Bewusstsein zumindest partiell der Wahrheit entspricht – nämlich genau der Teilmenge, die unserem Bewusstsein zugänglich ist. Die Wahrheit einer Fliege oder eines Topfdeckels wiederum dürfte vollkommen anders aussehen.

Alles durchdringt alles, und alles ist mit allem verbunden. Alles ist in einem enthalten. Diese Erkenntnis mag unserer Gewohnheit widersprechen, die vielfältigen Erscheinungen des Universums zu sezieren und zu kategorisieren. Doch wie es aussieht, sind all unsere Abgrenzungen künstlich, und unser Kosmos ist in Wirklichkeit ein nahtloses Netz, eine universale Matrix. Jede materielle Form, jede »In-Formation« darin ist in einem bestimmten mehr oder weniger komplexen Wellenmuster codiert, das mit anderen Mustern verwoben ist. Über dieses gigantische Datennetz steht alles miteinander in dynamischer Wechselbeziehung, jeder Stern mit jeder Wolke mit jedem Fischotter mit jedem Schnupfen mit jedem Buchstaben in diesem Text.

Die All-Einheit des Seins, die auf der Quantenebene offenkundig scheint, entzieht sich für gewöhnlich unserer Wahrnehmung durch die Sinne. In einem Zustand der Trance oder auch der höchsten, gewissermaßen »allumfassenden« Präsenz können wir sie jedoch erfahren. Biologisch mag das damit zusammenhängen, dass bestimmte Gehirnareale ausgeschaltet werden, während wir meditieren. Untersuchungen an buddhistischen Mönchen und christlichen Franziskaner-Nonnen liefern aufschlussreiche Details über die Gehirnaktivität während der Meditation, wie der Physiker Dieter Broers berichtet: »Der Bereich [im Gehirn], der in einem direkten Zusammenhang mit der meditativen Erfahrung steht, ist das Orientierungs-Assoziations-Zentrum im Scheitellappen, das durch den andauernden Informationsfluss der Sinnesorgane eine klar definierte Abgrenzung zwischen Körper und Umwelt und darüber hinaus ein Gefühl für Zeit schafft. ... Durch das ›Abschalten‹ dieser Gehirnregion (...) konnte bei den meditierenden Versuchspersonen eine gewisse Verschmelzung mit der Umwelt erreicht werden. Die Grenzen von Raum und Zeit waren für sie nicht mehr fassbar. Die Buddhisten interpretieren diese Wahrnehmung als ein Auflösen im Nichts, im Nirwana. Die untersuchten Nonnen hingegen formulierten die Erfahrung als ein Einswerden mit Gott. Es sieht also ganz so aus, dass in diesem Zustand eine bewusst wahrgenommene Ankoppelung an den Hyperraum stattfindet – einer übergeordneten Dimension also, deren Existenz jenseits von Science-Fiction und Esoterik bereits von Max Planck bewiesen wurde.«[4]

Mit der differenzierten Ausstattung unseres Gehirns können wir also die Dimension wechseln – vom normalen Wachbewusstsein, in dem wir uns als getrennt von unserer Umwelt erleben, bis hin zum Zustand der universalen Verschmelzung in einem erweiterten Bewusstsein. Das Erleben der Getrenntheit ist dabei selbstredend die beschränktere Sichtweise – und auf dem Verharren in dieser Beschränktheit beruhen auch unsere sämtlichen Probleme! Das Paradox der Glückseligkeit besteht nämlich darin, die Dimension des persönlichen Erlebens zu genießen, ohne sich in ihren Illusionen zu verlieren. Dies kann nur gelingen, wenn wir den Schleier unserer Identität lüften und unser Ego transzendieren.

---

4 Broers (2009), S. 115f.

Das Ego klammert sich wiederum mit aller Macht an die »Fakten«, die es seiner Existenz versichern, selbst solchen, die leidvoll sind, denn im tiefsten Innern ahnt es, dass es nur ein »Fake« ist. Als Tatsache (lat. *factum, res facti*) wird eine Situation bezeichnet, in der sich Dinge nachweislich befinden. Vielleicht fällt es uns westlichen Menschen darum auch so schwer, uns vom »Tun« zu lösen. Viele Leute werden nervös, wenn sie nichts tun. Indem wir unsere »Taten« als »Sache« begreifen, haben sie für uns etwas Verbindliches. »Tatsachen« helfen uns, zumindest an der Oberfläche, mit unserer Dimension der Getrenntheit klar zu kommen. Nichts befürchten wir mehr als eine Auflösung unserer Tatsachen. Woran sollen wir uns festhalten, wenn es nichts Verbindliches mehr gibt? Was bleibt von uns übrig, wenn wir unser Ich ausblenden? Was bleibt, wenn wir die gesamte Welt der Erscheinungen in unserem Bewusstsein transzendieren? Nichts! Nichts als reines Gewahrsein. Darin aber liegt die größtmögliche Freiheit, die wir erfahren können. Denn wo »nichts« ist, keine Materie, keine Gestalt, keine Information und kein Gesetz, ist »alles« möglich!

Sicher hast du es schon erlebt, wie es sich anfühlt, sich ganz einer kreativen Tätigkeit hinzugeben oder in einem Spiel zu verlieren. Du wirst eins mit deinem Tun. Das nennt man einen *Flow*-Zustand, der sich in deinem Gehirn in Form von Theta-Wellen messen lässt. Wenn du im *Flow* bist, durchdringst du mit deinem Bewusstsein die Tiefe hinter den Erscheinungen, mit denen du dich beschäftigst. Du verschmilzt mit ihrem Wesen, ihrer Essenz. Die Essenz hinter dem Offensichtlichen ist das Gewahrsein. Hast du schon einmal bemerkt, wie gut es dir dabei geht? Oder hast du dabei etwa dein Ich vermisst? Wenn du dich selbstvergessen zu einer Musik bewegst, wirst du zu Klang und Bewegung. Wenn du ganz darin aufgehst, eine Leinwand mit Farbe zu füllen, wirst du eins mit deinem Bild.

Was also wegfällt, wenn du dein Ich ausblendest, ist einzig die Schranke zwischen dir und der Welt, die dein Gefühl der Getrenntheit hervorruft. Im reinen Gewahrsein erkennst du dich als eins mit dem gesamten, phänomenalen Universum. Anders ausgedrückt, erkennst du dein »wahres Selbst« jenseits aller persönlichen Einschränkungen. Darin liegen himmlische Stille und tiefer Frieden.

Wenn du in der Quelle allen Seins aufgehst, ist dein Bewusstsein maximal erweitert. Dennoch lässt sich der Radius deiner Bewusstseinsausdehnung unendlich vergrößern. Regelmäßige Praxis wird deine Wahrnehmung von dir selbst und deiner Umwelt grundlegend verändern. Dies wiederum spiegelt sich unmittelbar in dem, was du für deine objektive Realität hältst. Denn die Realität ist bis ins Detail an deine Wahrnehmung geknüpft.

Muss ich mich nun also für die nächsten Monate auf einem reisgefüllten Kissen niederlassen und gegen die Wand starren, um mein Leben zu verändern? Wenn das die Bedingung wäre, würde ich nicht dieses Buch schreiben, sondern noch in meinem eigenen Saft schmoren. Bevor ich im Seminar binnen weniger Stunden lernte, willentlich in den Theta-Zustand zu gehen, konnte ich mich noch nicht einmal auf autogenes Training einlassen. In der westlichen Zivilisation tun wir uns in der Regel schwer damit, unseren ständigen Gedankenfluss durch meditatives »Sitzen« (japan. *Zazen*) zur Ruhe zu bringen und in höhere Sphären des Geistes aufzusteigen. Da die Zahl der Menschen, die ihre Spiritualität jenseits der religiösen Paradigmen praktizieren, jedoch in den letzten Jahrzehnten exponentiell ansteigt und das globale Bewusstsein darum heute höher schwingt als noch vor zwanzig oder dreißig Jahren, wird es für Menschen ohne Meditationserfahrung immer leichter, sich durch gezielte Imaginationsübungen in das Bewusstseinsfeld der »All-Einheit« einzuklinken.

Mit *ThetaFloating* kannst du den Prozess der Selbstausdehnung enorm beschleunigen. Und nicht nur das – ich zeige dir auch, wie du von dieser Metaebene deines Bewusstseins aus schöpferisch in dein Erleben eingreifen kannst, sodass du deinen Alltag immer unbeschwerter meisterst.

Wir erschaffen die Realität durch unsere Sinne

Das menschliche Bewusstsein kann die Realität nur erfahren, indem es sie über seine Sinneswahrnehmung erschafft. Das ist sein Prinzip. Es kann nicht nichts erschaffen. Selbst wenn es nichts wahrnimmt, so ist das Nichts doch etwas. Faktoren wie Zeit und Raum bilden dabei Orientierungsachsen, welche die Erscheinungen in unserer Wahrnehmung voneinander trennen. Würden wir die Welt nicht durch unsere Wahrnehmung filtern, würden die unzähligen Möglichkeiten von Realität parallel auf uns einwirken. Ohne unsere selektive Wahrnehmung könnten wir nichts Konkretes erfahren, denn »alles« ist »nichts«.

Jeder Aspekt der Schöpfung erschafft und bewohnt seinen eigenen Raum und betrachtet die Welt aus seiner individuellen Perspektive. Jeder Baum, jede Mücke, jeder Schnuller ist ein persönlicher Ausdruck des einen universellen Bewusstseins. Doch gibt es natürlich einander überlappende Schnittmengen in der Wahrnehmung, also Aspekte, die von mehreren, ähnlich gearteten Wesen ähnlich wahrgenommen werden. Diese Wesen sind in hierarchischen Gruppen organisiert, vom Einzeller bis zum komplexen Organismus, vom lokalen Ökosystem über den Planeten bis zur Galaxie. Die gemeinsame Schnittmenge der Wahrnehmung nennt sich Gruppenbewusstsein, das als solches eine gemeinsame Dimension erschafft. Was wir als menschliches Kollektiv wahrnehmen – dazu gehört auch das, was wir mithilfe unserer technischen Geräte messen können –, sehen wir als unsere objektive Realität an. Je mehr Menschen von der Existenz einer Sache überzeugt sind, desto größer ist deren »Existenzumfang«[5]. Diese Sache erscheint uns gewissermaßen wirklicher als eine Sache, die von vielen infrage gestellt wird. Die kollektive Realität ist raumzeitlich stabiler, also »realer« als die individuelle.

Indem du über deine Sinne an das kollektive Bewusstseinsfeld angeschlossen bist, das dich umgibt, »siehst« du die Welt nicht nur durch deine eigene Brille, sondern indirekt auch über die »Sehgewohnheiten« der Menschen in deiner Umgebung. Eine Veränderung in deinem Bewusstsein bedarf also einer gewissen Entschlossenheit und Eigenwilligkeit. Nicht nur gilt es, deinen persönlichen Erfahrungshorizont mit all seinen Überzeugungen und Gewohnheiten zu überschreiten, sondern auch das in deinem Umfeld etablierte Gruppenbewusstsein zu transzendieren. Als Kollektiv haben wir quer über den Globus so festgelegte Vereinbarungen darüber getroffen, was etwa ein Fahrrad zu einem Fahrrad macht, dass es gegenüber einem grünen Marsmännchen mit Fühlern, dessen Existenz vergleichsweise wenige Menschen bestätigen, über einen recht massiven Existenzumfang verfügt. Für die Mehrheit der Menschen scheint ein Fahrrad objektiver, also wahrhaftiger zu sein als ein Marsmännchen. Du kannst zwar der persönlichen Überzeugung sein, dass dein Fahrrad in Wahrheit ein Fisch ist. Auf seine physikalische Konsistenz wird das aber selbst dann geringe Auswirkungen haben, wenn du seine »drahtige« Beschaffenheit in deiner versteckten Gartenlaube in eine »schuppige« zu transformieren versuchst, denn bereits lange vor dem Bau deines speziellen Fahrrads wurde ein Fahrrad von einer signifikanten Mehrheit von Menschen als ein Fahrgestell mit zwei Rädern angesehen und ein Fisch als ein Tier, das im Wasser lebt. Dieses Wissen ist fester Bestandteil des kollektiven Feldes,

5 Begriff von Claus Janew (2010)

das alles durchdringt und dich auch in der Abgeschiedenheit deines Bretterverschlags einholt. Als unweigerlicher Bestandteil des menschlichen Kollektivbewusstseins kannst du dich demselben kaum entziehen.

Demgegenüber verschafft uns der geringe Existenzumfang noch relativ unerschlossener, also »jenseitiger« Dimensionen einen ungeheuren praktischen Vorteil. Denn was noch nicht vom Kollektiv festgelegt ist, das können wir selbst definieren! Wir haben alle Freiheit, über unsere Vorstellungskraft das »für wahr zu nehmen«, was sich gut für uns anfühlt und was uns darum wirklich weiterbringt. Teilen wir dieses Wissen mit anderen Menschen, erschaffen wir damit ein neues globales Bewusstsein – nämlich eines der Selbstbestimmung. Je mehr Menschen jetzt die Chance ergreifen, den Frieden zu ergründen, der jenseits der Grenzen unseres dualistischen Denkens liegt, desto realistischer wird ein friedvolles Welterleben auch für die Gemeinschaft.

Der praktische Nutzen, der sich aus dem konstruktivistischen Weltbild ergibt, lässt sich unmittelbar erfahren. Im Laufe meiner spirituellen Entwicklung machte ich nämlich eine interessante Entdeckung: Je narrenfreier ich mit den einschlägigen esoterischen Konzepten herumspielte, desto erfolgreicher waren die mentalen Operationen, die sich darauf gründeten. Jedes Mal aber, wenn mein intellektuelles Korrektorat sich mit seinen pseudovernünftigen Argumenten einmischte und den Rotstift ansetzte, schmälerte das nicht nur meine Freude am Spiel, sondern auch prompt meine schöpferische Wirkkraft. Mein Bewusstsein sank ab oder, wie man spirituell korrekt sagen würde: Meine energetische Schwingung reduzierte sich wieder auf Otto-Normalverbrauch. Ohne guten Glauben blieben die Berge Berge und ließen sich, anders als zuvor, keinen Millimeter weit mehr durch meinen Willen versetzen. Das wiederum konnte nicht im Interesse meines Verstandes sein – schließlich ist er als alter Humanist ebenso an meinem Wohl interessiert wie mein hedonistisch konzipiertes Zellbewusstsein!

Was wir als Individuen an Informationen aus dem universalen Bewusstseinsfeld empfangen und was wir umgekehrt darin einspeisen, hängt zu einem großen Teil von unserem persönlichen Radarsystem ab, das unsere Zellen beherbergen. Wie wir heute wissen, verfügt jede unserer Zellen über mikrofeine Rezeptoren, über die sie mit anderen Zellen sowie mit der Umwelt kommuniziert. Informationen, also Schwingungsmuster, die uns in Form von Licht- und Schallwellen erreichen, werden dabei in elektrochemische Impulse konvertiert und von unserem Gehirn in komplexe Bilder, Klänge, Gerüche, Gedanken und Empfindungen übersetzt.

Die Rezeptoren filtern unsere persönliche Wahrnehmung durch ihre individuelle Veranlagung. Ihre Empfänglichkeit steht wiederum in dynamischer Wechselbeziehung zu den kollektiven Bewusstseinsfeldern, die uns umgeben und mit unseren Gedanken und Gefühlen korrespondieren. Diese wiederum wirken direkt auf unsere Körperchemie ein. Unser Körper ist sozusagen die engste Umgebung unseres persönlichen Bewusstseins. Dabei greift das Prinzip der Resonanz, besser bekannt als »Gesetz der Anziehung«: Gleiches zieht Gleiches an. Bestimmte Frequenzmuster gehen mit ähnlich gearteten Mustern eine kommunikative Verbindung ein. Das ist der Grund, warum wir immer jeweils genau die Personen oder Umstände in unser Leben »ziehen«, die zu unserer augenblicklichen Schwingung passen. Wir liegen mit ihnen auf der gleichen Wellenlänge. Auf das holografische Modell angewandt, entspricht das Resonanzprinzip der selektiven Wahrnehmung, mit der wir eine bestimmte Auswahl aus dem Quantenfeld treffen, in dem unendlich viele Möglichkeiten von Realität parallel existieren.

Handelt es sich um Informationen, die organische Strukturen wie unseren Körper organisieren, sprechen wir – mit dem Biologen Rupert Sheldrake – von »morphogenetischen Feldern«.[6] Darin sind sämtliche Informations- und Ordnungsmuster codiert, die unsere Zellen zu ihrer gesunden Selbstregulation, Regeneration und Fortpflanzung benötigen. Sind die Rezeptoren in der Zellmembran blockiert, etwa indem die Zelle traumatisiert ist oder unter Schock steht, kann sie die Impulse, die sie erhält, nicht mehr korrekt verarbeiten und weiterleiten. Sie hat den Kontakt zu ihrer höheren Ordnung verloren und ebnet Degeneration und Krankheit den Weg.

Gemeinsam mit unseren soziokulturellen und familiären Konditionierungen und Prägungen bilden die morphogenetischen Felder die energetische Signatur unserer Persönlichkeit. Du nimmst über dein Zellsystem andere Informationen aus dem morphogenetischen Feld wahr als ein australischer Ureinwohner, denn in deinem Kulturkreis wirken ganz andere Inhalte auf dich ein als in seiner Umwelt. Dies prägt auf Dauer deine rezeptive Wahrnehmung. Ein Mensch aus dem Mittelalter, der in deinen Breitengraden gelebt hat, hatte wiederum eine ganz andere Rezeptorstruktur als ein Mensch der Neuzeit. Würde er eine Zeitreise in die Jetztzeit unternehmen, müssten seine Rezeptoren sich erst einmal an das neue Feld anpassen, damit er sich in unserer Realität zurechtfinden könnte. Die rezeptiven und reaktiven Konditionierungen gelten auch für dein persönliches Erleben. Wenn deine Eltern dich in deiner Kindheit jedes Mal getadelt ha-

---

6 Innerhalb der sogenannten Grenzwissenschaften erfreuen sich Sheldrakes Theorien einer wachsenden Popularität, in der etablierten Forschung gelten sie hingegen noch als umstritten, da sie mit dem klassischen Instrumentarium nicht eindeutig nachweisbar sind. *ThetaFloating* verwendet, seiner konstruktivistischen Prämisse folgend, dessen ungeachtet alles, was dem Leben und Wohlsein dienlich ist – und die Feldtheorie erweist sich dabei als äußerst einleuchtend.

ben, wenn du nicht ihren Erwartungen entsprochen hast, dann hast du wahrscheinlich über die Jahre gelernt, deine eigenen Bedürfnisse zu unterdrücken. Die Rezeptoren deiner Selbstwahrnehmung sind verkümmert, während du deine Antennen »überall« hast, um die Erwartungen deiner Mitmenschen zu antizipieren. Glücklicherweise lässt sich dies durch eine simple mentale Strategie korrigieren. Denn Materie folgt Geist, und dein Körper gehorcht dem Bewusstsein. Geschlossene Rezeptoren lassen sich mit gezielter Bewusstseinsarbeit öffnen, und solche, die für destruktive Botschaften überempfänglich sind, lassen sich auf ein gesundes Maß schließen.

In seiner Gesamtheit bildet das globale Bewusstseinsfeld unseren kosmischen Wissensspeicher. Darin sind alle Informationen abgelegt, die jemals von einem Bewusstsein hervorgebracht wurden. Die »Akasha-Chronik« (engl. *akashic records*) ist ein esoterischer Terminus für dieses allumfassende Weltgedächtnis. In einem Bewusstseinszustand, mit dem wir uns dem reinen Quantenpotenzial nähern, können wir daraus theoretisch sämtliche Informationen jederzeit von überall her abrufen. Denn auf der subatomaren Ebene ist alles mit allem verbunden. Fernwahrnehmung, *Remote Viewing* oder Telepathie, die vormals in den »spukigen« Bereich der Außersinnlichkeit verbannt wurden, erscheinen vor diesem Hintergrund als ganz natürlich. Und tatsächlich kann jeder Mensch die Fähigkeit dazu entwickeln und von ihr Gebrauch machen. Selbst diejenigen unter meinen Seminarteilnehmern, die das für sich bezweifeln, erleben darin beachtliche Erfolge, sobald sie die Denkschrauben ihres Schulwissens gelöst und sich innerlich gelockert haben.

Experimente haben gezeigt, dass auch die zelluläre Kommunikation auf bestimmten Ebenen in Überlichtgeschwindigkeit, also »jenseits von Zeit und Raum« funktioniert. Unsere Sinne sind längst nicht so begrenzt, wie vom Gros der Naturwissenschaftler bisher angenommen. Einige Biophysiker machen unsere DNA für den Funkkontakt mit dem »Jenseits« verantwortlich und erklären sie zu einem universellen »Hyper-Kommunikationsorgan«. Wenn wir uns dazu noch die fraktale Organisationsstruktur des Universums vergegenwärtigen, könnten wir sogar annehmen, dass in den mikrofeinen, kristallinen Partikeln unserer DNA bereits das gesamte Universum als holografische Vorlage verschlüsselt ist! Möglicherweise verbirgt sich in den neunzig Prozent des Leistungsumfangs der DNA, die der Wissenschaft bisher Rätsel aufgeben, genau dies. Das entspräche auch der Menge an geistigem Potenzial, das wir Menschen nach Einschätzung der Neurowissenschaften bisher ungenutzt lassen.

Wir müssen den Hyperraum also gar nicht außerhalb unserer Sinne suchen, sondern es genügt vollkommen, den Laser unserer Aufmerksamkeit auf die Frequenzmuster unseres Zellbewusstseins zu werfen. Dafür reicht es aus, wenn wir uns vergegenwärtigen, was wir augenblicklich erleben. Wie innen, so außen, wie außen, so innen.

Wenn du Freude in die Welt strahlst, erlebst du Situationen, die dir Freude bereiten. Wenn du traurig gestimmt bist, spiegelt sich dies in deiner tristen Umgebung. Wenn du innerlich grollst, schlägt dir die Wut deiner Mitmenschen entgegen. Wenn du grüblerisch gegen die Wand starrst, starrt die Wand zurück und reflektiert deine Borniertheit. Wenn du deinen Zielen hinterherhinkst, beginnt dein Bein irgendwann ebenfalls zu hinken. Wenn du Angst hast, dich vor anderen auszudrücken, sitzt dir ein Kloß im Hals. Wenn du auf das, was dir blüht, allergisch reagierst, entwickelst du Heuschnupfen. Wenn du befürchtest, von anderen durchschaut zu werden, wirst du von ihnen zuverlässig übersehen. Wenn du geringschätzig behandelt wirst, schätzt du dich selbst gering. Wenn du von jemandem ein Geschenk erhältst, bist du für jemanden ein Geschenk. Wenn du dich selbst zu einseitig betrachtest und die andere Seite herabsetzt, bricht dir der Absatz deines Stiefels. Wenn du deine Wohnungstür zuziehst, ohne an den Schlüssel zu denken, hast du dich selbst ausgesperrt. Wenn du deiner Lebendigkeit die Kehrseite zuwendest, zeigt sich dir das Leben von seiner Kehrseite.

Energie folgt Aufmerksamkeit, besagt ein schamanisches Gesetz. Auf seiner Wirkung beruhen auch autogenes Training, Hypnose, kontemplative Meditationstechniken oder Gebete. Holografisch ausgedrückt, bedeutet es: Das, worauf du den Laserstrahl deiner Aufmerksamkeit richtest, nimmst du »wahr«, und das lädst du automatisch mit Energie auf. Die Bewusstseinsvorlagen, die du mit deiner Aufmerksamkeit beleuchtest, entwickeln irgendwann ein Eigenleben und erscheinen auf dem Bildschirm deiner Wahrnehmung real. Je realer dir etwas erscheint, desto stärker bist du von seiner Existenz überzeugt. Du erschaffst es analog zu deiner Wahrnehmung in deinem Bewusstsein. Deine Überzeugungen aber beeinflussen nicht nur dein Innenleben, sondern materialisieren sich auch in deinem Körper. Alle Wirklichkeit nährt sich von der Energie deiner Aufmerksamkeit und wird von ihr bewahrheitet. So kannst du dein kosmisches Kommunikationspotenzial gezielt nach deinen Wünschen aktivieren. Indem du den Mustern in deinem Zellbewusstsein, die dich blockieren, ihre Verifikation entziehst, entziehst du ihnen die Energie, von der sie leben. Damit lösen sie sich auf. So wirst du allmählich immer empfänglicher für höhere Dimensionen des Bewusstseins. Je konsequenter du dich auf die Vorstellung einlässt, dass du alles, was du erlebst, nur durch deine Wahrnehmung hervorbringst, desto mehr Einfluss gewinnst du darauf. Wahrnehmung findet, was sie sucht.

Übung: Betrachte dich im Spiegel deiner Umwelt

Sprechende Spiegel kommen nicht nur in Märchen vor, wir sind allseits umgeben von ihnen. Sie verraten uns viel über unsere innere Gesinnung. Alles, was in uns ein ungutes Gefühl erzeugt, gilt es, beim *ThetaFloating* zu bereinigen, damit wir uns im Einklang mit uns selbst und der Welt erleben können.

Wie nimmst du deine Umgebung wahr? Was denkst du über die Person am Nachbartisch des Cafés, die in ihren Laptop schreibt? Wie empfindest du deinen Sitznachbarn im Zugabteil? Wie erlebst du den Jogger, der im Park an dir vorbeiläuft? Bist du froh, dass du dich nicht so abmühen musst, oder denkst du, ich sollte auch mal wieder was für meine Kondition tun? Wie fühlst du dich, wenn du zwei Liebende siehst? Freust du dich für sie? Oder gibt es dir einen Stich, weil du selbst eine solche Liebe vermisst? Wie erlebst du eine Mutter, die ihren Kinderwagen vorbeischiebt, oder einen Vater, der sein Baby im Tragetuch vor den Bauch gebunden hat? Wie geht es dir dabei, wenn eine gestresste Mutter im Supermarkt ihrem Kind auf die Hand schlägt, wenn es nach den Süßigkeiten greift? Mit welchen Gefühlen betrachtest du den Hund, der an den Laternenpfahl pinkelt? Die alte Dame an der Bushaltestelle? Die Kassiererin an der Kasse? Was geht in dir vor, wenn du durch die Straßen deiner Stadt läufst oder durch deine Ortschaft?

Achte auf die vielen Zeichen, die sich dir im Kontakt mit deiner Umwelt offenbaren. Sie alle sind Projektionen deines holografischen Bewusstseins!

Übung: Tauche dein Erleben in ein neues Licht

Wie wäre es zwischendurch mit einem Experiment? Ich führe es gerne in meinen Seminaren durch und bin immer wieder fasziniert, was so ein kleines Spiel mit der Fantasie alles in den Leuten hervorrufen kann. Bitte lies die Übung nicht nur einfach durch, sondern mache sie wirklich! Sie dauert nur wenige Minuten.

Setz dich aufrecht hin, schließ die Augen und stell dir vor, du wärst in einem großen, geschäftigen Bahnhof unterwegs. Stimmengewirr und Lautsprecherdurchsagen dringen in deine Ohren, die Menschen wuseln hektisch durcheinander, und allenthalben wirst du von jemandem angerempelt, der sich mit seiner vollgestopften Tasche an dir vorbeidrängelt. Der Gurt deiner eigenen Tasche schneidet in deine Schultern. Du schwitzt in deinen Klamotten. Ein olfaktorisches Gemisch aus Kaffee, verbranntem Fett, Schweiß und Urin steigt dir in die Nase. Soeben hörst du die undeutliche Durchsage, dass die Gleisnummer deines Zuges sich geändert hat. An welchem Gleis er nun gleich abfährt, geht jedoch im Knacken des Lautsprechers und in parallelen Ansagen unter. Wie fühlst du dich in dem Ganzen? Vergegenwärtige dir genau deine Empfindung, während du inmitten des bunten Treibens steckst.

Wenn du bis hierher gelesen hast, halte nun inne und führ dir die geschilderte Szenerie vor Augen. Es kommt nicht auf die Details an, sondern auf die Atmosphäre insgesamt. Wenn du so weit bist, lies weiter!

Plötzlich öffnet sich die Decke der Bahnhofshalle, und ein riesengroßer Lichtwirbel ergreift das gesamte Geschehen. Er fegt einmal gründlich durch und zieht sich dann wieder dorthin zurück, von wo er gekommen ist. Die Deckenwölbung schließt sich.

Nun schau dir die Szenerie erneut an. Was hat sich verändert? Wie agieren die Menschen um dich herum? Wie sehen sie aus? Und vor allem: Wie fühlst du dich?

Bevor du weiterliest, spür zuerst in die veränderte Szenerie hinein.

Der Effekt, den meine Seminarteilnehmer in ihrer Vorstellung am häufigsten beobachten, ist der, dass nach dem

Einwirken des Lichtwirbels eine magische Ruhe in das hektische Treiben einkehrt. Die Wogen glätten sich, die Bewegung wird bis zum Zeitlupentempo entschleunigt, die Lautstärke gegen null heruntergedimmt. Ihr Zug wartet geduldig auf sie – und zwar auf dem ursprünglichen Gleis! Andere Teilnehmer berichten, dass sich nichts ändert – bis auf ihre eigene Wahrnehmung. Waren sie vor Hereinbrechen des Lichtwirbels noch total gestresst, so tangiert sie der ganze Trubel um sie herum nun nicht mehr. Sie sind einfach anwesend und lassen sich durch nichts mehr aus der Ruhe bringen. Bei wieder anderen Teilnehmern sind die vielen Menschen gleich ganz aus der Szene verschwunden. Das empfinden sie als Wohltat, gleichzeitig sind sie über sich selbst erschrocken. Darf ich meine Mitmenschen einfach so auslöschen?, fragen sie sich. Wenn es dir auch so geht: Hast du in deiner Vorstellung bewusst forciert, dass die Menschen verschwinden sollen? Hast du sie verwünscht? Oder hast du einfach nur beobachtet, was sich verändert, wenn der Lichtwirbel durch die Bahnhofshalle fegt?

Die gesamte Szene mit allen Figuren ist eine symbolische Projektion deines Bewusstseins. Die Figuren repräsentieren den Teil deiner selbst, der mit den Gefühlen von Stress und Hektik, der Enge und der Bedrängnis identifiziert ist. Die Szene ist also eine Art visueller Code für ganz bestimmte Empfindungen. Wenn die Protagonisten nach Einwirken des Lichtwirbels daraus verschwunden sind, mag das daran liegen, dass du dir insgeheim keine angenehme Lösung im Beisein dieser Menschenmassen vorstellen kannst – vielleicht, weil du dich in Menschenmassen generell unwohlfühlst. Der Lichtwirbel entspringt einem höheren Bewusstsein, das die Dinge so ordnet, wie es sich für dich persönlich gerade gut anfühlt. Es taucht alles in ein neues Licht, und schon sieht die Welt vollkommen anders für dich aus. Die meisten erleben seinen Eingriff als heilsam, ordnend und klärend.

Was dabei in deiner Vorstellung genau passiert, ob die Menschen einfach ruhiger werden und einander anlächeln oder ob du dich am Ende in der leeren Bahnhofshalle wiederfindest, ist nur eine Frage der Ästhetik. Ästhetik kommt von griechisch *aísthesis* und bedeutet »Wahrnehmung«.

Wenn du den Frieden spüren konntest, der plötzlich in der ganzen Szene lag, dann hast du soeben einen Vorgeschmack auf das Erleben erhalten, das einen sehr hohen Bewusstseinszustand kennzeichnet. Egal, was um dich her geschieht – du betrachtest alles mit einer seligen Ruhe und einem in dich gekehrten Lächeln. Du schwebst sozusagen über allen Dingen und bist gleichzeitig voll gegenwärtig.

Alles Leiden entspringt der Abkehr vom Selbst

Zu unserem Leidwesen

Die Frage nach dem Leiden in der Welt dürfte so alt sein wie die Kulturgeschichte. Jede Frage entspringt einem Kontext, einem bestimmten Weltbild, einer Vorstellung von der Realität. Sie bildet das Gefäß, das den möglichen Antworten, die es empfängt, eine Form gibt. Insofern ist durch jede Frage die potenzielle Antwort bereits vorgeformt.

Die Frage nach dem Leiden impliziert, dass der Fragende sich mit dem Leiden identifiziert. Sich mit etwas zu identifizieren bedeutet, sich mit etwas gleichzusetzen. Wenn du deckungsgleich mit einer bestimmten Vorstellung deiner selbst bist, ist dein umfassenderes Sein von ihrer Erscheinung verdeckt. Die Partikel im reinen Quantenpotenzial sind dagegen in ständiger Bewegung und darum kaum je von sich selbst verdeckt. Je näher du dem Nullpunktfeld bist, desto weniger bist du mit etwas identifiziert.

Auch hinter der Frage nach dem Sinn des Lebens verbirgt sich im Grunde die Frage nach dem Sinn des Leidens. Wer das Leiden überwunden hat, der fragt nicht mehr nach einem Sinn. Aller Sinn offenbart sich in der Selbsterkenntnis. Das Leben ist wie das Leiden selbsterklärend. Der Sinn des Lebens ist das Leben. Der Sinn des Leidens ist das Leiden. Auf das Hologramm übertragen, kann sich im Leid immer nur Leid spiegeln. In allem Lebendigen spiegelt sich das Leben.

Wenn du dich mit einer bestimmten Rolle identifizierst, etwa der einer Partnerin oder eines Partners, läufst du Gefahr, deine Identität zu verlieren, wenn diese Rolle infrage gestellt wird. Wenn du mit deiner Opferrolle identifiziert bist, bist du nicht mehr imstande, darüber hinauszublicken und offen für neue Möglichkeiten zu sein. Aus Angst vor dem Ich-Verlust klammern sich so viele Menschen an ihr Opferdasein.

Wenn wir fragen, wie ein allmächtiger Gott das Leid in der Welt zulassen kann, sind wir so »in Deckung« mit dem Elend, dass wir die Ursache dafür in einem Außen suchen müssen – wenn nicht in Gott, dann in der Natur, den Umständen, dem Chaos, den anderen. Unser Realitätsverständnis ist »selbstentäußert«: Was unsere Persönlichkeit begründet, nämlich das Prinzip der Identität, der Gleichheit mit etwas, projizieren wir auf eine Macht außerhalb unserer selbst. Und das tun wir buchstäblich zu unserem Leidwesen, denn mit unserer Verantwortung geben wir auch die Kontrolle ab.

Das tiefste Trauma eines Menschen besteht in seiner spirituellen Gebrochenheit, denn die fundamentale und zugleich höchste Würde eines Menschen ist seine spirituelle Würde. Zweifel an der göttlichen oder »schicksalsmäßigen« Zuwendung und Kooperation sind immer Zweifel an der Würde deines Selbst. Dabei verkennst du nämlich, dass das göttliche Bewusstsein und dein Selbst eins sind. Das Selbst als das ultimative Subjekt ist nur ein anderes Wort für Gott. Dein Selbst ist deine Essenz. Zwischen dir und deiner Essenz kann es keine äußere Mittlerinstanz wie eine religiöse oder staatliche Institution geben. »Dazwischen« gibt es nur dein Ich, deine persönliche Perspektive, die auch dein Körperbewusstsein umfasst.

Die jüdisch-christliche Tradition sowie ein Großteil der westlichen Esoterik sehen in der Seele die mehr oder weniger klar umrissene Essenz einer Persönlichkeit und begreifen diese als eine Teilmenge des universellen Geistes. Danach sei die Seele eine spirituelle Wesenheit, die sich auf der Erde körperlich erfahren und an dieser Erfahrung wachsen möchte. Nach meiner Auffassung trifft dieses Erkenntnisstreben jedoch auf das Bewusstsein insgesamt zu. Auch das Göttliche ist niemals »vollendet« im Sinne von »fertig entwickelt«, sondern Gott ist ewige, in sich ruhende Stille und schöpferische Bewegung in einem. Eine hierarchische Unterteilung der spirituellen Bewusstseinsdimensionen in »Seele«, »höheres Selbst« und »göttliches Bewusstsein« erscheint mir dabei hinfällig. Ich setze die Seele gleich mit dem reinen Selbst, also mit dem göttlichen Bewusstsein, und schließe mich damit der Tradition des Zen an.

So gesehen, muss die Seele in ihren weltlichen Verkörperungen auch keine Prüfungen bestehen, wie in verschiedenen Reinkarnationslehren angenommen, denn die Seele als reiner Bewusstseinsstrom ist unteilbar und unverletzlich. Wir mögen »unbeseelt« durchs Leben gehen, weil wir den Kontakt zur Kraft und Führung unseres Selbst verloren haben. Wir mögen »seelische Schmerzen« erleiden; das sind Schmerzen, durch die unsere Seele sich in Erinnerung bringt, wenn wir unser Bewusstsein von ihr abgekehrt haben. Wir mögen Gott hassen, das Leben, unsere Eltern, uns selbst – in Wahrheit hassen wir jedoch nur unsere Vorstellung von all dem, weil wir unser ursprüngliches Selbst unbewusst verleugnen und uns darum ohnmächtig fühlen.

Wenn wir uns aber dessen bewusst werden, dass unser Selbst am obersten Schalthebel unseres Lebens sitzt und damit die Position einnimmt, die wir traditionell Gott, dem Schicksal oder der Natur zuschreiben, müssen wir weder an der Gewogenheit des Schicksals zweifeln oder Gott für einen patriarchalen Tyrannen halten, der uns für unsere Sünden bestraft, noch müssen wir uns einer gleichgültigen

Natur gegenübersehen. Keine doppelzüngige Tugend kann uns mehr in unserer Sinnlichkeit beschneiden, kein Dogma unser göttliches Erbe einschränken. Wir brauchen keiner äußeren Macht mehr zu misstrauen. Wir können damit aufhören, unsere innersten Sehnsüchte Zwängen preiszugeben, die individuellen und gesellschaftlichen Irrtümern entspringen. Wir können aufhören, unsere Seele zu verkaufen, und anfangen, unserer Bestimmung zu folgen – dem, was wir uns aus tiefster Seele wünschen. Sobald wir uns wahrhaftig mit unserem Ursprung verbinden, synchronisiert sich unser Leben zu unserem höchsten Wohl.

Du musst also nicht an Gott glauben, um bewusst zu werden. Du musst lediglich dazu in der Lage sein, zu fragen: »Wer bin ich?« Oder auch: »Woher bin ich?« Denn welches Subjekt kann so fragen? Doch nur eines, das nicht mit sich selbst identifiziert ist und also mehr sein muss als sein Ich! Und dann wendest du dich an den Teil, der da so tiefgründig gefragt hat, und bittest ihn um Kooperation.

Je mehr Verantwortung du für dein persönliches Erleben übernimmst, desto mehr Autorität gewinnst du darüber. Zum Wohle aller liegt es in der Verantwortung eines jeden mündigen Menschen, sich um sein persönliches Wohl zu kümmern. Verantwortung für sich selbst zu übernehmen bedeutet jedoch keineswegs, allein zurechtkommen zu müssen. Ein erster Schritt der Selbsthilfe kann darin bestehen, sich der Hilfe von außen zu öffnen.

Gott auf Rollschuhen

Angenommen, das Ego entspringt der göttlichen Absicht, eine spezifische Perspektive von sich selbst zu gewinnen. Dann ist die Schöpfung eine unendliche dynamische Selbstfragmentierung. So kann Gott Rollschuh laufen, Sushi essen, Salsa tanzen und sogar in den Himmel schauen. Oder wer schaut in den Himmel? Aufgrund seiner menschlichen Bedingungen jedoch, die ja gegenüber dem göttlichen Allvermögen eine krasse »Selbst«-Beschränkung bedeuten, kann das Ego auf die Nase fallen oder sich eine Fischvergiftung zuziehen, und dann ist der Jammer groß. Um sich also nicht gänzlich in seinem Selbsterfahrungstrip zu verlieren und seinem Leiden auszuliefern, lässt das göttliche Selbst sich ein Hintertürchen offen und versetzt das Ego in die Lage, über sich selbst hinauszublicken. Ich bin aus dem Gleichgewicht geraten, denkt das Ego dann. Ich muss wieder zu mir selbst finden!

Damit aber die ganze Spannung nicht gleich futsch ist und die Illusion der Trennung von sich selbst aufrechterhalten werden kann, handelt es sich bei dieser Ausflucht zunächst nur um eine winzige Falltür. Keine Detektivgeschichte der Welt beginnt damit, dass der Held seinen Autor überführt (es sei denn, es ist eine postmoderne Autofiktion, welche selbstreferenziell nach dem Ich fahndet). Wohl aber beginnt eine Detektivgeschichte mit einer heißen Spur. Das Spiel ist eröffnet:

Das Selbst hat einen Heidenspaß an seinem Spiel – solange das Ego ihn auch hat. Sobald der Spaß aufhört, kommt das Ego zur Besinnung. Dafür hat das Selbst gesorgt. Hört der Spaß schlagartig auf, kommt es schlagartig zur Besinnung. Schwindet er unmerklich, wird die Sache schon kniffeliger – dann besteht aber auch keine Notwendigkeit, sich schnellstmöglich zu besinnen. Sobald das Leiden jedoch groß genug ist, zerstört das Ego sich entweder selbst und wird sterbenskrank oder es beginnt, nach der Falltür zu suchen und der heißen Spur zu folgen. Beide Wege führen letztlich zurück zu seinem Selbst. Es kann also gar nichts schiefgehen.

Je mehr Indizien seiner selbst das Ego auf seinem weltlichen Weg entdeckt, desto transparenter wird es und desto mehr offenbart sich durch seine Erscheinung das Selbst. Für jede Offenbarung gibt es einen Wohlfühlpunkt, der das

Vorankommen des Ego beschleunigt. Das kann sich für das Ego so erhebend anfühlen, dass es ganz versessen darauf ist, einen größeren Ausschnitt von seinem Ursprung zu ergattern, und es sucht und spekuliert und vergisst darüber glatt den Heidenspaß, den es in der Welt haben kann. Durch die Weltflucht verliert es sein wahres Selbst wieder ein wenig aus dem Blick. Denn ursprünglich ist es ja in die Welt gekommen, um seine persönlichen Vorzüge zu genießen.

In seinem Spiel gefällt das Selbst sich nun so gut, dass es nicht nur Rollschuh laufen, Sushi essen, Salsa tanzen oder in den Himmel schauen will. Es will auch Porsche fahren, drei Blondinen gleichzeitig vögeln und ein Goldkettchen tragen. Es will Sandburgen bauen und die Kernspaltung erfinden.

Wie das weitergeht, kennen wir ja. Du siehst, wären wir als Kollektiv bewusster, könnten wir die Dichte unserer materiellen Welt mit all ihren Irrungen und Wirrungen gar nicht aufrechterhalten. Die Dinge, die unser Leben bestimmen, würden immer transparenter und schließlich ganz aus unserer Wahrnehmung verschwinden.

Unser Held, das Ich

Weißt du, was aus handwerklicher Sicht eine Geschichte dramatisch macht? Der bewusste Verzicht auf eine ausgewogene Perspektivik. Betroffenheit stellt sich beim Hörer oder Leser ein, wenn du eine einzige Sichtweise überzeichnest, denn dadurch offenbart sich am ehesten, was nicht von ihr abgedeckt wird. Die Poesie eines literarischen Textes liegt nicht zuletzt in der weitgehenden Tilgung von Informationen, die nur eine einzige Deutung zulassen. Denn wenn keine Fragen offen bleiben, verfängt sich der Rezipient an der Oberfläche des Gesagten, statt in die Tiefe zu gehen. Ein Dialog etwa könnte so gestaltet sein, dass die Protagonisten stur aneinander vorbeireden. Im Unausgesprochenen liegt das Eigentliche verborgen. Durch das Weglassen entscheidender Details beginnt im Leser oder Zuschauer eine unbewusste Suchbewegung in den Zwischenräumen des Textes. So öffnet sich eine vertikale Dimension, die das Wesen des Gesagten offenbart und durch die das Konkrete nun umso klarer hindurchscheinen kann.

Mein Leben lang habe ich mich an »meiner Geschichte« abgearbeitet – oder dem, was ich dazu machte. Es verging kaum ein Tag seit meiner Jugend, an dem ich mich nicht direkt oder indirekt, freiwillig oder unfreiwillig mit meiner Vergangenheit und meiner daraus resultierenden Ich-Werdung beschäftigt hätte. Dabei formierte sich der Stoff im Laufe der Jahre immer wieder anders, denn er musste sich mit dem Material arrangieren, das jeweils neu dazukam. Die sich wandelnden Interpretationen der einzelnen Aspekte schichteten sich übereinander wie bei einem Palimpsest.[7] Dazu entstanden auch diverse literarische Texte, fotografische Illustrationen und Bühneninszenierungen, und die künstlerische Auseinandersetzung offenbart wohl am deutlichsten, wie flexibel das autobiografische Material ist, kompilierte ich es doch ganz bewusst tendenziös und bemächtigte mich seiner damit als Autorin, Regisseurin und Darstellerin in Personalunion. In einer Szene aus meinem Stück *Luzi vom Sirius mit Messias* (2009), welches das Phänomen der Schuld in seinen verschiedenen Kontexten und Erscheinungsformen auf tragikomische Weise beleuchtet und als manipulativen Mechanismus der Macht entlarvt, habe ich mit dem Mittel der Verknappung und der Montage monologischer Passagen mit grotesk überzeichneten Einflüsterungen aus dem »Off« eine so beklemmende Atmosphäre erzeugt, dass meinen Kodarstellern auf der Bühne Tränen in den Augen standen und meine »Gegenspielerin«

7 Ein Palimpsest bezeichnet ein altes Schriftstück, von dem der ursprüngliche Text heruntergekratzt und das neu beschrieben wurde.

bei der Premiere ihren Einsatz verpasste. In der Betroffenheit meiner Crew und des Publikums spiegelte sich mein Kindheitserleben, mit dem ich selbst mich als Schöpferin der Szene gar nicht mehr identifizieren konnte. Vielmehr entzückten mich die Ästhetisierung und Verfremdung meiner Vergangenheit dermaßen, dass sich mein persönliches Erleben unwillkürlich davon abkoppelte. Meine Figuren entfalteten ein Eigenleben – ganz besonders sogar diejenigen, die ich selbst auf der Bühne verkörperte. In dem Moment, da mein persönliches Ich beiseitetrat, wurde die Essenz dessen, was ich ausdrücken wollte, offensichtlich. Wahrheit ist niemals mit etwas identifiziert. Die Tilgung der Oberfläche bringt sie zum Vorschein.

Im literarischen Artefakt offenbarte sich mir die Künstlichkeit meiner Identität, lange bevor ich verstand, dass das gesamte Leben ein Artefakt ist. Wir formen nicht nur unsere Persönlichkeit selbst, sondern auch unsere Biografie.

> Das Leben und die Kunst haben denselben Charakter: Beide sind fiktiv. Ein Lebenskünstler ist, wer das verinnerlicht hat und sich nicht im Maskenspiel der Identitäten verfängt.

Eine Ahnung davon offenbarte sich mir bereits als Teenager in der Gestalt David Bowies, der aufgrund seiner zahlreichen ästhetischen Metamorphosen als »Chamäleon« der Popgeschichte gilt. Die geradezu messianische Verheißung, die für mich in seinem Vorbild lag, artikuliert sich in der folgenden autobiografischen Passage aus einem Essay über die Maskierungen des Alltags und den jugendlichen Starkult, die ich später in meinem oben genannten Stück szenisch verarbeitet habe:

»Und dann, doppelte Pfarrerstochter, leidgeprüfte dreizehn, sah ich den Koboldkönig Jareth im Fantasy-Streifen *Labyrinth. Where everything seems possible and nothing is what it seems.* Unter der Maske: David Bowie, Meister der Maskierung. Ätherische Erscheinung, diabolische Anmut, eine Stimme, die alles transzendiert. Ich war betört. Vom Kinosessel sank ich geradewegs in Bethaltung und tapezierte mein Zimmer mit seinem Bildnis. Mein Erzeuger und Patriarch war empört. Du sollst keine anderen Götter haben neben mir! Ich aber wollte David Bowie nicht nur küssen, ich wollte David Bowie sein. Ich wollte Mann und Frau sein wie er. *You've got your mother in a whirl: She's not sure if you're a boy or a girl.* Seine durch Schminke und Satin zur Schau getragene Androgynität höhnte nicht nur dem Unbehagen der Geschlechter.

Ich wurde kokett. Ich wollte mich selbst erschaffen, wie Bowie sich mit seinen wechselnden Images immer wieder neu erschuf, in Schönheit, Unverletzlichkeit, Perfektion. Negierte den Ursprung aus meiner Mutter, die Berührungen durch meinen Vater. Hörte auf zu schlafen. Hungerte mich in Bowies Gestalt. Mein rundes Mädchengesicht sollte seinen hohlen Wangen weichen. Mein Körper war das Material meines antizipierten Idealbildes von mir selbst. Ich formte es, indem ich es, sichtbar für alle, zum Verschwinden brachte. Je flüchtiger mein Körper, desto klarer strahlte mein Ego durch meine Haut – gereinigt von der Schuld, die meine Eltern mir injiziert hatten, über alles Fleisch erhaben. Was menschlich war, verabscheute ich. Hunger, Verdauung, Notdurft – erbärmlich. *Freak out in a moonage daydream!*

David Bowie glich ich schließlich nie. Aber an meinem letzten Fasching erschien ich als Tod in Person. *Fleisch, lebe wohl*, heißt Karneval auf Deutsch (lat. *carne vale*). Meinen Aschermittwoch zelebrierte ich über Monate. Wo ich keinen Raum zur Entfaltung einer eigenen Identität fand, machte ich mich eben dünne. Hinter der Maske meiner Selbstbeherrschung hungerte ich nach Anerkennung.«[8]

Mein Körper versperrte mir den Blick auf das »einzig Wahre«, das für mich nicht im Herrgott, sondern im »reinen Ego« lag, dem ich die Macht der Selbsterschaffung zurechnete. Bowie war mit seiner Alien-Aura für mich der Antichrist, der mich aus dem bigotten Mief des Pfarrhauses erlöste. In der anorektischen Anverwandlung an seine Erscheinung entzog ich mich den sexuellen Übergriffen, denen ich mich als Mädchen ausgeliefert fühlte. Es war ein erster, wenn auch makaberer Schritt zur Rückeroberung meines Zepters.

Lange betrachtete ich die intellektuelle, künstlerische und psychische Bewältigung meiner Geschichte in all ihren Facetten als mein größtes Lebenswerk und gründete darauf gleichsam eine neue Identität. Erst heute verstehe ich, dass meine persönliche Freiheit nicht aus der heldenhaften Bewältigung meines Opferdaseins resultiert. Freiheit kann nur aus sich selbst hervorgehen.

Deine Opfergeschichte beruht auf Erniedrigung. Deine Heldengeschichte beruht auf der Bewältigung deiner Opfergeschichte. Deine Freiheit liegt jenseits beider Geschichten. Dein wahres Selbst ist gegenwärtig.

Unsere Biografie ist also kein fester Tatbestand, sondern gründet sich auf die Story, die wir über uns erzählen. Dabei identifizieren wir uns für gewöhnlich mit unserer Person und unseren persönlichen Belangen. Die Person, das Ego, ist jedoch nichts anderes als eine Linse, eine Art Sichtfenster, durch die das universale Bewusstsein sich betrachtet. Unser

8 Vgl. Kochte (2007), S. 27f.

ursprüngliches Sein liegt unterhalb unserer Person. Dafür spricht auch die etymologische Herleitung des Wortes Person vom etruskischen Wort *phersu*, welches »Maske« bedeutet. Im Theater der griechisch-römischen Antike haben die Schauspieler durch Masken gesungen. Die *persona*, also die Maske, war das, wodurch *(per)* der Klang *(sona)* ertönte.

Nicht das Ego an sich ist das Problem in unserem Leben. Das Ego mag ein wenig geistig behindert sein, aber es ist dennoch unser Spielkamerad, der uns Köstliches beschert, wenn wir ihn als das annehmen, was er ist: ein Phantom. Prekär ist, dass unser Ego dazu neigt, sich zum Maß aller Dinge zu erheben. Das Leiden beginnt in dem Moment, in dem wir uns mit unserem Ego, einem Selbstkonstrukt, gleichsetzen und der Schein unser Bewusstsein bestimmt. Dann vergessen wir, was wir eigentlich sind, nämlich reines Gewahrsein. Aus der Identifikation mit dem Ego resultiert der Glaube an Trennung und Begrenzung. Gedanken und Überzeugungen, die uns reduzieren und daran hindern, in Würde unser Potenzial zu entfalten, entspringen sämtlich der Urangst unseres Ego vor seiner eigenen Auslöschung. So verstricken wir uns in allerlei Probleme und Dramen.

Wenn du anderen ein Foto von dir zeigst, sagst du: »Guck mal, das bin ich beim Schlittschuhlaufen!« Das Foto zeigt selbst dann noch »dich«, wenn Onkel Alfred beim Knipsen deine im freien Fall rudernden Arme abgeschnitten hat oder es sich um ein Porträt handelt und dein Körper also nicht vollständig darauf abgebildet ist. Denn du meinst mit »ich« nicht nur deinen Körper; natürlich verrät die Beschaffenheit und Haltung des Körpers eine Menge über deine Person. Am ehesten aber spiegelt sich dein Ich in deinem Gesicht, deiner Mimik, deinem Blick, den Zügen, die im Laufe deines Lebens immer markanter werden. Darum sagt man ja auch, ab dreißig sei eine Person für ihr Aussehen selbst verantwortlich, denn über die Jahre gewinnen diejenigen Gesichtszüge

Kontur, die du am häufigsten einnimmst. In deiner Mimik drücken sich die Gefühlsmuster aus, mit denen du identifiziert bist. Jemand ist »vom Schicksal gezeichnet«, wenn sich in seinem Gesichtsausdruck und seiner Körpersprache der Imprint eines Traumas offenbart. Das Foto ist also ein Abbild deiner Person, eine Art Imprint deiner gegenwärtigen »Lebenseinstellung«. Es zeigt einen ganz präzisen Moment während eines Sekundenbruchteils aus einem ganz bestimmten Blickwinkel, in einer ganz bestimmten Brennweite und in einem ganz bestimmten Licht. Durch diese Informationsfilterung können wir anhand eines Fotos prägnantere Informationen über eine Person ermitteln als aus ihrem leibhaftigen Bild, das ständig in Bewegung und darum sehr komplex ist. Und auch hier gilt, was für einen literarischen Text gilt: Durch die Reduktion offenbart sich mitunter das Wesentliche, in diesem Fall dein persönliches Wesen. Personalchefs wissen das. Ein Bewerbungsfoto sagt darum mehr als tausend rühmliche Referenzen in deiner Vita.

Wir sagen, jemand sei auf einem Foto gut getroffen, wenn das Abbild mit dem Bild übereinstimmt, das wir als Betrachter von ihm haben. Eine Person, die diesen Jemand in ganz anderem Zusammenhang kennt oder aus einer anderen Zeit seines Lebens, mag dagegen sagen: »Was, das soll Jürgen sein? So kenne ich ihn ja gar nicht!« Frag mal meine Mutter. Wenn ich ihr Fotos von mir als Leowee Polyester zeige, meinem kunstseidenen Alter Ego, sagt sie jedes Mal: »Aber das bist du doch gar nicht!« Mit meinem Styling und meinen artifiziellen Posen kann sie absolut nichts anfangen. Ich persönlich fühle mich in diesen Posen meinem wahren Selbst viel näher, als wenn ich mausgrau durch die Gegend laufe, und habe sehr viel Spaß daran, mit ihnen zu experimentieren. Denn je stärker ich meine Künstlichkeit bewusst nach außen darstelle und damit spiele, desto näher fühle ich mich dem schöpferischen Prinzip und damit meiner Essenz. In der Freude an der Gestaltung meines Äußeren liegt für mich eine große innere Freiheit. Unsere gesamte Persönlichkeit ist eine fluktuierende Formation von Posen und Gedankenmustern. *All the world's a stage*, lautet ein geflügeltes Wort von Shakespeare. Authentizitätsansprüche und »Natürlichkeit« leugnen diese Wahrheit. Mein Künstlername »Polyester« bringt genau diesen Ästhetizismus zum Ausdruck. Nicht nur lässt er Raum für »viele Esthers«, sondern vor allem ist Polyester ganz offenkundig ein Kunststoff. Das Ich ist tot? Dann lebe das Ich – im Wissen, dass es meine Schöpfung ist! Die Frage ist, wer da spricht, wenn ich »meine« sage – hier eben beginnt das zauberhafte Vexierspiel der Schöpfung, unser Abenteuer in 3-D und Farbe!

Künstlichkeit ist also die wahre Natur des Ego. Ist es vor diesem Hintergrund ein Widerspruch, dass meine Seminarteilnehmer mir regelmäßig meine Authentizität bescheinigen? Offenbar nicht. Denn die besteht ja gerade darin, dass ich meine Persönlichkeit als solche mit all ihren Ecken und Kanten vor ihnen transparent mache. Ich habe deshalb nichts zu verbergen, weil es hinter meiner Maske nichts gibt. Wenn wir unser innerstes Selbst jenseits unserer Ich-Grenzen erkennen, erkennen wir uns als eins mit allem, was ist. Nicht nur die Individualität erweist sich dann als Illusion, sondern auch die Trennung vom Urstrom des Bewusstseins. Nichts und niemand kann jemals von der Quelle allen Seins getrennt sein. Jeder Aspekt ist ein Teil des universellen Gewebes.

Mit dieser Erkenntnis können wir bewusst steuern, was wir durch unser Ich erleben wollen. Sobald wir unsere Selbst-Beschränkung nicht als unweigerliche Tatsache hinnehmen, gehen wir bereits den ersten Schritt, unser persönliches Bewusstsein mit unserem schöpferischen Selbst zu verbinden. So sind wir imstande, eine persönliche Erfahrung mit all ihren Vorzügen zu machen und uns gleichzeitig über alles, was diese Erfahrung leidvoll gestaltet, zu erheben. Je größer unser Bewusstsein von der universellen Verbundenheit, desto größer sind unsere persönliche Macht und Freiheit.

Problembewusstsein fixiert das Leiden

Wenn wir uns den Problemen dieser Welt hilflos ausgeliefert fühlen, so liegt das daran, dass wir das Wesen des Leidens nicht wirklich verstehen. Keinesfalls möchte ich die Verdienste der psychologischen Forschung und der Psychotherapie in Abrede stellen. Ihre problemorientierten Strömungen jedoch konzentrieren sich in der Regel auf die kausalen Zusammenhänge unserer Schwierigkeiten mit unserer Kindheit, fahnden gewissenhaft nach den Schuldigen – das sind klassischerweise die Eltern oder die Gesellschaft – und gelangen dabei selten an den wirklichen Grund eines Symptoms. Darum finden sie auch keine schnellen Lösungen. Konventionelle psychotherapeutische Verfahren dauern oft Jahre, ohne am Ende wirklich zufriedenstellende und nachhaltige, geschweige denn lebensumfassende Ergebnisse zu erzielen. Eine Ursachenforschung, die der Biografie verhaftet bleibt, erzeugt oftmals neues Leiden. Denn je mehr innere Plausibilität wir einer Blockade beimessen, je mehr Kausalitätsketten wir um ihretwegen knüpfen, desto stärker laden wir sie mit Energie auf und desto realer wird sie dadurch. Energie folgt Aufmerksamkeit. Etiketten in Form von Krankheitsbildern besiegeln eine Problematik, statt sie aufzulösen. Darum stellen Psychoanalyse und Gesprächstherapie zwar ein interessantes Instrumentarium zur intellektuellen Selbsterforschung dar, ihre Heilwirkung lässt jedoch oftmals zu wünschen übrig.

Kausale Zusammenhänge sind Fixpunkte unseres Ego. Sie dienen unserem Bewusstsein zur Orientierung im unendlichen, multidimensionalen Quantenpotenzial. Sie erzeugen in unserer Wahrnehmung die Illusion eines Zeit-

Raum-Kontinuums und bilden – wie übrigens auch unsere Sprache und dieser Text – einen Wahrnehmungsfilter, durch den wir uns selbst betrachten und deuten können. Das hat zweifellos seine Vorzüge. Doch wenn wir ein Problem lösen wollen, sind wir oftmals effizienter, wenn wir uns über die kausalen und linearen Gesetzmäßigkeiten erheben und uns einer höheren Intelligenz jenseits der raumzeitlichen Schranken anvertrauen. In der übergeordneten Zeitdimension der Quanten gibt es keine Vergangenheit. Da gibt es nur »jetzt«. Wir erschaffen uns in jedem Moment neu. Statt nach den Ursachen eines Symptoms zu fragen, ergründen wir beim *ThetaFloating* darum lediglich seine gegenwärtige Motivation, das heißt seine latenten Beweggründe im Hier und Jetzt. Die Konstanten in unserem Bewusstsein, unsere Prägungen und Gewohnheiten, gilt es dabei, als solche zu demaskieren. So erhalten wir direkten Zugang zu unserem reinen Potenzial.

Wer dichtmacht, tappt im Dunkeln

»Winterzeit ist Erkältungszeit.« Was will dieser Spruch, der winters im Apothekenschaufenster einer belebten Ecke meiner Wohngegend prangt, wenn nicht unverblümt dazu auffordern, krank zu werden und pharmazeutische Produkte zu konsumieren?

Besonders symptomatisch für unsere Selbstabkehr ist der Umgang mit unserem Körper. Im Zuge des medizinischen Fortschritts und der wettbewerbsorientierten Entwicklung der Lebensmittelindustrie, die uns künstlich erzeugte Substanzen als Nahrung verkauft, haben wir es verlernt, die Verantwortung für unsere Gesundheit in die eigenen Hände zu nehmen. Die immer feinere Ausdifferenzierung der Wissenschaften und die Spezialisierung der Medizin in einzelne Fachdisziplinen hat auch unser Körperbewusstsein zergliedert und uns von der Intelligenz unserer Zellen abgekoppelt. Statt uns zu fragen, was unser Körper uns eigentlich mitteilen will, wenn wir uns unwohlfühlen oder krank werden, rennen wir zum nächstbesten Gott in Weiß, der uns in eine diagnostische Schublade steckt, uns Pillen verschreibt oder unters Messer legt. Blindlings vertrauen wir den wissenschaftlichen Studien, deren Ergebnisse uns in den Medien präsentiert werden. Der wissenschaftliche Nachweis einer Theorie gilt uns in der modernen Welt als »wahr«. Doch diese Wahrheit ist nur so lange relevant, bis die ihr zugrunde liegende Theorie oder Teile daraus nachweislich ungültig werden. Dabei ist das akademische Faktenmanagement ein schwerfälliger Prozess im Vergleich zu den geistigen Höhenflügen, zu denen unser assoziativ arbeitendes, kreatives Bewusstsein fähig ist. Zusätzlich wird der wissenschaftliche Erkenntnisprozess durch kapitalistische Machtinteressen erschwert, da die Forschung finanziell von verschiedenen Lobbys abhängt. Es ist längst ein offenes Geheimnis, dass das Gebiet der Medizin von der Pharmaindustrie kontrolliert wird, die selbstredend kein Interesse an fundierten Nachweisen zu geistigem Heilen haben kann und deren Handelsvertreter die Ärzteschaft durch verlockende Prämien bestechen. Die Krebsindustrie ist einer der größten Kapitalmärkte weltweit. Wirklich bahnbrechende Geister haben innerhalb der etablierten Fakultäten oft kaum eine Chance. Pioniere wie Rupert Sheldrake, Bruce Lipton, Joseph Murphy oder Candace B. Pert, die als Grenzgänger zwischen spirituellem Denken und naturwissenschaftlicher Forschung außerhalb der einschlägigen Institutionen populär gewordenen sind, wissen ein Lied davon zu singen.

Seit einigen Jahren geht der Trend glücklicherweise wieder stärker in Richtung Alternativmedizin. Statt die Beurteilung ihrer Gesundheit der ökonomischen Interessenpolitik zu überlassen, gewinnen immer mehr Menschen das Vertrauen in die eigenen Heilkräfte zurück. Wie mächtig diese

Bewegung im Vormarsch ist, zeigen allein schon die Antikampagnen, die unter dem Deckmantel des seriösen Journalismus gegen den »Hokuspokus« alternativer Heilmethoden in den großen Presseorganen laufen. Der »Feind« schläft also nicht. Allen Verunglimpfungen zum Trotz wird sich die Wahrheit letztlich durchsetzen.

Wahrheit ist weder eine Frage von Wissenschaft und Technik (auch nicht von Bewusstseinstechnik) noch überhaupt eine intellektuelle Kategorie. Wahrheit kann nur das sein, was sich für jedes Wesen gut anfühlt und was uns bemächtigt, in uns selbst heil zu werden. Wer heilt, hat recht. Kein Arzt und kein Medikament kann dich jemals heilen. Du heilst immer nur dich selbst. Wenn du deinen Körper nicht durch falsches Bewusstsein behinderst, bezieht dieses Wunderwerk der Schöpfung alle Informationen, die es zur Selbstregulation braucht, aus den höheren Ordnungsmustern des morphogenetischen Feldes, mit denen es über seine zellulären Kanäle verbunden ist.

Krankheit und Leid entspringen also der Illusion der »Entzweiung«, infolge derer wir uns dem Bewusstseinsstrom der universalen Quelle verschließen. Auf Zellebene machen wir einfach unsere Rezeptoren dicht, sodass das Licht, in dem unser Masterplan codiert ist, nicht mehr frei fließen kann. Wie wir im Einzelnen unsere Getrenntheit erleben, bestimmt darüber, an welcher Stelle unserer Aura, unseres Meridian- oder Zellsystems wir die Energie stauen. Wenn du zum Beispiel dazu neigst, dir alles, was dir Spaß macht, zu versagen, weil du dich deiner Helferrolle gegenüber verpflichtet fühlst und dir vor lauter Pflichtschuldigkeit selbst nichts gönnst, dann ist die Energie in deinem Sakralchakra blockiert. Es ist der Sitz für Lebendigkeit, Sinnlichkeit und Kreativität. Entsprechend ist deine Leben spendende Kraft gestaut, was sich in einem Lymphstau, Blutarmut oder Blasen- und Nierenproblemen äußern könnte.

Die Energie verdichtet sich entsprechend der emotionalen und mentalen Muster, die wir erlernt haben und die wir in unserer selbst erschaffenen Isolation aufrechterhalten. Wenn dunkle Wolken am Himmel heraufziehen, dringt weniger Licht zur Erde hindurch. So kannst du dir auch dein persönliches Energiefeld vorstellen. Wenn du dich innerlich lockerst und dem Lebensstrom öffnest, lockert sich damit das Gewebe deiner Muster. Sind diese weniger dicht geknüpft, kann mehr Licht zu dir durchdringen. Je mehr dunkle Energiefelder du in lichtvolle transformierst, desto klarer und lichter wird es in dir. Das kannst du deutlich spüren. Du atmest auf, fühlst dich erleichtert, und dein Körper entspannt sich, denn die Zellen werden wieder von Licht durchströmt – mitsamt der geordneten Information, die in den Lichtquanten kodiert ist und die deine Zellen für einen harmonischen Stoffwechsel und eine gesunde Zellteilung benötigen. Je lichtvoller du bist, desto beweglicher und kraftvoller wird dein Geist, denn Licht schwingt so schnell und hoch, dass es keine Dichte hat und alles Starre durchdringen kann.

Selbstbewusstsein schafft Frieden

Seit es Menschen gibt, gründen sie ihr Dasein auf das, wovon sie glauben, dass es wahr sei. Früher haben wir den Niederschlag zur Bewässerung unserer Felder durch Rituale und Regentänze heraufbeschworen. Heute schalten wir einfach den Rasensprenger an. Früher haben wir uns durch Glaubensvorstellungen vom Jüngsten Gericht und vom Fegefeuer der Hölle einschüchtern lassen. Heute schenken wir den Medien Glauben, die uns fortwährend eine Welt voller Gewalt, Krieg, Korruption, Zerstörung und Armut vorspielen und uns damit systematisch paralysieren. So leiden viele Menschen an einem erschütterten Urvertrauen und fühlen sich darin schließlich von ihren persönlichen Erfahrungen und denen ihres Umfelds bestätigt.

Was bringt es uns und dem Wohl der Menschheit, wenn wir die täglichen Schreckensmeldungen in den Nachrichten verfolgen? Werden wir dadurch in irgendeiner Weise mutiger, geschweige denn handlungsfähiger? »Ich muss doch wissen, was in der Welt los ist, und den Tatsachen ins Auge blicken«, magst du als »aufgeklärter Realist« und »kritischer« Gegenwartsseismograf sagen. Aber was ist denn in der Welt los? Doch nur das, wonach uns täglich der Sinn steht, sprich das, worauf wir unsere Antennen ausrichten! Wenn du im archaischen Machtinstinkt oder in darwinistischen Weltanschauungen eine Erklärung für die Missstände unserer Gattung siehst, entspricht das durchaus der Realität der Mehrheit. Zu bezweifeln ist nur, ob du mit dieser Sichtweise imstande bist, deine schöpferische Souveränität zu erkennen und eigenverantwortlich zu handeln. Die Katastrophenbilder in den Nachrichten zu konsumieren nährt fortwährend unser Gefühl der Ohnmacht und schwächt unseren Mut, uns im Rahmen unserer persönlichen Möglichkeiten darüber zu erheben. Solange wir unseren überkommenen Programmierungen verhaftet sind, statt uns unserer inneren Wahrheit zuzuwenden, werden wir diese Realität aufrechterhalten.

Um einmal die alte Antikriegsparole von Carl Sandburg zu entstauben: »Stell dir vor, es ist Krieg und keiner geht hin!« Stell dir mal vor, niemand hätte mehr Interesse an schlechten Nachrichten. Niemand würde mehr eine Sendung einschalten oder eine Zeitung kaufen, die mit erschütternden Schlagzeilen wirbt. Dann müssten die Medien sich auf das Gute in der Welt fokussieren – und schon würden sie das Gute erschaffen! Nachdem wir die Dualität in allen möglichen Schattierungen erfahren haben, erreichen wir als Menschheit heute eine Stufe der Evolution, an der es gilt, unsere alten Muster auf individueller wie auf kollektiver Ebene zu lösen, uns als spirituelle Wesen zu erkennen und uns der Fülle des Lebens jenseits von Angst, Gewalt und Mangeldenken zu öffnen. Je weniger wir uns als Spielball der politischen Geschehnisse sehen und je mehr Verantwortung wir für unser Erleben übernehmen, also auch für die Bewertung dessen, was wir um uns herum sehen und was uns widerfährt, desto mehr Autorität gewinnen wir über unsere Realität.

»Unsere Augen vor dem Leid der Welt zu verschließen kann doch aber nicht die Lösung sein.« Ganz genau. Du sollst deine Augen auch nicht verschließen. Im Gegenteil. Verleugnung ist ein wesentlicher Unglücksfaktor und leistet dem Verderben Vorschub. Gewöhne dir stattdessen an, tiefer zu schauen. Denn wenn wir den medialen Darstellungen Glauben schenken, bleiben wir an ihrer Oberfläche hängen und versäumen es, zu erkennen, was sie überhaupt erst hervorbringt. Was verbirgt sich unter all dem Schrecken? Von welchen Dämonen werden wir wirklich beherrscht? Schenke dem Unglück in dir und um dich her einmal deine *ungeteilte* Aufmerksamkeit. Ungeteilt meint, unterhalb der detaillierten Oberfläche. Das kann dir nur gelingen, wenn du dich konsequent mit deinem Innersten verbindest, denn nur dort bist du selbst ungeteilt, das heißt eins mit dir und der Welt. Ich zeige dir in den nächsten Kapiteln, wie das geht. Du wirst erstaunt sein, wie anders die Welt plötzlich aussieht, wenn du sie einmal aus dieser innersten Warte heraus betrachtest. Wie anders du andere Menschen wahrnimmst. Und du wirst erleben, wie sich deine veränderte Wahrnehmung auf dein direktes Umfeld auswirkt – sowohl auf deinen Körper als auch auf deine Mitmenschen. Rechne mal hoch, was passiert, wenn immer mehr »Umfelder« verwandelt sind! Auch große Umwälzungen müssen mal klein anfangen. Ein globaler Bewusstseinswandel beginnt immer beim Individuum. Jeder einzelne Mensch zählt. Jeder Mensch ist mit der Gesamtheit der Menschen verbunden.

Äußere Wahrheit ist relativ, denn in ihr spiegeln sich viele Ansichten. Folgst du jedoch deiner inneren Wahrheit, kommt dein Leben in Fluss und beschert dir lauter magische Synchronizitäten. Die Essenz der inneren Wahrheit ist getragen von Liebe, Freude und Frieden. Sie lässt jedes Lebewesen in Würde sein und fördert gesundes Wachstum. Liebe ist, wie die Verbundenheit mit dem innersten Selbst, kein Gefühl, sondern ein Bewusstseinszustand. Ein Mensch, der sich seiner selbst vollkommen bewusst ist, der also seinen essenziellen Ursprung erkannt und in sein persönliches Sein integriert hat, lebt mit sich und der Welt in Frieden. Es kommt ihm nicht einmal in den Sinn, andere Wesen herabzuwürdigen oder zu verletzen, und er lässt sich von niemandem einschüchtern oder manipulieren. In dir selbst heil zu werden ist damit der wertvollste Beitrag, den du zu einer liebevollen Welt leisten kannst. Der Weg zu allgemeinem Frieden führt über persönliches Wohlsein.

So paradox es klingt, ein Maximum an vertrauensvoller Hingabe an das Leben bietet dir ein Maximum an Selbstbestimmung. Hingabe meint hier keineswegs Selbstaufgabe, sondern ein Sich-Öffnen für den Fluss des Lebens, für die ursprüngliche Intelligenz des Selbst.

Unser Urvertrauen zu reaktiveren und zu stärken gehört zu den zentralen Themen im *ThetaFloating*-Prozess. Wir erreichen es durch spirituelle Selbsterkenntnis und den energetischen Ausgleich unserer emotionalen Polaritäten. Der Weg dorthin führt spielerisch über unsere archaischen Ängste, die in unserem Zellbewusstsein gespeichert sind und die sich, da sie fiktiven Ursprungs sind, mühelos auflösen lassen. Beginnen wir erst einmal mit den praktischen Grundlagen, unserem geistigen Handwerkszeug, und einigen einfachen Übungen, bevor ich dir erkläre, wie du komplexere Probleme mithilfe der *ThetaFloating*-Technik lösen kannst.

Das dreieinige Bewusstsein

ThetaFloating unterscheidet zwischen drei Ebenen des menschlichen Bewusstseins, die mehr oder weniger harmonisch miteinander interagieren: dem Zellbewusstsein, das multidimensional mit der gesamten Schöpfung verbunden ist, dem Ich-Bewusstsein, das unserer bewusst erlebten Persönlichkeit entspricht, und dem Meta- oder Quellbewusstsein, unserem reinen Selbst, das unserer Seele entspricht und unmittelbar der lichtvollen Quelle allen Seins, der Leere, entströmt. Dieses Modell stellt selbstverständlich eine extreme Vereinfachung dar. In Wirklichkeit entsprechen unserem Bewusstsein unzählige Dimensionen, die sämtlich durch unzählige Parallelrealitäten miteinander verbunden sind. Doch auf der praktischen Ebene lässt sich wunderbar mit dieser Dreiteilung arbeiten. Die gewählte Fiktion folgt der dialektischen Struktur des menschlichen Verstandes.

Bei einem gesunden Menschen ist die Schwingung dieser Spektren harmonisch aufeinander abgestimmt. Ihre Schwingungsfrequenz steigt von unten nach oben: Die Energie des Zellbewusstseins ist die am meisten verdichtete und schwingt am langsamsten. Das Quellbewusstsein schwingt am schnellsten und höchsten. Je höher dein Bewusstsein insgesamt schwingt, desto mehr ungebundene Lebensenergie hast du zur Verfügung. Dein Ich-Bewusstsein bildet den Dreh- und Angelpunkt zwischen den beiden Spektren. Mit seiner Willenskraft hat es die Funktion eines Controllers. Je integerer dein Ich, je weniger dissoziierte Emotionen du also in deinem Zellbewusstsein eingefroren hast, desto offenherziger bist du und desto mehr Quellenergie durchströmt in Form von Licht dein Zellbewusstsein. Dadurch erhöht sich dessen Schwingungsfrequenz, und es ist durchlässiger für Informationen. Mit einer insgesamt hohen Schwingung fühlst du dich nicht nur gesund und frisch, sondern strahlst jede Menge Lebensfreude und Liebe aus. Das Universum reflektiert dein Strahlen tausendfach und erfüllt dein Sein mit Dankbarkeit. Ihr bildet eine vollkommene Einheit.

Zellbewusstsein

Das Zellbewusstsein bezeichnet das morphogenetische Feld, das direkt mit den Zellen unseres Körpers korrespondiert. Es ist unser Freund und Partner, Helfer und Wächter. Das Zellbewusstsein entspricht unserer Wahrnehmung durch die Sinne und speichert die Eindrücke, welche durch die fünf Sinnesorgane aufgenommen wurden. Über die kommunikativen Kanäle unserer Zellen sind wir aufs Feinste mit dem gesamten Kosmos vernetzt. So spielen auch astrale Konstellationen eine nicht zu unterschätzende Rolle bei unserer Persönlichkeitsbildung.

Das Zellbewusstsein ist unser innerer Autopilot, der fünfundneunzig Prozent unserer alltäglichen Abläufe steuert. Wir könnten keinen Tag überleben, wenn das nicht so wäre. Auf der *Körperebene* ist das Zellbewusstsein zuständig für die autonomen Steuerungsprozesse von Atmung, Herzschlag, Blutdruck, Kreislauf, Verdauung, Entgiftung und die Zellerneuerung. Diese Prozesse laufen reibungslos, wenn wir uns gut fühlen. Die Hauptfunktion des Zellbewusstseins auf der *Gefühlsebene* ist es somit, Schmerz zu vermeiden, um Lebenslust und Lebensfreude zu gewinnen. Seiner »hedonistischen« Maxime folgend, steuert das Zellbewusstsein über die Hormone also auch unsere Gefühle, um unser Ich-Bewusstsein dazu anzuleiten, die optimalen Wohlfühlbedingungen herzustellen. Denn nur so ist die Fortpflanzung unserer Gene garantiert.

Unsere persönliche Identität, also unser Selbstbild, speist sich zu einem großen Teil aus den Programmierungen in unserem Zellbewusstsein. Unser Körper bildet die Basisstation des Ich. Unser Verstand als »Regierungszentrale« des Körpers arbeitet dabei keineswegs so autonom, wie wir allgemein annehmen. Ich- und Körperbewusstsein sind über die Emotionen untrennbar miteinander verbunden. Das Fühlen bildet einen wesentlichen Bestandteil unseres Empfindungsvermögens und geht dem Denken nicht nur evolutionär voraus; auch biochemisch lassen sich unsere Emotionen kurz vor den elektrischen Impulsen messen, die unsere Gedanken begleiten. Bevor uns also etwas mental bewusst wird, hat unser Körper bereits gefühlsmäßig reagiert. Unsere Gedanken scheinen demgegenüber oftmals nachträgliche Rationalisierungen unseres Bauchgefühls zu sein.

Auf Zellebene speichern wir auch Bewertungen, Urteile, Gedankenmuster, Gefühlsstrukturen und Verhaltensregeln, welche das Ich unter dem Einfluss des Gruppenbewusstseins festlegt. Dabei kann das Zellbewusstsein nicht unterscheiden, woher Prägungen oder Erinnerungen, Emotionen oder Schmerzen kommen. Es rezipiert seine Umwelt und bemisst die Informationen auf der Bewertungsgrundlage des Ich. Den stärksten Sinneseindruck, das heißt ein Erlebnis, das von starken Emotionen begleitet ist, speichert es als besonders wichtig ab. Darum ist das Zellbewusstsein auch anfällig für einschränkende Überzeugungen und traumatisches Erleben; diese blockieren den freien Fluss unserer schöpferischen Kräfte, die dem Quellbewusstsein entspringen und über die Ich-Ebene materialisiert werden. Als superpotenter Parallelprozessor erstellt das Zellbewusstsein blitzschnelle

Verknüpfungen aufgrund von erfahrungsbedingten Wahrscheinlichkeiten, um unsere komplexen Handlungsabläufe und Reaktionen zu ermöglichen. Es arbeitet also reaktiv. Was einmal programmiert ist, spult es stur ab. Das Zellbewusstsein ist zwar durchaus lernfähig und auch lernwillig. Aber wenn bestimmte Prozesse bereits gut funktionieren und sich praktisch bewährt haben, erscheint ihm das Umlernen als unnötige Energieverschwendung. Hier ist deine Willenskraft gefragt, die aus deinem Ich-Bewusstsein kommt.

Wenn du dir zum Beispiel vornimmst, vor der Arbeit joggen zu gehen, dann ist es dein Zellbewusstsein, das um sieben Uhr morgens zu dir sagt: »So früh aufstehen, damit wir uns eine Runde extra anstrengen? Das ist doch jetzt nicht dein Ernst! Es ist ja noch nicht mal richtig hell. Komm, dreh dich noch mal um und schlaf weiter! Morgen ist auch noch ein Tag.«

So hat das Zellbewusstsein mit seinen konditionierten Mustern die Macht, deine persönliche Zielerfüllung zu sabotieren. Um unser Leben tief greifend zu verändern, genügen gute Absichten nicht. Das wäre so, als würdest du zu einem Hologramm sagen, es solle sich mal in der Gestalt eines Baumes zeigen, obwohl dein rosa Pudel in seinem Imprint codiert ist. Wir müssen die holografische Vorlage umprogrammieren, damit sich uns eine andere Realität zeigt. Dies gelingt uns am besten in einem erweiterten Bewusstseinszustand, der von Theta-Wellen begleitet ist.

Ich-Bewusstsein

Das Ich-Bewusstsein, unser Ego, entspricht unserem Alltagsbewusstsein, dem Denken, Planen, Sprechen und Handeln. Ihm entspringen unsere Willenskraft und Handlungsfähigkeit. Es identifiziert sich mit bestimmten Aspekten und formiert daraus sein Selbstbild, unsere Persönlichkeit. Dabei lernt es durch Vergleich mit anderen, von denen es sich distanziert. Es nimmt sich also als getrennt von der Welt und anderen Wesen wahr.

Im Allgemeinen sind wir uns kaum darüber im Klaren, dass sich ein Großteil unseres Selbstbildes aus dem Zellbewusstsein formiert, wo unsere Erinnerungen und Prägungen gespeichert sind. Viele unserer Entscheidungen erfolgen auf dieser energetischen Grundlage instinktiv statt willentlich. Doch je bewusster wir uns dessen werden, desto mehr willentliche Kontrolle erlangen wir über unser Leben.

Das Ich-Erleben ist von der Raum-Zeit abhängig. Unsere subjektive Erfahrung der Zeit (im Gegensatz zu ihrem linearen Ablauf, den wir mit der Uhr messen) wiederum ist eng verbunden mit dem Fluss der Gefühle im Körper und mit dem Ausmaß an Energie, die wir in einem bestimmten Moment aufbringen. Unsere jeweilige Energieproduktion ist biologisch betrachtet eng verzahnt mit unserem Stoffwechsel.[9]

Mit unserem Ich-Bewusstsein können wir uns entscheiden, unserer Seele entgegenzuwachsen und uns wohlzufühlen oder uns persönlich einzuschränken und uns selbst und andere zugrunde zu richten. Was uns wachsen lässt, fühlt sich gut an, was uns oder andere reduziert oder herabwürdigt, fühlt sich – zumindest auf einer tieferen Ebene – ungut an. Ein untrügliches Unterscheidungsvermögen setzt allerdings voraus, dass ich mit meinen Gefühlen, die meinem Zellbewusstsein entströmen, in Kontakt bin. Die globalen Missstände und die wachsende Zahl an Zivilisationskrankheiten weisen darauf hin, dass ein Großteil der Menschen diese lebenswichtige Verbindung zu sich selbst verloren hat.

Unser eingeschränktes Ich-Erleben lässt sich erweitern und transzendieren, indem wir einerseits auf unser Zellbewusstsein achten und uns andererseits dem universellen Bewusstsein öffnen. So finden wir einen Ausweg aus dem Leid,

---

9 Vgl. Jawer (2010), S. 532

in das wir uns verstrickt haben, und lösen uns aus seiner Identifikation. Öffnen wir unser Ich-Bewusstsein höheren Dimensionen, so kann unsere ursprüngliche Energie wieder fließen und in Erscheinung treten, was sich durch unsere Person in der Welt ausdrücken will.

Quellbewusstsein

Das kosmische Bewusstsein, Allbewusstsein oder Quellbewusstsein bildet die synthetische Schnittstelle zum Nichts und entspringt der Quelle für die reine, geistige Essenz. Es ist unser göttliches Sein, unser Seelenstrom, unser wahres Selbst, das immer war und immer sein wird, ein dynamisches, ständig wachsendes Lebenskraftbewusstsein. Physikalisch ausgedrückt, entspricht es dem Quantenpotenzial oder Nullpunktfeld. Das Allbewusstsein kann niemals objektiv erfasst, sondern lediglich subjektiv erfahren werden, denn in der höchsten Dimension gibt es keine Begrenzung, keine In-Formation und folglich keine Dinge oder Wesenheiten. Hier gibt es nur das Sein, reines Gewahrsein oder Leerheit.

Hier entspringt die Schöpfung unseres Universums, und von hier kommen Inspiration und höhere Erkenntnis. Zeit und Raum als subjektive Wahrnehmungsachsen sind in dieser Dimension aufgehoben, ebenso das Prinzip von Ursache und Wirkung und andere kosmische Gesetze. Da es im Quellbewusstsein NICHTS gibt, kann von hier aus ALLES werden. Verbinden wir uns mit dieser Dimension, können wir unser Zellbewusstsein »rebooten«, das heißt neu starten, und seine Kanäle neu ausrichten. Wir werden zu selbstbestimmten, da selbstbewussten Mitschöpfern unseres Lebens. Bereits ein minutiöses Eintauchen in dieses Lichtbewusstsein erfüllt uns mit Frieden. Unser Ego wird augenblicklich transzendiert. Jenseits davon erleben wir die Leichtigkeit des puren Seins.

Wenn ich sage, dass wir mit unserem Bewusstsein in die jeweils höchste Dimension expandieren, dann meine ich damit die höchste uns Menschen zugängliche. Das ist nicht absolut zu verstehen.

Unser Quellbewusstsein oder Seelenstrom ist an keine der Rollen gebunden, die wir mit unserem Ego spielen. Mit seinem metaphysischen Überblick sorgt es für die intelligente Synchronisation unserer Lebensabläufe und Ziele, die wir durch unseren Willen festlegen und die mit der höheren Absicht der Seele im Einklang sind. Absichten, die einem niederen Bewusstsein entspringen, haben auf dieser Ebene keine Chance – ihnen verweigert es die Kooperation. Niemals arbeitet dein Quellbewusstsein indessen gegen deinen persönlichen Willen. Um seine Kräfte in deinem persönlichen Bereich zu entfalten, braucht es deine Erlaubnis. Das bewusste Erlauben von Veränderungen ist darum der Dreh- und Angelpunkt beim *ThetaFloating*. Im Erlauben liegt deine magische Kraft. Dort entspringt deine Hingabe an die Weisheit deiner Quelle. Erlaube deinem höchsten Bewusstsein, alle Bereiche deines Lebens zu lenken, und du wirst deinem wahren Potenzial gemäß wachsen. Deine Seele möchte nichts lieber, als sich im Einvernehmen mit deiner Persönlichkeit in der physischen Welt entfalten.

Wenn wir dem Quellbewusstsein erlauben, durch uns zu wirken, geschieht alles zu unserem höchsten Wohl sowie zum höchsten Wohl aller Beteiligten. Das Quellbewusstsein hat immer die Gesamtheit im Blick. Auf der Ebene jenseits des individuellen oder kollektiven Ego gibt es keine Verlierer, sondern nur Gewinner. Übergeben wir unsere Geschicke unserer höheren Führung, werden wir wahrlich höher geführt und wachsen im besten Sinne.

Du kannst mit diesem Bewusstsein direkt kommunizieren. Es spricht zu dir verbal, aber vor allem auch durch deine Intuition und plötzliche Eingebungen. Es schickt dir persönliche Begegnungen, die dich weiterbringen, oder offenbart sich dir durch Zeitungen, Bücher, Filme und alles Mögliche andere, was dir die Botschaft vermittelt, die du gerade brauchst. Je offener du bist, desto häufiger und direkter offenbaren sich dir höhere Einsichten aus dieser Ebene.

Sämtliche Operationen des *ThetaFloating*-Prozesses laufen über das Quellbewusstsein, ob wir nun eine intuitive Abfrage durchführen, um die Muster hinter unseren Symptomen und Blockaden zu erkennen, ob wir einen Manifestationsimpuls setzen oder etwas Bestimmtes in unserem Energiefeld transformieren wollen. Die bewusste Verbindung mit der Quelle steht immer an erster Stelle. Ziel des *ThetaFloating*-Prozesses ist es, möglichst ständig im Bewusstsein der Quelle zu leben und ihrer weisen Lenkung vollkommen hingegeben zu sein. Wenn du eins bist mit deinem Quellbewusstsein, ist dein Leben im göttlichen Flow.

Die Theta-Frequenz

Jede Übung und jede Behandlung beginnt beim *ThetaFloating* damit, dass wir unser Bewusstsein ausdehnen und es mit der Quelle unseres Seins verschmelzen. Von hier aus haben wir nicht nur den besten Überblick über unsere inneren Prozesse, sondern sind auch dagegen gefeit, uns in unser Drama oder das unseres Übungspartners zu verstricken. Es ist die Bewusstseinsebene jenseits aller Identifikation mit dem Ego. Die Öffnung für unseren universalen Bewusstseinsstrom ist von Theta-Wellen begleitet.

Unser Gehirn erzeugt ständig Gehirnwellen in fünf variierenden Frequenzen, die unsere sämtlichen Aktivitäten vom Tiefschlaf bis zur Höchstleistung begleiten: Beta, Alpha, Theta, Delta und Gamma. Sie bilden die Summe der elektrischen Aktivitäten der Großhirnrinde, die mittels Elektroden an der Kopfhaut gemessen werden können. Jede der unzähligen elektrochemischen Entladungen unserer Nervenzellen erzeugt normalerweise ein winziges elektromagnetisches Feld mit einer Frequenz zwischen einer und vierzig Schwingungen pro Sekunde, in Ausnahmezuständen auch bis hundert Hertz und höher. Die fünf Frequenzen kennzeichnen folgende Bewusstseinszustände:

Beta (14–30 Hz) Regulärer Wachzustand, Alltagsbewusstsein. In diesem Zustand befinden wir uns für gewöhnlich tagsüber.

Alpha (8–14 Hz) Entspannter, meditativer Zustand; Tagträume, autogenes Training und Reiki finden in Alpha statt. Diese Frequenz, durchmischt von Beta-Wellen, eignet sich auch gut zum kognitiven Lernen.

Theta (4–8 Hz) Tiefer Entspannungs- und Meditationszustand, introspektives Bewusstsein; Übergangsphase zwischen Wachen und Schlafen, Traumphase, die von schnellen Augenbewegungen begleitet wird (REM).

Delta (0–4 Hz) Tiefschlafphase; Regeneration und Erneuerung unserer Zellen.

Gamma (40–110 Hz) Hohe Gehirnaktivität, die wir beim Lernen unter höchster Konzentration, auch unter hoher Anspannung erreichen. In diesem Zustand sind wir am Gipfel unserer Leistungsfähigkeit *(peak performance)*. Gamma-Wellen stimulieren die Ausschüttung von Beta-Endorphinen, die den Körper für Schmerzen unempfindlich machen. Bei Schockzuständen erreicht unser Gehirn eine sehr hohe Gamma-Frequenz. Bei buddhistischen Mönchen lassen sich Gamma-Wellen während der Meditation messen. Statt in einer Trance sind sie dann in einem Zustand höchster Präsenz und nehmen jede Regung in der Umwelt überdeutlich wahr.

Theta-Wellen 4–7 Hz

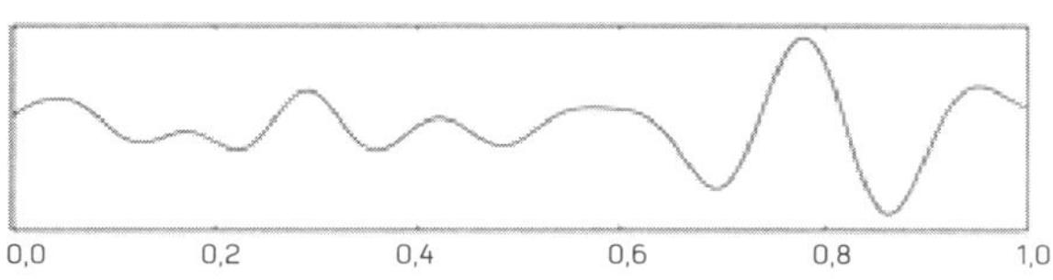

Beta-Wellen 14–30 Hz

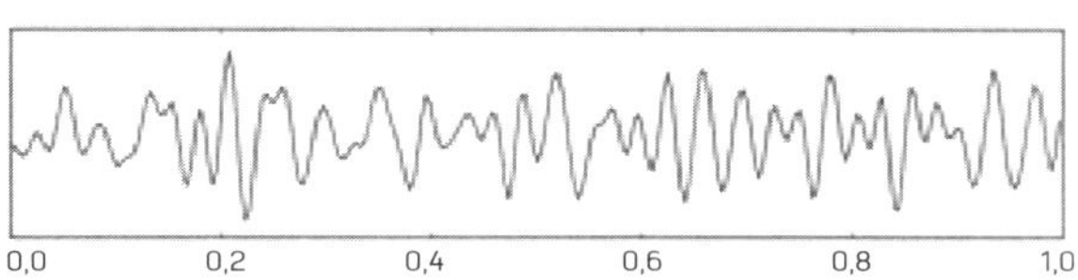

Quelle: Wikipedia [http://de.wikipedia.org/wiki/Elektroenzephalografie]

»Theta« bezeichnet eine langsame und kraftvolle Gehirnwellenfrequenz, die wir im REM- oder Traumschlaf erreichen und die auch bei der Hypnose benutzt wird (Trance). Während das alltägliche Wachbewusstsein eines Erwachsenen von Beta-Wellen bestimmt wird, erzeugt das Gehirn bei Kindern bis zum sechsten Lebensjahr überwiegend Theta-Wellen. In diesem Spektrum ist unser Gehirn besonders suggestibel. Das erklärt einerseits die hohe Auffassungsgabe und Kreativität, die Kindern zu eigen ist, macht uns aber in der frühen Kindheit auch anfällig für ungünstige Konditionierungen seitens unseres sozialen Umfelds. Die gute Nachricht: Eben diese Durchlässigkeit des Gehirns versetzt uns auch in einen Zustand der erweiterten Selbstwahrnehmung und Introspektion. Damit haben wir einen unmittelbaren Zugang zu unseren unbewussten Programmierungen, die in unserem Zellbewusstsein gespeichert sind, und darüber hinaus zu unseren schöpferischen Fähigkeiten, mit denen wir diese gezielt verändern können. Sowohl die Identifikation der einschränkenden Muster und Blockaden als auch deren (re)kreative Verwandlung erfolgen beim *ThetaFloating* im erweiterten Bewusstseinszustand. Die Heilung geschieht sanft durch einen gezielten Impuls und die Aktivierung der kosmischen Kanäle der Zellen unter Einwirkung hoch schwingender Energiefelder.

Die Gehirnwellen im Frequenzbereich zwischen Alpha und Theta bringen folgende Wirkungen hervor:

- Sie lindern Stress und Angstzustände.
- Sie fördern eine tiefe physische Entspannung.
- Sie fördern die mentale Klarheit.
- Sie steigern die verbalen Fähigkeiten und den IQ.
- Sie synchronisieren die linke und rechte Hemisphäre des Gehirns.
- Sie aktivieren lebhafte, spontane Bilder und imaginäres, kreatives Denken.

- Sie lindern Schmerz, befördern euphorische Zustände und stimulieren die Ausschüttung von Endorphinen (Glückshormonen).

Der Übergangsbereich zwischen Alpha und Theta entspricht mit 7,83 Hertz exakt der Resonanzfrequenz unserer Erde, den sogenannten »Schumann-Wellen«. Indem wir unsere Gehirnwellenfrequenz der Erdresonanzfrequenz angleichen, können wir mit dem Energiefeld der Erde in direkten Kontakt treten und »außersinnliche« Informationen wahrnehmen, die den Schumann-Wellen aufgeprägt sind. Dies könnte eine physikalische Erklärung für die telepathische Übertragung von Gedanken und Gefühlen sein, die im Theta-Zustand auch über die Ferne (z.B. am Telefon) erstaunlich zuverlässig funktioniert. Eine intuitive Abfrage des Energiefeldes oder Zellbewusstseins im Theta-Zustand offenbart uns genau diejenigen Informationen, die wir für unsere Heilung benötigen. Aber auch die Fernwahrnehmung *(Remote Viewing)* von Objekten und Häusern ist in dieser Trance-Frequenz möglich.

Übrigens gleichen sich wissenschaftlichen Experimenten zufolge die Gehirnwellen-Frequenzen von Personen, die gedanklich miteinander verbunden sind und damit ein gemeinsames Energiefeld erzeugen, automatisch einander an. Dies erklärt nicht nur all die hellsinnigen Phänomene, die in Erscheinung treten, wenn wir auf der gleichen Welle schwingen, sondern auch, warum es für Anfänger in der Gruppe oder zu zweit leichter ist, in den Theta-Zustand zu gelangen, als wenn sie mit sich allein zu Hause üben.

Eine oder mehrere der folgenden Empfindungen können im Theta-Bewusstsein auftreten:

- ein Gefühl der Schwerelosigkeit und des Schwebens,
- der Kopf scheint sich angenehm auszudehnen bzw. die Krone sich zu öffnen,

- ein allgemeines Weitegefühl,
- ein Gefühl der Verschmelzung mit der Umgebung,
- ein Kribbeln am Scheitelpunkt,
- ein Kribbeln im ganzen Körper (jede Zelle wird energetisiert),
- ein angenehmer Schwindel,
- ein schwindendes Körpergefühl, Bewegungslosigkeit, evtl. Taubheit einzelner Glieder (Anzeichen für Trance),
- ein glasklares Gefühl im Kopf bei gleichzeitiger Entspannung (bestimmte Neurotransmitter werden ausgeschüttet),
- innere Klarsicht und Gewissheit (Introspektion), erhöhte Imagination,
- schärferes Sehen (z. B. der Luft und der Aura um Menschen und Objekte),
- der Raum beginnt zu schwanken, Konturen lösen sich auf,
- hohe, zugleich entspannte Präsenz, reines Sein,
- unwillkürliche Körperreaktionen (Loslassen),
- ein Wohlgefühl,
- ein Bewusstsein von Frieden, Freude, Liebe.

Es gibt viele Möglichkeiten, willentlich in den Theta-Zustand zu gelangen. Auf den nächsten Seiten stelle ich dir verschiedene Meditationen und Übungen dazu vor.

Zur Vorbereitung beginne mit einer Meditation, die dein Energiefeld erdet. Sie bildet ein ideales Gegengewicht zur Ausdehnung in den Theta-Zustand, bei der sich für gewöhnlich unser Körperempfinden verliert, da unsere Ich-Grenzen durchlässig werden. In einem Bewusstseinszustand, der von Theta-Wellen begleitet wird, wirst du dir der universellen Präsenz gewahr, die alles Sein durchdringt.

Übung: Verwurzle dein Bewusstsein in der Erde

Diese Meditation ist auch auf der beiliegenden CD enthalten (Track 1) und mündet direkt in die Aktivierung der spirituellen Kanäle deines Zellbewusstseins (Track 2).

Track 1+2

1. Setz dich aufrecht hin, schließ die Augen und atme einmal tief durch.
2. Versammle deine Aufmerksamkeit nun in deinem Herzzentrum, also dem Raum in deinem Brustbereich. Dieses Chakra bildet ein starkes Torsionsfeld, das deine innere Wahrnehmung mit dem Kosmos verbindet.
3. Lass dein Bewusstsein von dort aus abwärts in die Erde sinken. Verbinde dich in Gedanken mit der Kraft der Erde und visualisiere, wie du in ihrem Boden Wurzeln schlägst. Nimm die dichte, schwere Energie der Erde mit allen Sinnen wahr.
4. Zieh die Erdenergie nun entlang der Wurzeln in deinen Körper hoch: durch die Füße, die Beine, die Wirbelsäule entlang durch den Kopf bis zum Scheitel.
5. Lass dein Bewusstsein abschließend wieder in dein Herzzentrum sinken. Spüre dem Gefühl der Erdverbundenheit und Verwurzelung noch eine Weile nach. Möglicherweise fühlst du nun eine angenehme Schwere in deinem Körper.

Wiederhole diese Übung, wann immer dir danach ist. Sie verwurzelt dich in deinem Sein, stärkt dein Körperempfinden und sensibilisiert dich für deine Emotionen. Damit schaffst du eine wichtige Grundlage für deine Selbstwahrnehmung – dem ersten Schritt zur Selbstheilung.

Track 3

Meditation: Schwebe durch die Chakren ins reine Licht

Diese Meditation ist auf der beiliegenden CD enthalten.

1. Setz dich aufrecht hin und schließ deine Augen. Es ist wichtig, dass die Energie ungehindert deine Wirbelsäule entlangfließen kann, denn die Nervenbahnen, von welchen sie umgeben ist, bilden einen zentralen Kanal, der dich mit allem, was ist, verbindet. Atme einige Male tief ein und aus und stell dir vor, wie der Atem dabei deine Wirbelsäule auf- und abströmt.
2. Visualisiere nun um deinen gesamten Körper herum eine große Kugel aus transparentem Licht. Mal dir ihr Licht zuerst in einem tiefen Rot aus. Rot ist die kraftvolle Farbe deines Wurzelchakras.
3. Stell dir nun vor, wie du in deiner roten Kugel durch eine schöne Landschaft schwebst. Schaue dabei durch die transparente rote Kugel nach draußen – alles ist in leuchtendes **Rot** getaucht.
4. Nun wechselt die Kugel ihre Farbe in **Orange**. Schwebe in deiner Kugel weiter durch die Landschaft und betrachte, wie alles in Orange getaucht ist. Es ist die lebendige Farbe deines Sakralchakras.
5. Visualisiere als Nächstes, wie das Orange der Kugel in **Gelb** übergeht, und betrachte die Landschaft, durch die du schwebst, durch das strahlende Gelb. Es ist die willensstarke Farbe deines Solarplexuschakras.
6. Anschließend wechselt das Licht der Kugel in ein wunderschönes **Hellgrün**. Betrachte alles in grünem Licht. Grün ist die heilsame Farbe deines Herzchakras.
7. Nun geht das Grün in **Himmelblau** über und taucht alles in diese Farbe. Beobachte, wie du durch das Licht der Kugel mit dem Himmel verschmilzt. Es ist die kommunikative Farbe deines Kehlchakras.

8. Als Nächstes wechselt die Kugel ihr Licht in ein tiefes **Indigoblau.** Schwebe in dieser Farbe durch die Landschaft. Indigoblau ist die visionäre Farbe deines Stirnchakras.
9. Danach erstrahlt die Kugel in einem zarten **Violett.** Violett ist die am höchsten schwingende, transformative Farbe deines Kronenchakras.
10. Schließlich verblasst das Violett allmählich zu **Weiß.** Weiß vereint alle Farben des Regenbogens und hebt sie damit auf. Betrachte die Landschaft durch das weiße, strahlende Licht deiner Kugel. Lass das Licht so gleißend hell werden, dass deine Umgebung vollkommen darin eingetaucht ist. Beobachte, wie das weiße, strahlende Licht deiner Kugel mit der Umgebung verschmilzt, und dehne dich selbst immer weiter in das Licht hinein aus.
11. Schwebe nun im vollkommenen Weiß herum. Du erkennst keine Formen und Konturen mehr, kein Oben und Unten, Links oder Rechts. Alles ist leicht und frei und weit. Du bist in der Leere deines reinen Bewusstseins angelangt. Lass dich von diesem wunderbaren Nichts tragen und genieße die Schwerelosigkeit deines Körpers. Jede deiner Zellen wird vom reinen Licht deines Seins durchströmt und in höchster Weise harmonisiert. Deine Gehirnwellen schwingen nun in der ruhigen, kraftvollen Theta-Frequenz. Verweile in diesem Zustand, solange du möchtest. Wenn dir Gedanken kommen, lass sie ruhig kommen und wieder gehen. Betrachte ihr Kommen und Gehen mit Gleichmut.
12. Werde dir abschließend deines Körpers in dem Raum gewahr, von dem aus du die Reise durch das Licht deiner Chakren gestartet hast, und öffne die Augen. Wie fühlst du dich nun? Angenehm entspannt? Durchströmt von der Energie deiner Quellessenz?

Mach dir keine Gedanken darüber, wenn deine Vorstellungskraft bei dieser Reise zu Anfang noch schwach ausgeprägt ist und dir zwischendurch allerlei alltägliche Gedanken durch den Kopf gehen. Das ist ganz normal. Mit zunehmender Übung werden die Gedanken sich immer weiter beruhigen, bis du einfach nur noch friedlich und entspannt durch die Leere schwebst und die Leichtigkeit deines Seins genießt. Wiederhole die Meditation regelmäßig in genau der vorgegebenen Farbabfolge, rot-orange-gelb-grün-hellblau-indigoblau-violett-weiß. So aktivierst du allmählich deine Chakren und sensibilisierst deine ganzheitliche Wahrnehmung. Übe am besten einmal vor dem Schlafengehen und morgens direkt nach dem Aufwachen oder auch während eines ungestörten Moments zwischendurch. Je öfter du die Meditation durchführst, desto tiefer gelangst du mit der Zeit in den Theta-Zustand. Außerdem harmonisiert sich damit dein Energiefeld – und das hat weitreichende positive Auswirkungen auf dein unmittelbares Erleben wie auf dein Tagesgeschehen.

Du kannst mit dieser Meditation außerdem jede weitere Anwendung in diesem Buch einleiten. Denn für alles, was wir beim *ThetaFloating* unternehmen, dehnen wir unser Bewusstsein in die Theta-Frequenz aus.

Meditation: Expandiere in die Quelle allen Seins

Track 4

Diese Meditation findest du auf der beiliegenden CD.
Sie aktiviert deine oberen Chakren und dehnt dein Bewusstsein über das Universum hinweg aus. Dort verschmilzt du mit der Quelle allen Seins.

1. Setz dich aufrecht mit geschlossenen Augen hin und atme einmal tief durch. Versammle deine Aufmerksamkeit in deinem Herzzentrum.
2. Richte deine Aufmerksamkeit nun auf dein drittes Auge, den Punkt zwischen deinen Augenbrauen. Fokussiere anschließend den gegenüberliegenden Punkt am Hin-

terkopf. Werde dir dann beider Punkte gleichzeitig gewahr und verbinde die Punkte miteinander.

3. Werde dir nun eines Punktes direkt über dem linken Ohr gewahr, anschließend eines Punktes über dem rechten Ohr. Dann beider Punkte gleichzeitig, damit sie sich miteinander verbinden.
4. Richte deine Aufmerksamkeit nun auf deinen Kehlkopf. Den Mittelpunkt deines Scheitels. Dann auf beide gleichzeitig.
5. Visualisiere nun alle drei Achsen gleichzeitig. An ihrem Kreuzungspunkt liegt die Zirbeldrüse, die in direkter Verbindung mit dem reinen Sein steht.
6. Forme im Geist eine Kugel aus Licht um diese Achsen. Stell dir vor, wie die Kugel deinen Kopf vollständig ausfüllt. Die Kugel selbst aber ist ganz leer und durchscheinend.
7. Stell dir vor, wie die Kugel immer größer und immer strahlender wird, bis sie nicht nur deinen Kopf, sondern deinen gesamten Körper beinhaltet. Dehne dann deinen Körper mit der Kugel immer weiter aus, bis du mit ihrer Oberfläche aus Licht den Boden, die Zimmerdecke und sämtliche Wände berührst.
8. Wachse mit der Kugel über das Zimmer hinaus, über das Gebäude, den Ort und über das Land hinaus, den Kontinent und den gesamten Globus. Wachse in den Himmel hinein. Die Erde befindet sich nun im Innern deines Körpers in deiner Kugel.
9. Wachse weiter durch den Äther ins Weltall. Expandiere über die Sterne und Planeten und Galaxien hinaus bis zum Rand des Universums. Mit jedem Wachstumsimpuls wird das Licht der Kugel heller und strahlender. Wachse auch noch über den Rand des Universums hinaus und immer weiter, während das Universum in deinem Innern immer kleiner wird, bis es nur noch steck-

nadelkopfgroß ist und ganz aus deiner Wahrnehmung schwindet.

10. Wachse jenseits des Universums weiter und weiter in die unendliche Leere hinein. In der Leere ist alles still. Genieße die Stille jenseits der Schöpfung, jenseits von Zeit und Raum, jenseits aller Form. Hier herrscht reiner Frieden. Hier ist das reine Sein. Hier bist du am Ursprung deines Selbst. Hier bist du Licht. Hier bist du einfach. Jetzt und immer.
11. Spüre die vibrierende Leichtigkeit dieser Dimension und lass jede Zelle deines Körpers von Licht durchströmen. Schwebe so lange durch die Leere, wie es dir gefällt. Hab keine Angst, dass du nicht zurück in deinen Körper findest; dein Körper umfängt dich noch immer, und du bist immer noch in deinem Körper – aber nicht nur. Dein Bewusstsein ist jetzt ÜBER-ALL. In deinem Körper, jenseits deines Körpers und jenseits aller Körper. Du bist das All-Bewusstsein. Dies ist dein wahrer Ursprung. Dies ist die Quelle allen Seins. Die reine Anwesenheit.

Sei still.
Wisse.
ICH BIN das ICH BIN.

Um ins Ich-Bewusstsein zurückzukehren, ist es normalerweise nicht nötig, dass du deine Körperwahrnehmung reaktivierst. Sie kehrt von selbst zurück, sobald du die Augen öffnest bzw. dich wieder bewusst in den Raum begibst, in dem du körperlich anwesend bist. Freu dich, wenn der angenehme Schwebezustand in der Theta-Frequenz noch eine Weile anhält. Musst du jedoch direkt nach der Meditation hinaus in den Straßenverkehr, kehr behutsam aus der Trance zurück, indem du deine Aufmerksamkeit gezielt auf deinen Körper richtest und kräftig deine Füße und Hände bewegst. Vielleicht magst du dich abschließend auch noch einmal erden.

Je öfter und länger du im Theta-Zustand weilst, desto positiver wird sich das auf dein allgemeines Wohlbefinden und deine Lebensenergie auswirken. Dinge manifestieren sich leichter und schneller in der Theta-Frequenz, weil in diesem Zustand weniger Widerstände von deinem Ego ausgehen und du mit der Schöpfung auf einer Wellenlänge bist.

Mit ein wenig Routine kannst du diesen Zustand auch mit offenen Augen erzeugen und halten. Übe dich darin, deinen Blick in die Leere zu richten, auf die Zwischenräume zwischen den Dingen. Stelle die Augen dabei »unscharf«. Wenn du durch die Dinge hindurchschaust, nimmst du stärker mit deinem dritten Auge wahr und bist offen für inspirative Eingaben aus höheren Dimensionen.

Du kannst den Prozess, in den Theta-Zustand zu gelangen, beschleunigen, indem du diesen meditativen Weg verinnerlichst und immer schneller durchführst (die Voraussetzung dafür ist natürlich, dass du einige Male über diesen Weg den Theta-Zustand erreicht hast). Dein Zellbewusstsein erinnert sich an die Schlüsselreize und erzeugt dabei irgendwann automatisch den damit einhergehenden Effekt. Dann reicht es aus, sich den Weg nur kurz vorzustellen, und schon wirst du »high«. Bei mir selbst genügt ein schlichtes »Umschalten« im Kopf, um in den Theta-Zustand zu gelangen. Je harmonischer du auf allen Ebenen bist, desto leichter stellt sich dieser Zustand bei dir ein. Eines Tages überkommt er dich auch unwillkürlich, während du U-Bahn fährst, auf dem Sofa sitzt oder in einer Galerie ein Bild anschaust. Diese Flow-Zustände sind unheimlich beglückend. Bei regelmäßiger Anwendung werden sie zu einem festen Bestandteil deines Lebens.

In Ergänzung oder als Alternative zu den Theta-Meditationen verrate ich dir nun eine Abkürzung, die durch schlichte Augenbewegungen funktioniert:

Übung: Die Augenschaukel

1. Schau mit geschlossenen Augen hoch zum Mittelpunkt deines Scheitels und halte diese Position, bis deine Augen unwillkürlich anfangen zu flattern; das entspricht den schnellen Augenbewegungen *(Rapid Eye Movement)* während der REM-Phase des Schlafes und suggeriert deinem Körper, du seist im Theta-Zustand. Dein Gehirn erzeugt deshalbTheta-Wellen.
2. Um den Zustand noch zu vertiefen, lass deine Augen nun von dieser Position aus in einer zügigen Bewegung nach unten und innen gleiten und fokussiere deine Zirbeldrüse im Innern deines Kopfes (sie liegt etwa mittig auf der Höhe deines dritten Auges) und gleite mit deinem »Blick« über die Zirbeldrüse hinaus bis zum Hinterkopf und wieder zurück über die Zirbeldrüse bis zum Scheitelpunkt. So entsteht eine Kurven- oder Schaukelbewegung deiner Augen.
3. Wiederhole die gesamte Bewegung einige Male, bis du einen leichten Schwindel im Kopf verspürst; schaukle nicht zu schnell, damit dir nicht übel wird! Stell dir abschließend vor, wie sich dein Kopf ein wenig ausdehnt.

Nun solltest du im Theta-Zustand sein. Anfangs kann dies einige Übung erfordern; mit der Zeit wird sich der Effekt zuverlässig einstellen, sobald du nur die Augen innerlich hochrollst.

Anfangs kann diese Übung etwas unangenehm sein, denn deine Augenmuskulatur muss sich erst auf die ungewöhnlichen Bewegungen einstellen. Bei regelmäßigem Training lässt der Druck hinter den Augen jedoch nach.

Einfache energetische Anwendungen

Praxisbeispiel: Harmonisierung einer Situation

Es gibt Konflikte, die sich durch einen einzigen Impuls aus dem Quellbewusstsein heraus harmonisieren lassen. Hierzu möchte ich ein Beispiel anführen, das ich gerne meinen Seminarteilnehmern erzähle, zeigt es doch, wie unmittelbar spiegelbildlich das Innen mit dem Außen zusammenhängt und wie wenig es manchmal bedarf, um einen großen Effekt zu erzielen, wenn wir uns in der richtigen Gesinnung einem höheren Bewusstsein öffnen.

Mein Freund Johannes Kreidler ist Komponist für atonale Musik und Aktionskünstler. Einer seiner zentralen musikalischen Ansätze besteht darin, aus vorhandenem Klangmaterial, das durch seine digitale Vervielfältigung reichlich im Internet verfügbar ist, etwas Neues zu komponieren. Das nennt er »Musik mit Musik«. Seine Kreativität wird dabei allerdings von einer Institution eingeschränkt, die das Urheberrecht überwacht, nämlich der Gesellschaft für musikalische Aufführungs- und mechanische Vervielfältigungsrechte, kurz GEMA. Die GEMA verlangt, dass jedes Fremdzitat, das in einer Komposition verwendet wird, und sei es noch so kurz, durch ein eigenes Formular schriftlich gemeldet und genehmigt werden müsse. Im Herbst 2008 machte mein Freund daraus eine politische Aktion mit der Absicht, das veraltete Urheberrecht öffentlich infrage zu stellen und es dem digitalen Zeitalter entsprechend anzupassen. Um den verstaubten Bürokratismus der GEMA ad absurdum zu führen, komponierte er ein 33 Sekunden dauerndes Stück und verwendete darin 70 200 extrem komprimierte und darum nicht mehr erkennbare Fremdzitate. Zu jedem Zitat füllte er ein eigenes Formular aus und produzierte damit mehrere übermannshohe Türme Papier, die er vor den Augen von zahlreichen Schaulustigen und rund dreißig Vertretern aus Presse und Fernsehen im Lastwagen bei der Generaldirektion der GEMA vorfuhr. Es war ein Heidenspektakel. Die GEMA musste unter dem Druck des öffentlichen Interesses ihre Pforten öffnen und lud die Versammelten zur Konferenz. Am Urheberrecht änderte sich zwar zunächst nichts, doch entfachte diese Aktion ein weltweites Medienecho mit viralem Effekt. Das Gros der Medien applaudierte Johannes zu der Aktion, doch ein Presseartikel griff ihn unter der Gürtellinie an. Andere schrieben davon ab, und so begann die Gerüchteküche zu brodeln. Unter anderem wurde ihm vorgeworfen, er wolle sich mit der Aktion nur wichtig machen und Publicity in eigener Sache betreiben. Was zunächst ein voller Erfolg war, kippte plötzlich ins Gegenteil. Die Leute diskutierten sich in diversen Internetforen die Köpfe heiß und ergossen im Schutz der Anonymität jede Menge Häme über ihn – um das Urheberrecht ging es dabei längst nicht mehr. Das alles ließ Johannes natürlich nicht kalt. Von heute auf morgen dermaßen im Rampenlicht zu stehen ist an sich schon aufregend, aber dabei noch so ins Kreuzfeuer zu geraten machte ihn ziemlich fertig. Jegliche Verteidigung schien aussichtslos.

Da fiel mir ein kleiner Kunstgriff ein, den ich von meiner Lehrerin Mechthild gelernt hatte. »Komm, ich harmonisiere dich jetzt mal mit dieser ganzen Internet-Community und allen beteiligten Organen und Institutionen.« Gesagt, getan. Ich expandierte in den Theta-Zustand, setzte den Impuls zur

Harmonisierung und visualisierte dabei, wie eine regenbogenfarbige Wolke sich über der ganzen Szenerie ausbreitete. Das Ganze dauerte keine Minute. Johannes war auf einen Schlag wie verwandelt. »Boah, ist mir das alles jetzt egal«, meinte er. »Ich fühle mich wie auf Betablockern!« Er atmete durch. Viel erstaunlicher aber war, dass augenblicklich die Diskussionen im Internet abebbten. Einige Tage später nahm die Zeitung, die den ätzenden Artikel publiziert hatte, denselben vom Netz. Der Chefredakteur rief an und bat um ein Interview mit Johannes, um dafür einen neuen Artikel online zu stellen, der diesmal wohlwollend und sachlich ausfiel. Die öffentliche Wahrnehmung drehte sich wieder hin zur allgemeinen Anerkennung für seine gewitzte Aktion, und es hagelte Einladungen über Einladungen zu Veranstaltungen und Forumsdiskussionen zum Thema Urheberrecht. Bis heute gilt Johannes als das Vorzeigegesicht der jungen Generation, wenn es um digitale Verwertungsangelegenheiten geht. 2010 verlieh die GEMA ihm den Musikautorenpreis in der Sparte Nachwuchsförderung, dotiert mit zehntausend Euro – angeblich aufgrund rein ästhetischer Kriterien.

Offenbar hatte Johannes mit seinem persönlichen Energiefeld eine Angriffsfläche für Kritik und Missgunst geboten. In dem Moment aber, in dem er selbst dem gegenüber vollkommen entspannt und gleichmütig war, wir also seinen holografischen Imprint verändert hatten, veränderte sich auch das Außen. Der geografische Radius und die Anzahl der beteiligten Leute schienen dabei keine Rolle zu spielen.

Du kannst dich mit allem Möglichen harmonisieren, mit anderen Personen, Institutionen, Geräuschen, Körperempfindungen und Gefühlen oder mit schwierigen Situationen. Wenn dir eine Auseinandersetzung bevorsteht, die dir Sorgen oder Kopfzerbrechen bereitet, harmonisiere dich im Vorfeld mit allen Beteiligten. So wird die Konfrontation friedlich und im besten Sinne für alle verlaufen.

Worauf immer du dich fokussierst, behalte stets im Hinterkopf, dass es sich dabei letztlich um nichts anderes handelt als um widerstrebende Wesensaspekte deiner selbst, die sich holografisch in deiner Umwelt abbilden.

Um dir zu zeigen, wie du selbst diese Technik anwenden kannst, erkläre ich dir zunächst, wie du im Theta-Zustand einen gezielten Impuls setzt.

Intention und Impuls

Indem wir unsere Intention mit Worten formulieren, rich-ten wir unsere konzentrierte Aufmerksamkeit auf das Gewünschte und verbinden uns mit seiner Energie. Oftmals werden wir uns erst durch die bewusste Wortwahl darüber klar, was wir eigentlich genau wollen. Unser Zellbewusstsein reagiert sehr sensibel auf Worte. Gesprochene Sprache hat eine enorme Suggestionskraft. Über unsere Sprache manifestiert sich die Energie unserer Gedanken sehr viel stärker, als wenn wir diese unformuliert lassen. Im Theta-Zustand sinkt ihre Bedeutung in Form entsprechender Schwingungsmuster ungefiltert in unser Zellbewusstsein ein. Darum solltest du deine Worte besonders achtsam wählen.

Einen verbalen Impuls sprichst du mental, also in Gedanken, sobald du mit einer der beschriebenen Meditationen in den Theta-Zustand gelangt bist. Der Grundaufbau könnte folgendermaßen lauten:

ICH BIN das ICH BIN
Ich erlaube meiner Quelle,
(xy zu verändern).
Jetzt!
Danke.
(Atmen.)
Es ist geschehen.

ICH BIN das ICH BIN formuliert eine Selbstreferenz des göttlichen Bewusstseins und wirkt wie ein Mantra. Dein ICH-BIN-Zustand ist dein spiritueller Ursprung. Diese Worte konzentrieren deine Aufmerksamkeit im Hier und Jetzt, im reinen Sein. Mit ein wenig Gewöhnung wird dein Zellbewusstsein allein schon von dieser Eröffnung hellhörig: Achtung, hier kommt wieder eine positive Veränderung!

Ich erlaube meiner Quelle öffnet dein Bewusstsein für neue Möglichkeiten und macht dir deine Autorität über dein Leben bewusst. Die Quelle wartet nur noch auf dein Einverständnis, um ihre untrügliche Intelligenz und Leuchtkraft in dir zu entfalten. Unsere Erlaubnis ist der erste Schritt zur vertrauensvollen Hingabe an unsere Seele. Vom Erlauben geht eine buchstäblich magische Wirkung aus. Es versichert dich der ewigen Loyalität deines Seelenquells. Das erleichtert es deinem Ego, beiseitezutreten und loszulassen. Vollkommene Hingabe an das Leben bedeutet vollkommene Macht. Der universelle Geist vereint und synchronisiert alle Kräfte zum besten Wohl.

Jetzt betont mit Nachdruck, dass die gewünschte Veränderung genau jetzt in Kraft tritt und nicht erst irgendwann.

Danke suggeriert deinem Zellbewusstsein, dass du das Gewünschte bereits empfangen hast – und tatsächlich ist die Energie, die deiner Seele entspricht, bereits in dir; es gilt nur, dein Bewusstsein dafür zu öffnen.

Setze den Impuls durch einen tiefen, bewussten Atemzug! Dein **Atem** verbindet dich mit dem Kosmos und versorgt dein Zellsystem mit Sauerstoff. Atme das Alte aus und lass das Neue durch deinen Atem in dich einströmen.

Es ist geschehen verifiziert die hergestellte Resonanz mit dem Gewünschten.

Du musst dich nicht an den genauen Wortlaut halten. Diese Formel hat sich aber bewährt, weil sie in deinem Zellbewusstsein ganz bestimmte Reaktionen hervorruft. Wenn du diese Worte immer wieder sprichst, verankern sie sich fest darin. So wächst dein Vertrauen in deine persönliche Macht der Veränderung.

Ich selbst habe nach einigen Monaten der Praxis aufgehört, für jeden Impuls eine verbale Formel zu sprechen, denn ich hatte in dieser Zeit verinnerlicht, dass die Frequenzmuster, die ich absichtsvoll im Theta-Zustand anvisiere, unmittelöbar mobilisiert werden. Wenn du später die Technik der symbolischen Wesensintegration kennenlernst, wirst du ohnehin eher mit inneren Bildern arbeiten als mit Worten, dadurch erübrigt sich dieser Teil. Finde selbst heraus, wie wichtig ein formaler Ablauf für dich ist. Je sicherer du wirst, desto freier wirst du bei der Gestaltung deiner Anwendungen.

Harmonisiere dich mit einer Person

1. Vergegenwärtige dir eine bestimmte konflikthafte Konstellation in deinem Leben oder eine Person oder eine Sache, die dir Stress bereitet und mit der du dich harmonisieren willst.
2. Expandiere ins Quellbewusstsein.
3. Sprich im Stillen folgenden Impuls: ***ICH BIN das ICH BIN. Ich erlaube meiner Quelle, mich mit (Person) zu unser beider höchstem und bestem Wohl zu harmonisieren. Jetzt! Danke. (Atmen) Es ist geschehen.***
4. Bezeuge den Prozess vor deinem inneren Auge, etwa, indem du beobachtest, wie sich die Wogen glätten oder regenbogenfarbenes Licht um dich und die Personen gelegt oder in die Situation geschickt wird. Vielleicht fühlst du dich nach dem Impuls auch einfach nur friedlicher, wenn du an die Person oder Situation denkst.

Wenn du diese Technik nicht für dich selbst, sondern für eine andere Person anwenden willst, änderst du einfach nur den Adressaten: *Ich erlaube meiner Quelle, (Person) zu ihrem höchsten und besten Wohl mit (Situation) zu harmonisieren.* Beobachte dann vor deinem geistigen Auge, wie sich das Energiefeld der Person oder die Situation, in der du sie verortest, verwandelt.

Um *ThetaFloating* für eine andere Person anzuwenden, brauchst du normalerweise ihre ausdrückliche Erlaubnis. Bei dieser Übung jedoch veränderst du keine spezifischen Programme, sondern lässt die Intelligenz der Quelle ganz allgemein wirken – das geht in Ordnung, auch wenn die Person, für die du den Impuls setzt, davon nichts weiß. Im Zweifelsfalle, wenn die Person nicht bereit für eine entsprechende Veränderung ist, wird die Anwendung nicht funktionieren. Du kannst damit also nichts falsch machen.

Praxisbeispiel: Spontanheilung meines Kniegelenks

Tägliches, stundenlanges Verweilen mit gekreuzten Beinen während meiner beruflichen Telefonsessions und meiner Meditationen hatten über Monate meinen Innenmeniskus verschlissen und meine Bänder so weit überdehnt, dass mein Kniegelenk bei jeder unbedachten Drehbewegung, nach jeder Knie- und Hockstellung und schließlich beinahe alle paar Schritte schmerzhaft ausrastete. Mein Freund lag mir in den Ohren, ich solle damit endlich mal zum Arzt gehen, bevor es zu spät sei, doch versprach ich mir davon eher weitere Komplikationen als Besserung. Unterschwellig setzte ich jedoch darauf, dass der rechte Moment schon kommen würde, mich selbst darum zu kümmern – auf meine Weise.

Inzwischen war der Zustand meines Knies wirklich bedenklich. Ich konnte kaum noch laufen, ohne alle paar Schritte jäh vor Schmerzen innezuhalten, um mir das verschobene Gelenk einzurenken. Da kam während der Lektüre eines Buches die entscheidende Inspiration aus heiterem Himmel. An dem angenehmen Kribbeln am Scheitel spürte ich, wie meine Krone sich öffnete, um neue Botschaften von meiner geistigen Führung zu empfangen, nämlich die Information, wofür mein Kniedefekt sprach: Dass mein Körper und mein Geist durch die viele spirituelle Arbeit auf verschiedenen Entwicklungsstufen stünden und mein Körper mit meinen visionären Siebenmeilenstiefeln nicht mehr Schritt halten könne. Anders gesagt, ich hatte den Bogen meines persönlichen Fortschritts überspannt, indem ich zu einseitig in eine Richtung strebte. In spiegelbildlicher Entsprechung dazu waren meine Sehnen überdehnt, und mein Gelenk blockierte, wenn ich in eine »andere« Richtung ausscheren wollte.

Denn während ich *ThetaFloating* entwickelte und dieses Buch schrieb, wuchsen der Andrang meiner Klienten und die Zahl meiner Seminarteilnehmer so rasant an, dass ich mein Arbeitspensum nur noch unter extremem Schlafverzicht und der Vernachlässigung sonstiger Bedürfnisse, etwa nach Bewegung und Frischluft, bewältigen konnte. Es gab Phasen, da ich mich buchstäblich nur noch von Licht und Liebe nährte. So hinkte mein Körper meinen wachsenden und vor allem einseitig geistigen Ansprüchen immer weiter hinterher. Über mein Bewusstsein, so die Botschaft, könne ich jedoch auch die Schwingung meines Körpers erhöhen und beide Spektren einander wieder angleichen. Ich setzte also den Impuls, Körper und Geist miteinander zu harmonisieren und meine spirituellen Fortschritte zum höchsten Wohl in meinem Zellsystem zu integrieren. Ich erwartete gar nicht, dass sich dieses simple Manöver sogleich auf mein Knie auswirken würde, und schenkte dem Thema keine weitere Beachtung – schließlich hatte ich genug Arbeit. Erst einige Tage später fiel mir auf, dass mein Kniegelenk seither nicht mehr ausgerastet und zudem vollkommen beschwerdefrei war.

Im Nachhinein wird mir an diesem Erlebnis zweierlei deutlich: Erstens erlaubte ich meinen Zellen durch meine entspannte Nicht-Erwartungshaltung nach dem bewussten Impuls, sich von selbst zu regenerieren. Durch ungeduldiges Nachspüren hätte ich nur meinen Zweifeln Nahrung gegeben und »im Zweifelsfalle« die Heilung vereitelt. Außerdem hatte eine einfache, aber ernst gemeinte Anerkennung dessen, was mein zäher Körper da all die Monate für mich leistete, genügt, damit er sich wieder geschmeidig in mein Gesamtsystem fügte. Dafür bin ich dem Guten so dankbar, dass seine Bedürfnisse nun auch auf der physischen Ebene wieder mehr Raum gewinnen dürfen – und das genieße ich sehr. Schließlich ist mein Körper nicht dazu da, vergeistigt zu werden, sondern mir die sinnlichen Vorzüge des Lebens darzubringen.

Schicke einer Person Licht und Liebe

Einer Person oder einem Tier die höchste Essenz des Universums zu schicken, kann sich ebenfalls sehr wohltuend und harmonisierend auswirken. Du kannst andere uneingeschränkt in jeder Situation mit dieser liebevollen Energie beglücken.

1. Expandiere ins Quellbewusstsein.
2. Setze folgenden Impuls: ***ICH BIN das ICH BIN. Ich erlaube meiner Quelle, (Person) in Licht und Liebe zu hüllen und Licht und Liebe durch alle Zellen ihres Körpers fließen zu lassen. Jetzt! Danke. (Atmen) Es ist geschehen.***
3. Bezeuge den Prozess vor deinem inneren Auge, etwa, indem du beobachtest, wie liebevolles Licht durch den Körper der Person fließt und diesen einhüllt, oder indem du spürst, wie Licht und Liebe dich im Gedenken an die Person in deinem ganzen Körper ausbreitet.

Du kannst auch einer Gruppe von Menschen Licht und Liebe schicken. Stell dir die Gruppe dann einfach als eine Einheit vor, in die das Licht einströmt. Probiere das auch mal in der Anonymität aus, etwa wenn du gerade U-Bahn fährst, und schicke Licht und Liebe durch den ganzen Waggon. Dann beobachte, wie die Gesichter der Leute sich verändern und die ganze Energie sich gut anfühlt.

Kläre dein Energiefeld

Einige besonders feinfühlige Menschen nehmen dichte Energien aus ihrer Umgebung auf wie ein Schwamm. Dahinter steht ein schwaches Selbstbewusstsein und das unbewusste Gefühl, die Verantwortung für andere übernehmen zu müssen. So multiplizieren sich die Energiemuster, mit denen du aufgrund deiner persönlichen Programmierung in Resonanz stehst, bis du dich davon ganz geschwächt fühlst. Die beste Strategie dagegen ist, dein persönliches Energiefeld von leid- und aufopferungsvollen Mustern zu befreien und deine innere Ausstrahlung zu stärken. Wie du das machst, lernst du im Laufe dieses Buches. Bis du damit so weit bist, kannst du dir zwischenzeitlich mit einer Anwendung wie dieser Erleichterung verschaffen:

1. Expandiere ins Quellbewusstsein.
2. Setze folgenden Impuls: ***ICH BIN das ICH BIN. Ich erlaube meiner Quelle, alle Energien, die meinem höchsten und besten Wohl entgegen stehen, auf allen Ebenen meines Seins zu klären und durch reines Licht und reine Liebe zu verwandeln. Jetzt! Danke. (Atmen) Es ist geschehen.***
3. Bezeuge den Prozess vor deinem inneren Auge, etwa, indem du beobachtest, wie reinigendes Licht oder klares Wasser jede Zelle deines Körpers und jede Schicht deiner Aura durchspült. Spüre, wie du von Ballast und Negativität befreit wirst.

Auf die gleiche Weise kannst du auch deine Räumlichkeiten energetisch klären oder Gegenstände von Altlasten befreien.

Filtre dein Energiefeld und dehne es aus

Wenn du dein Energiefeld gereinigt hast, kannst du in einem weiteren Schritt einen Schutzfilter anlegen, der dich gegenüber unliebsamen Einflüssen zeitweilig ein wenig abschirmt. Genau genommen, gibt es keine Fremdeinflüsse – alles, was du im Außen wahrnimmst, trägst du auch in dir, sonst könntest du nicht damit in Resonanz gehen. Langfristig solltest du dich also damit auseinandersetzen. Damit du jedoch nicht dem Reflex verfällst, deine Aura zusammenzuziehen und damit die dichten Energien, die dich umgeben, nur umso ärger darin gefangen zu halten, kann dir ein solcher Filter helfen.

1. Expandiere ins Quellbewusstsein.
2. Setze folgenden Impuls: ***ICH BIN das ICH BIN. Ich erlaube meiner Quelle, mich (für den heutigen Tag/die Situation) mit dem für mich besten Schutzfilter zu umhüllen. Er schirmt alle Energien von meinem Zellbewusstsein ab, die meinem höchsten und besten Wohl entgegenstehen, und lässt nur die Menge und Qualität an Energien aus meinen Zellen strömen, die optimal für mich ist. Jetzt! Danke. (Atmen.) Es ist geschehen.***
3. Bezeuge den Prozess vor deinem inneren Auge, indem du beobachtest und spürst, wie sich eine Umhüllung aus Licht oder ein Stoff oder eine geometrische Form um dich herumlegt. Es sollte ein angenehmes Gefühl sein. Wenn der Filter dich beengt, optimiere ihn durch einen weiteren Impuls, bis er passt.
4. Dehne dich nun in die Energien hinein aus, gegen die du dich instinktiv abschirmen möchtest. Visualisiere, wie deine Aura in einem Radius von vier bis sechs Metern

deine Umgebung inklusive der darin befindlichen Menschen durchdringt. Indem du dich ausdehnst, können sich keine dichten Energien in deinem Aurafeld halten – ihre Moleküle rutschen geradewegs hindurch. Die Ausdehnung deines Bewusstseins ist der beste Schutz gegen unliebsame Einflüsse.

Reguliere deinen Stoffwechsel und deine Hormone

Einer der ersten Beweise dafür, dass geistiges Heilen funktioniert, lag für mich in den erstaunlichen und direkt spürbaren Effekten, die sich durch das willentliche Regulieren der Körperchemie einstellten. Denn die hormonalen Prozesse und unser Stoffwechsel laufen ja normalerweise autonom, also unabhängig von unserem Willen ab. Dabei brauchen wir absolut keine Ahnung davon zu haben, wie so ein Hormonspiegel optimalerweise beschaffen ist. Wir verfolgen im Theta-Zustand einfach nur die Absicht, ihn zu unserem höchsten und besten Wohl auszubalancieren – den Rest erledigt die Intelligenz der Quelle. Eine Freundin von mir, der ich über die Ferne auf diese Weise ihre Hormone eingestellt habe, hat sich danach so frisch und neu gefühlt, dass sie den Hormoncocktail wöchentlich bei mir abonnieren wollte.

1. Expandiere ins Quellbewusstsein.
2. Setze folgenden Impuls: ***ICH BIN das ICH BIN. Ich erlaube meiner Quelle, meinen gesamten Stoffwechsel und Hormonhaushalt zu meinem höchsten und besten Wohl zu regulieren und auszubalancieren. Jetzt! Danke. (Atmen) Es ist geschehen.***
3. Bezeuge den Prozess vor deinem inneren Auge, indem du beobachtest und spürst, wie dein pH-Wert und dein Hormonspiegel sich optimal verändern, etwa, indem du Chemieröhrchen mit bestimmten Werten in deinem Innern visualisierst.

Du kannst deinem Körper auch einprogrammieren, wie er den jeweils optimalen pH-Wert und Hormonspiegel von selbst herstellen und einhalten kann, sollte er dies verlernt haben. Viele meiner Klientinnen und Schülerinnen, die in den Wechseljahren sind, konnten damit ihre Hitzewallungen und andere Begleiterscheinungen vollkommen ausschalten. Auch prämenstruelle Beschwerden oder Regelschmerzen lassen sich damit mildern.

Setze dafür folgenden Impuls:

ICH BIN das ICH BIN. Ich erlaube meiner Quelle, meinem Körper beizubringen, wie es sich anfühlt, einen stets optimalen Hormonspiegel herzustellen und in jeder Situation meines Lebens in vollkommener Balance zu sein. Jetzt! Danke. (Atmen) Es ist geschehen.

Zusätzlich kannst du dich mit deiner Menstruation oder deinen Wechseljahren harmonisieren. Wenn in deinem Zellbewusstsein bestimmte psychische Muster verankert sind, die mit deiner monatlichen Regelblutung hadern oder auch damit, dass deine Menopause nun allmählich einsetzt, müsstest du diese Programmierungen aufspüren und transformieren, damit das obige Programm sich in deinem Energiesystem halten kann, denn unsere Körperchemie hängt unmittelbar mit unseren Emotionen zusammen und reagiert darum situativ. Reguliere, bis du so weit bist, ansonsten einfach regelmäßig deinen Stoffwechsel durch einen Impuls, um dein Wohlbefinden augenblicklich zu verbessern, und arbeite dich nach und nach durch deine Muster. Wie du dabei vorgehst, lernst du in den folgenden Kapiteln.

Die Evolution des Bewusstseins

Das Harmonisieren von Konflikten oder das energetische Reinigen sind einfache, aber auch oberflächliche Anwendungen, die schnelle Resultate erzielen, bei schwerwiegenden Problemen jedoch selten nachhaltig wirken. Theoretisch sollte es zwar genügen, mit jedem Problem einmal ins Nichts einzutauchen, damit es sich in eben dieses auflöst. Aber die wirklich tief sitzenden Blockaden, unsere innersten Abspaltungen, bestehen nun einmal darauf, von uns in ihrem Wesen erkannt und angenommen zu werden. Und dabei erzählen sie gern ihre Geschichten! Da mit unserer Vita auch unsere Probleme fiktiv sind, ist es völlig schnuppe, in welches spezielle Setting wir dabei einsteigen – Hauptsache, wir schenken ihnen unsere Aufmerksamkeit, damit wir erfahren, was sie insgeheim umtreibt. Denk an unsere Kinder, die ein und dieselbe Gutenachtgeschichte immer wieder hören wollen. Jedes Mal lauschen sie aufs Neue gespannt, obwohl sie das Happy End längst in- und auswendig kennen. Stell dir dagegen einen Halbwüchsigen vor, wie begeistert der wäre, wenn sein *Adventure* auf der Playstation gleich beim ersten Manöver geknackt wäre. Er würde das Teil auf der Stelle reklamieren! Vermutlich ist das göttliche Experiment des Menschseins Adventure-Game und Gutenachtgeschichte in einem. Oder anders gesagt, eine ausgewogene Mischung aus Vertrauen und Abenteuer bestimmt deine persönliche Lebensqualität. Die pauschale *All-in-one*-Transformation zum Preis von einer ist also ein seltenes Schnäppchen der Gnade, solange das Zellbewusstsein noch gute Einwände dagegen hat.

Wirklich substanzielle Schwierigkeiten lassen sich am effektivsten transformieren, indem wir gezielt ihre inneren Beweggründe aushebeln, die grundsätzlich auf emotionale Defizite verweisen. Genauer gesagt, **unsere Gefühle bilden den energetischen Klebstoff, der ein Muster, ein komplexes Gewebe aus Glaubenssätzen und Überzeugungen, zusammenhält.** Sobald wir das Gefühl transformieren, das im Kern des Problems sitzt, fällt das gesamte Muster in sich zusammen. Ein detailliertes Umprogrammieren von Glaubenssätzen erübrigt sich damit. Da Glaubenssätze sich auf emotionale Defizite gründen, sind sie ein mentaler Ausdruck des Problems, nicht aber dessen Ursache. Darum ist das Programmieren einzelner Glaubenssätze auch nicht dazu geeignet, schwerwiegende oder komplexe Probleme zu lösen. Statt die Wurzelknolle gänzlich auszugraben, brechen wir nur einige ihrer Keime ab, sodass unsere Symptome bald wieder neue Blüten treiben können. Mit Methoden, die sich vorwiegend damit beschäftigen, stoßen wir sehr bald an unsere Grenzen.

Das Gefühl, das in letzter Konsequenz absolut jedem Problem zugrunde liegt, ist, wie ich bereits erläutert habe, das Gefühl von Getrenntheit. Es beruht auf Unbewusstheit oder Nicht-Wissen. Daran knüpft sich unmittelbar ein erschüttertes Urvertrauen an, das sich in unserem Bewusstsein in Form bestimmter Mangelzustände äußert. Die daraus resultierenden unangenehmen Emotionen wollen uns signalisieren, dass wir in Lebensgefahr sind, wenn wir diese irrtümlichen Zustände länger aufrechterhalten. Sie zeigen an, dass aufgrund unseres Boykotts wesentlicher Anteile unserer selbst eines oder mehrere unserer Grundbedürfnisse bedroht sind. Neben den biologischen Bedürfnissen nach

Nahrung, körperlicher Unversehrtheit und Sexualität haben wir ein geistiges Bedürfnis nach Verbundenheit, Liebe, Würde, Wertschätzung, Selbstbestimmung, Freude und Freiheit. Ein gesunder Mensch, der sich seiner selbst bewusst ist, sieht diese Werte in sich erfüllt. In der Illusion der Getrenntheit von unserem seelischen Ursprung erleben wir demgegenüber Isolation, Verlassenheit, Verlorenheit, Ohnmacht, Erniedrigung, Missachtung, Vernichtung oder Scham und all das, was noch an Leid daraus hervorgeht. Diese niedersten Zustände unseres Bewusstseins binden so viel Lebensenergie an sich, dass wir krank werden, wenn wir ihnen dauerhaft ausgesetzt sind.

Ein Symptom, welcher Art auch immer, hält das Gefühl der Getrenntheit aufrecht und verstärkt dieses noch durch das spezifische Leiden, das es seinerseits hervorbringt. Es verbirgt die Wahrheit seiner Fiktivität unter vielen emotionalen »Schutzschichten«. Die Schichten wirken wie ein Filter, um das jeweils darunterliegende Gefühl zu verdecken. Die größte Angst des Ego ist die Angst vor seiner Vernichtung. Wäre es Gefühlszuständen wie Erniedrigung, Missachtung oder Nichtigkeit ungefiltert ausgeliefert, könnte es den Anschein seiner Existenz auf Dauer genauso wenig aufrechterhalten wie mit der Gewissheit, dass es nur ein holografisches Erzeugnis unserer Wahrnehmung ist. Doch da es in Wahrheit gar nicht existiert, kann es auch nicht wirklich vernichtet werden. Vernichtet wird im Zweifelsfalle nur unser Bild von uns selbst. Wie alles andere entspringt das Ego dem reinen Bewusstsein. Und das Bewusstsein kann niemals von seinem Ursprung getrennt werden – es ist ja selbst dieser Ursprung! Im *ThetaFloating*-Prozess entlarvst du die drohende Vernichtung des Ichs folgerichtig als »unwahr«. Darin liegt die Heilung. Sobald der Irrtum der Getrenntheit vom Urstrom energetisch aufgehoben ist, verschwindet auch das Symptom, das damit in Beziehung steht.

Dabei genügt es in der Regel nicht, wenn wir uns dies nur mental vorstellen. Wir müssen vielmehr emotional nachvollziehen, wovon unser jeweiliges Problem motiviert ist. Dies ist für viele auch körperlich spürbar, denn unser Körper verdichtet und speichert unsere Emotionen. Damit wir bewusst am transformativen Prozess beteiligt sind, müssen wir das Problem jeweils in dem energetischen Kontext beleuchten, in dem es in Erscheinung tritt – oder aber stellvertretend in einem symbolischen Abbild davon, welches die involvierten Emotionen in ihrer Dynamik zueinander spiegelt. Wenn wir diese Emotionen dann innerhalb unserer vorgestellten Szenerie durch eine imaginäre Strategie exemplarisch verwandeln, können wir beobachten, wie sich das Problem entsprechend mitverwandelt. Durch diese Erfahrung, die einem Umprogrammieren der holografischen Vorlage entspricht, können sich in unserem Gehirn neuartige, konstruktive Referenzpunkte herausbilden und brandneue Schaltkreise zusammenschließen. Denn Neuronen, die gemeinsam feuern, bilden gemeinsame Strukturen aus. Und ein Erleben, das von Emotionen begleitet ist, prägt sich unserem Gedächtnis weitaus nachdrücklicher ein als Erkenntnisse, die wir nur mit dem Intellekt erzielen. Das Fühlen ist dem Sein näher als das Denken.

Emotionen sind Bewegungen unseres Gemüts und erfüllen eine aussagekräftige Funktion innerhalb unseres Ich-Körperbewusstseins. Sie sind ein unmittelbarer Indikator für die energetische Qualität unseres jeweiligen Bewusstseinszustands. Fühlen wir uns wohl, sind wir im harmonischen Einklang mit unserer Seele. Fühlen wir uns schlecht, spalten wir unser persönliches Erleben von unserem Selbst in irgendeiner Weise ab. Die unguten Emotionen treiben uns innerlich an und mobilisieren unsere Energie, damit wir nicht in unserem negativen Bewusstseinszustand verharren, sondern unseren Geist in Bewegung (engl. *motion*) setzen und unseren Zustand zum Besseren verändern. Traurigkeit als Emotion etwa ist eine Reaktion auf einen erlebten Verlust und ein natürlicher Antrieb zu dessen Verarbeitung. Das Betrauern eines verlorenen Menschen oder Tieres beispielsweise, mit dem wir eng verbunden waren, gehört zur gesunden Psychohygiene. Folgen wir der natürlichen Dynamik unserer Trauer, indem wir uns ihr bewusst hingeben, weicht sie allmählich wieder leichteren Gefühlen. Wenn wir sie jedoch verdrängen, stauen wir die Energie, die mit ihr fließen will. Daraus wird dann eine unterschwellige chronische Trauer, auch Melancholie genannt. Als Bewusstseinszustand behindert sie auf Dauer das persönliche Wachstum und untergräbt unsere Lebensenergie.

Die Ich-Skala

Unser Bewusstsein entwickelt sich in Zyklen, die sich modellhalber in verschiedene Schichten unterteilen lassen (siehe Schaubild). Die Schichten deines Bewusstseins erscheinen selten in ihrer reinen Essenz, sondern durchdringen einander innerhalb deines Zellsystems. Du kannst in einem Moment Liebe für einen Menschen empfinden und im nächsten voller Schuldgefühle sein – in Wahrheit empfindest du beides zugleich, du wirst dir dieser Zustände jedoch nur nacheinander gewahr. Solange du noch in hohem Maße mit der Unbewusstheit der niederen Ebenen in Resonanz gehst, wirst du Zufriedenheit oder Glück eher als vergängliche Gnadenmomente erleben denn als Ausdruck deiner Bewusstheit. Du reagierst auf ein vermeintliches Außen, statt eigenverantwortlich, das heißt eigenmächtig von innen her, zu agieren. An deinem Gefühlszustand kannst du jeweils erkennen, wie viel Energie du zur Verfügung hast oder in welchem Ausmaß du deine Lebensenergie unbewusst unterdrückst.

BEWUSSTHEIT – VERBUNDENHEIT – WACHSTUM

Reines SEIN

Frieden / Freude / Liebe / Freiheit / Macht

Vernunft / Weisheit / Wertschätzung

Annahme / Vergebung / Hingabe

Begeisterung / Optimismus / Vertrauen

Mut / Wahrheit / Integrität / Verantwortung

ERLAUBEN

Hochmut / Verachtung / Hohn / Neid

Feindseligkeit / Wut / Ärger / Groll

Mangel / Gier / Versklavung / Enttäuschung

Angst / Reue / Verzweiflung

Hass / Bosheit / Schuld / Rache

Trauer / Verlassenheit / Verlorenheit

Niedergeschlagenheit / Apathie / Ohnmacht

Scham / Erniedrigung / Nichtigkeit

Reines SEIN

UNBEWUSSTHEIT – GETRENNTHEIT – REDUKTION

Bewusstseinszustände, die sich im unteren Teil des Trichters befinden, verengen deinen Lebensstrom, stören Gesundheit und Wohlbefinden und behindern deine schöpferischen Kräfte wie dein persönliches Wachstum. Entsprechend fühlen sie sich schlecht an. Je niedriger der Grad deiner Bewusstheit, desto »unbewusster« bist du, desto dichter und undurchdringlicher ist dein Energiefeld und desto mehr deiner Lebensenergie ist in destruktiven Mustern gefangen oder gebunden. Dadurch fühlst du dich dem Leben ausgeliefert und in deiner persönlichen Beweglichkeit unfrei. Sobald du jedoch eine gewisse Aufgeschlossenheit erreicht hast, bist du bereit, dem Leben zu »erlauben«, sich in dir zu entfalten. Das Erlauben auf kosmischer Ebene ist die Basis der Selbstermächtigung, Hingabe deren Meisterschaft. Unbewusster Widerstand und Selbstbeschränkung lösen sich in diesem Spektrum auf, und die weise Führung deiner Seele dringt direkt zu dir durch. Bewusstseinsstadien im oberen Teil des Trichters, also oberhalb der »magischen Grenze« des Erlaubens, sind der seelischen Essenz näher als die darunterliegenden. Sie befördern das Wachstum, wirken heilsam und dienen dem Leben, also auch dem lebendigen Wohl der Gemeinschaft. Je bewusster du bist, desto feiner, leichter und höher ist deine persönliche Schwingung und desto mehr freie Lebensenergie hast du zur Verfügung. Wenn deine Lebensenergie frei fließt, bist du machtvoll und kreativ und fühlst dich grundsätzlich wohl.

Wenn wir uns die Ich-Skala als offenen Kreislauf vorstellen, können wir nachvollziehen, dass die Lösung eines Problems grundsätzlich an einem der beiden Pole der Skala liegt, genauer gesagt, im reinen Sein jenseits davon. Entweder nähren wir unser Energiefeld mit einem der höchsten Gefühle, das wir aus dem Nichts der Quelle gewinnen können, oder wir lösen eines der niedrigsten Gefühle in ihrem Nichts auf. Beide Strategien laufen auf das Gleiche hinaus.

Das unterste Ende der Skala bilden Gefühle wie Missbrauch und Scham, Erniedrigung und Nichtigkeit. Ein Mensch, der in einem starken Gefühl der Wertlosigkeit lebt, hat die Verbindung zu seiner Seele aufgrund traumatischer Erlebnisse, die auch ererbt sein können, verloren und vernichtet sich damit unwillkürlich selbst. Autoimmunkrankheiten oder Krebs finden hier ihren Nährboden. Die invasive Rücksichtslosigkeit der einzelnen Zellen gegenüber ihren Kollegen und letztlich auch ihrem Wirt, dem Organismus als Ganzem, spiegelt den emotionalen Zustand der »Krebspersönlichkeit«, die unbewusst einen wesentlichen Aspekt ihrer selbst missachtet oder sich einer fremden Macht hilflos ausgeliefert fühlt. Durch die ungewollte Selbstaufgabe fehlt den Zellen ihre natürliche Steuerung. So vermehren sie sich »herzlos«, beginnen zu wuchern und zerstören Organe und gesundes Gewebe. Manchmal tritt dann zur Erlösung der physische Tod ein. Im Tod verschmilzt das Ich-Bewusstsein wieder mit dem Allbewusstsein und erlebt seine Verbundenheit mit »Allem, was ist«. Viele Menschen, die schwer krank sind, kommen jedoch über ihre Krankheit zur Selbstbesinnung und erfahren durch die aktive Bewältigung ihrer emotionalen Defizite einen unerschütterlichen Kräftezuwachs. Die Krankheit zwingt sie, sich mit ihren Bedürfnissen auseinanderzusetzen und sich also wieder mit sich selbst zu verbinden. Dadurch kann Heilung geschehen.

Dir einzugestehen, dass du nichts mehr zu verlieren hast, kann große Kräfte in dir freisetzen, durch die sich dann wie von Zauberhand neue Perspektiven eröffnen. Das liegt daran, dass du genau genommen noch nie etwas zu verlieren hattest, denn das Ego kann nichts besitzen. Mit der totalen Pleite bist du ziemlich dicht an deiner Essenz. So steigt oftmals in dem Moment, da du zerstört am Boden liegst, eine Ahnung von deinem wahren Sein aus deinen emotionalen

Tiefen empor. Du wirst deiner selbst gewahr! In meinem Leben hat es so manchen Totalzusammenbruch gegeben. Im Moment der Resignation, da ich also meine Waffen im Kampf gegen das Unglück gestreckt habe, wendete sich plötzlich das Blatt, und ich erfuhr einen ganz unerwarteten Auftrieb, der mich in völlig neue Ebenen katapultiert hat. Objektiv äußerte sich das etwa durch neue berufliche Chancen oder inspirierende Begegnungen. Nicht zuletzt habe ich meinen heutigen Partner unmittelbar nach einer inneren Kapitulation getroffen. Nicht nur in den höchsten Bewusstseinsebenen, sondern auch im schmerzhaften Ich-Verlust finden wir also zu unserem reinen Selbst. Da nähert sich die Ich-Spirale, die der Trennung entspringt, wieder ihrem Ursprung an.

Für die systematische Entwicklung deiner Persönlichkeit ist es sinnvoll, wenn du dir die verschiedenen Grade deines Bewusstseins anhand dieser Skala vor Augen führst, damit du jeweils weißt, unter welcher energetischen Voraussetzung du in den verschiedenen Bereichen deines Lebens agierst. Je dichter du bei der Lösung eines Problems an seiner Symptomatik haftest, desto flacher wird das Ergebnis deiner Operation ausfallen. Solange du zum Beispiel mit deinem Leben haderst, weil du unter Geldnot leidest oder zu wenig Aufmerksamkeit bekommst, verkennst du, was deinem Verlangen eigentlich zugrunde liegt, nämlich ein Mangel an Wertschätzung, Freiheit oder Liebe. Und wenn du ausschließlich auf der Ebene deiner Wut auf deine Eltern oder an deiner Angst vor der Zukunft herumdokterst, ohne dir anzuschauen, was wirklich dahintersteckt, kannst du ebenfalls davon ausgehen, dass du das Problem nicht aus seinem Fundament herauslösen wirst. Ärger oder Wut sind biologische Stressmechanismen, die dir signalisieren, dass eines deiner Grundbedürfnisse bedroht ist. Durch die Ausschüttung bestimmter Hormone mobilisieren sie deinen

Kampf-oder-Flucht-Reflex, mit dem du den Säbelzahntiger, der dir im Wald begegnet, entweder heldenhaft erlegen oder vor ihm blitzschnell auf den nächstbesten Baum klettern kannst, bevor er dich zwischen die Klauen kriegt. Wut oder Angst können, wie Schuldgefühle oder Depressionen, zwar für neue Probleme sorgen, sie sind aber niemals die eigentliche Ursache dafür. Wenn wir bereits im Stadium des Ärgers erkennen, was unseren momentanen Unmut verursacht, sind wir mit unserer Wahrheit und unseren Bedürfnissen in Kontakt. Über lange Zeit unterdrückter und darum angestauter Ärger jedoch kann eines Tages in Form von Wut explodieren und dadurch kurzfristig Energie freisetzen. Dies kann auf einer niedrigeren Bewusstseinsstufe durchaus konstruktiv sein und Richtung Heilung weisen – allerdings nur dann, wenn wir uns anschließend der Gefühlsschicht zuwenden, die durch das Platzen des Wutknotens darunter zum Vorschein kommt. Ignorieren wir die Enttäuschung oder das Gefühl des Mangels, das unserer Wut zugrunde liegt, wird die Wut regelmäßig wiederkehren.

Praxisbeispiel: Beziehungsfrust – ein *Emo-Tracking* entlang der Ich-Skala

In einer *ThetaFloating*-Anwendung lasse ich meine Klienten manchmal ihre Wut imaginär ausagieren, um in die nächsttiefere Schicht vorzudringen. Dies möchte ich an einem Beispiel demonstrieren, das auch in eine bewährte dialogische Technik einführt, die ich als *Emo-Tracking* bezeichne. Sie verfolgt die verschiedenen emotionalen Schichten, die einem Symptom oder einer Blockade zugrunde liegen, mit dem Ziel, deren unterste Grundlage als Nährboden des Symptoms aufzuspüren und zu transformieren. Es ist eine sehr effiziente dialogische Technik, die du mit einem Partner, aber auch allein durchführen kannst.

Wenn du mit einem Partner arbeitest, moderierst du unter der Leitung und Supervision deines Quellbewusstseins den Prozess und schaust mit deinem Partner zusammen in dessen Zellbewusstsein. Wenn du mit dir allein arbeitest, lässt du dich von deinem Quellbewusstsein führen, während du in dein eigenes Zellbewusstsein hineinspürst oder -schaust. Du bist also als aktiver Part bei diesem Prozess nicht nur im Theta-Zustand, sondern auch auf allen drei Bewusstseinsebenen gleichzeitig präsent. Dies klingt schwieriger, als es in der Praxis ist, denn die Trennung der drei Ebenen ist ja nur ein künstliches Modell, das dir helfen soll, kraft deiner Vorstellung deine Energie bewusster wahrzunehmen und zu lenken.

Als Moderator hast du stets im Hinterkopf, dass diese Emotion, nach der du fahndest, sich am untersten Ende der Bewusstseinsskala befinden muss. Ausnahmslos jedes Problem lässt sich in letzter Konsequenz auf eine der untersten Emotionen zurückführen. Das Symptom hat, wie schon erwähnt, die Funktion, das Ich vor dem Erleben der traumatischen Emotionen zu bewahren, die ihm zugrunde liegen, und verdeckt sie darum wie eine Schutzschicht. Denn wäre das Ego diesen verheerenden Energien mit voller Wucht ausgeliefert, könnte es nicht überleben. Hier also unser Beispiel:

Anna ist total wütend auf ihren Mann, der ihr die ganze Hausarbeit aufbürdet und sie abends allein mit den Kindern sitzenlässt, während er mit seinen Kumpels um die Häuser zieht:

A: Ich könnte Bernd packen und schütteln und in der Luft zerpflücken!

E: Wie würde sich das anfühlen, ihn in der Luft zu zerpflücken? Beobachte das mal in deiner Vorstellung!

A: Herrlich! Dabei würde sich mein ganzer angestauter Frust entladen!

E: Dann gönn dir den Spaß mal eine Runde lang!

Den Partner in der Vorstellung nun tatsächlich zu zerpflücken gehört in die Kategorie »symbolisches Handeln«. Für das Zellbewusstsein macht es kaum einen Unterschied, ob eine Handlung real vollzogen wird oder nur in der Fantasie. Es reagiert auf die inneren Bewertungen und Emotionen, die damit einhergehen. So eine energetische Abreaktion kann also tatsächlich konstruktiv sein und führt dich unmittelbar zur tieferen Schicht. Also immer heraus damit und tiefer geschaut!

E: Wie fühlst du dich nun, nachdem du dich ausgetobt hast?

A: Irgendwie kraftlos. Das hat ja eben nichts an der Sache geändert.

E: Wie fühlt sich das an, nichts ändern zu können?

A: Das macht mich völlig hilflos. Irgendwie ohnmächtig.

E: Wie fühlt sich das an, ohnmächtig zu sein?

A: Leer. Trostlos.

E: Leer und trostlos. Keine Kraft mehr da. Keiner da, der dir hilft.

A: Ja, irgendwie bin ich total verloren. Jetzt kommt Traurigkeit hoch.

E: Lass sie hochsteigen.

Anna schluckt, mit Tränen in den Augen. Das ist ein gutes Zeichen. Sie kommt tiefer in Kontakt mit sich selbst. Die Rückverbindung mit ihren Gefühlen ist eine wesentliche Bedingung für die Heilung. Indem ich ihre emotionale Lage, während sie weint, noch einmal vollständig wiederhole, bezeuge ich, was Anna erlebt. Indem wir das Muster bezeugen, erkennen wir seine emotionale Realität an. Damit können wir es greifen. Solange es sich der bewussten Wahrnehmung entzieht, kann es unkontrolliert sein Unwesen treiben. Das Weinen öffnet, wie die Wut, die Schleusen zu einer tieferen Schicht und ist bereits in sich tröstlich. Das eigene Befinden in seinem ganzen Ausmaß endlich einmal zu-

zulassen und damit anzuerkennen, kann sehr erleichternd sein. Es ist bereits die halbe Miete im Heilprozess. Wir nähern uns dem Kern der Sache.

E: Worüber bist du traurig?

A: Dass er so mit mir umgeht. Dass es ihm einfach egal ist, wie ich zu Hause mit den Kindern klarkomme. Dass er meine Bedürfnisse dermaßen missachtet und ihm auch die Kinder nicht so wichtig zu sein scheinen!

E: Wie fühlt sich das an, missachtet zu werden?

A: *Schluchzt heftig.*

E: Wie fühlst du dich, wenn dein Partner, der Mensch, der dich lieben und ehren sollte, dich dermaßen missachtet?

Missachtung ist eine grobe Verletzung der Würde. Sie bildet den Stoff, aus dem Annas und Bernds geschildertes Beziehungsmuster gestrickt ist. Doch dieser Zustand beschreibt noch nicht die grundlegende Emotion, die dem Muster vorausgeht. Die Missachtung zu benennen, die Bernd Anna entgegenbringt, betont das Vergehen des Konfliktpartners. Darin liegt eine Schuldzuweisung. Solange ich im Bewusstsein von Schuld verharre, habe ich den Kern meines Problems noch nicht erfasst. Darum insistiere ich weiter, um Anna zu einer noch tieferen Wahrnehmung ihrer selbst zu veranlassen.

A: Ich fühle mich meinem Mann gegenüber, als wär ich nicht da. Der letzte Dreck. Total wertlos. Vollkommen nichtig.

Da sind wir – am untersten Ende der Skala. »Nichtigkeit« ist die emotionale Voraussetzung, die es überhaupt erst ermöglicht, missachtet oder missbraucht zu werden. Das ist die letzte Schicht des Leidensbewusstseins. Darunter gibt es nichts mehr. Unterhalb dieses Gefühls, das sich auch als Scham äußern kann – denn es ist beschämend, keinen Wert zu haben –, hört das Ich auf zu existieren.

Wir müssen also ein Problem niemals in seine komplizierten Einzelteile und kausalen Verzweigungen zerlegen, um es seiner Lösung zuzuführen. Damit verstricken wir uns nur tiefer darin. Wir sind viel effizienter, wenn wir es geradewegs auf seinen emotionalen Kern subtrahieren. Dies erreichen wir durch die ultimative Frage: Wie fühlt sich das an? Diese Frage stellen wir uns auf jeder Ebene, nach jeder Antwort, nach jeder Veränderung in unserem Energiefeld erneut.

Wie lösen wir das Problem nun energetisch auf? Die eigentliche Transformation erreichen wir durch eine symbolisch vollzogene Auflösung der Wesensaspekte unserer Persönlichkeit, die mit dem niedersten Gefühl der Skala identifiziert sind. Nachdem wir es dingfest gemacht haben, überlassen wir uns diesem Gefühl, das unserem energetischen Bankrott gleichkommt, vollkommen, statt es weiter zu verdrängen oder verzweifelt dagegen anzukämpfen.

E: Lass dich mal vollkommen in dieses Gefühl der Nichtigkeit hineinfallen. Stell dir vor, da ist keine Kraft mehr, kein Kampf, keine Anstrengung, keine Bemühung. Du resignierst einfach in diesem Gefühl der Nichtigkeit. Was passiert, wenn du dich der Nichtigkeit vollkommen hingibst?

A: *Spürt aufmerksam in sich hinein.* Einfach so aufgeben? Das würde ja – den Tod bedeuten?

Genau das ist ja die Angst des Ego! Hier loszulassen erfordert einigen Mut. Ich unterstütze Anna, indem ich ihr mit meiner Wortwahl in Aussicht stelle, dass sie irgendwo wieder herauskommen wird, wenn sie sich ganz hineinfallen lässt.

E: Stell dir die Nichtigkeit vor wie eine Daseinsschicht und dann lass dich mal durch diese Schicht hindurchgleiten. Wo kommst du am Ende wieder raus?

A: Jiieeehh! Ich falle ins Bodenlose! Das nimmt ja gar kein Ende!

E: Lass dich weiter fallen. Wir haben alles unter Kontrolle. Was passiert, wenn du immer weiter ins Bodenlose fällst?

A: Jetzt wird es langsamer. Ich werde langsamer. Ich falle gar nicht mehr richtig. Eigentlich schwebe ich jetzt mehr.

E: Wie fühlt sich das an, zu schweben?

A: Herrlich! Ganz frei und leicht! Und es ist auch irgendwie ganz hell plötzlich. Wie so ein strahlendes Licht!

E: Wunderbar. Du bist soeben in deiner Seelenessenz gelandet. Am Urgrund deines Selbst. Das ist, was du *wirklich* bist. Das ist deine Wahrheit jenseits aller Ich-Verhaftungen und Persönlichkeitskonzepte. Spür mal in diese wunderbare Energie hinein. Wie vollkommen geborgen du darin bist und gleichzeitig frei und leicht. Und jetzt spür mal, wie diese Energie, dein wahres Selbst, sich in alle Kanäle deiner Zellen ergießt, dein ganzes Sein durchströmt, jede Faser deines Körpers und deines Bewusstseins. Du bist vollkommen von dieser liebevollen Kraft durchströmt.

Was passiert hier? Indem du symbolisch in deiner Vorstellung durch die unterste Schicht deines Bewusstseins, die Nichtigkeit, hindurchsinkst, kann dein Ego, das mit der Niederlage und also auch diesem Gefühl identifiziert ist, sich nicht mehr halten – und das Gefühl löst sich in Nichts auf. Das große Aha-Erlebnis, das sich einstellt, sobald wir unserem Ich-Verlust bewusst nachspüren, besteht für viele darin, dass unser Bewusstsein das Ich überlebt, denn unterhalb der letzten Gefühlsschicht landen wir geradewegs in der Quelle!

»Man kann nicht tiefer fallen als in die Hände Gottes«, schrieb mir dazu eine Schülerin, die sich herzerfüllt für diese Technik bedankte. Oder, mit dem Autor Leo Hartong gesprochen: »Im Augenblick der Hingabe – dem Moment, in dem das Ego einstürzt – erkennen wir das Leben als jenes fantastische Traum-Spiel, das es ist. Sogleich ist die Suche vorüber, und die Halluzination eines getrennten Ich entpuppt sich als eine vom universalen SELBST produzierte magische Illusion. Die persönliche Identität löst sich in die Quelle hinein auf, so wie ein Tropfen Gischt sich wieder mit dem Ozean vereint.«[10]

Während Anna sich leicht und frei in die Leere hinein ausdehnt, spült die Quelle den Ballast aus ihren Kanälen, der mit dem Gefühl der Nichtigkeit symptomatisch in Verbindung steht. In ihrem Nervensystem werden neue Verknüpfungen geschaffen, denn nun assoziiert sie mit dem Ausgangsproblem plötzlich nicht mehr die Qual der Erniedrigung, sondern die höchste Bewusstseinsschwingung – was für eine Wandlung in der Selbstwahrnehmung! Eben darin liegt die transformative Macht dieser Technik.

Durch das Loslassen ihrer Ich-Strukturen gleitet Anna geradewegs in den Theta-Zustand. Durch ihre Trance wird meine Trance als Moderatorin, in der ich während einer Anwendung die ganze Zeit über arbeite, spürbar vertieft, denn unsere Gehirnwellen sind in der Leere miteinander verschränkt. So dehnen wir uns synchron in das Quellbewusstsein hinein aus und floaten gemeinsam in der Grenzenlosigkeit des kosmischen Seins. Dabei schmilzt mein eigenes Ego dahin wie Eis in der Sonne.

Wundere dich nicht, wenn du während einer solchen Auflösung plötzlich Liebe und ein freudiges Mitgefühl für dein Gegenüber empfindest, auch wenn du die Person kaum kennst, mit der du zusammenarbeitest. Liebe ist eure gemeinsame Essenz. Du erkennst das wahre, göttliche Wesen hinter der Maske des Ich. An deinem eigenen Gefühl kannst du am deutlichsten spüren, dass das Manöver wirklich

10 Hartong (2006), S. 83

funktioniert hat. Eine gelungene Anwendung mit einer anderen Person ist immer auch heilsam für dich selbst.

Am Ende einer solchen Anwendung überprüfe ich, ob die Ich-Auflösung im Hinblick auf das Ausgangsproblem etwas taugt.

E: Dein Muster der Wertlosigkeit und der daraus resultierenden Missachtung hat sich soeben in nichts aufgelöst. Begib dich jetzt mal in die Ausgangsszenerie und spür in dich hinein, wie du dich deinem Mann gegenüber erlebst. Bernd sagt »Adieu« und lässt dich mit den Kindern zu Hause sitzen. Der Abwasch türmt sich, die Wäsche muss aufgehängt werden ... Wie begegnest du dieser Situation?

A: Hm. Das kann ich gar nicht mehr so wahrnehmen. Eigentlich wollte ich schon lange mal wieder mit meiner Freundin ins Kino gehen. Warum eigentlich nicht?

E: Und die Kinder?

A: Ach, da ließe sich ja eine Betreuung finden. Die darf dann der gute Bernd bezahlen. Und beim nächsten Mal bleibt er zu Hause. Ich habe, ehrlich gesagt, nie wirklich den Versuch gewagt, meine Wünsche ihm gegenüber nachdrücklich anzumelden.

E: Jetzt tust du es! *Ich weiß, wie es sich anfühlt, meine Bedürfnisse ernst zu nehmen und offen zum Ausdruck zu bringen. Ich weiß, wie ich mir meine Bedürfnisse erfüllen kann.* Und der Haushalt?

A: Tja, der ... bleibt einfach so lange stehen und liegen, bis mein Mann sich entweder selbst erbarmt oder sich um eine Haushaltshilfe kümmert. Mit den Kindern kann ich ja von unserer gemeinsamen Haushaltskasse auch mal lecker essen gehen, statt zu kochen.

E: Und wenn er das nicht einsieht? Wenn er sich weigert?

A: Na hör mal, ich bin ja nun nicht sein Dienstmädchen! Wir sind beide berufstätig, da kann er ja wohl die Hälfte von allem übernehmen. Entweder er arbeitet im Haushalt mit oder er bezahlt seinen Teil der Arbeit.

E: Das sind ja ganz neue Perspektiven! Ich kann mir gut vorstellen, dass dein Mann durch dein neues Selbstbewusstsein und deine andere Ausstrahlung plötzlich Respekt vor dir gewinnt und bereitwillig mit sich reden lässt, wie ihr den Alltag gemeinsam gestaltet.

A: Schauen wir mal ... Jedenfalls fühle ich mich großartig! Ich verstehe gar nicht, wie ich mich so – egal. Danke schön!

E: Danke dir selbst für den Mut, das hier durchzustehen. Ich wünsche dir, dass du es dir fortan wert bist, deine Bedürfnisse zu respektieren und zu erfüllen.

Energetische Feinjustierung

Ein solches allein mit deiner Vorstellungskraft herbeigeführtes Erlebnis kann so durchschlagend sein, dass dein Symptom spontan geheilt wird. In den meisten Fällen verläuft die Heilung jedoch schubweise über einen längeren Zeitraum hinweg. Sobald du ein neues Niveau erreicht hast, beginnt ein Zyklus der Anpassung und Integration. Die neuen Bewusstseinsinhalte müssen sich nun mit dem, was sie in deinem Dasein sonst noch so vorfinden, arrangieren und sich erst einmal bewähren. Das kann sich zwischendurch so anfühlen, als wäre der Wachstumsprozess wieder rückläufig. Tatsächlich aber dringst du immer tiefer in die dichten Strukturen deines Leidensbewusstseins vor. Sobald eine Schicht erlöst ist, steigt die nächsttiefere an die Oberfläche. Stell dir das vor wie einen Behälter, dessen Inhalt allmählich wie ein giftiges Gas entweicht, indem wir den Stöpsel immer weiter herausziehen. Ein emotionales Muster, das sich auch auf der Handlungsebene spiegelt, wiederholt sich so lange in verschiedenen Problemkonstellationen, bis der Behälter leer ist. Schicht um Schicht deines Gefühls der Getrenntheit werden somit erlöst. Dein Ego wird allmählich transparenter und lässt immer mehr Licht hindurch.

Manchmal erscheint es, als wäre das Ego gerade bei spirituellen Menschen besonders ausgeprägt, sind sie doch mit ihrer ganzen Aufmerksamkeit darum bemüht, ihr Seelenleuchten vortrefflich zur Geltung zu bringen. Doch genau dadurch schiebt das kleine Biest sich zuverlässig durch die Hintertür wieder herein. Dein Ego zu meistern bedeutet nicht, deine Schattenanteile zu leugnen und deine davon verschiedene Göttlichkeit zu beschwören. Es bedeutet, dass du dich mutig und entschlossen den inneren Dämonen stellst, sie als das erkennst, was sie sind – nämlich verdrängte, also unbewusste Anteile deines Selbst –, und diese liebevoll annimmst. Darin liegt ihre heilsame Transformation. Der Prozess der Bewusstwerdung führt dich nicht zur Meisterschaft, er entspringt deiner Meisterschaft.

Besonders zu Beginn deines Bewusstseinsprozesses ist deine Energie mehr oder weniger großen Schwankungen unterworfen. Wenn dein Lebensstrom stark blockiert ist und du die dafür verantwortlichen Grundgefühle auflöst, setzt das so viel Energie auf einmal frei, dass es dich geradewegs in die Ekstase katapultieren kann. So kann es passieren, dass du aufgrund der starken polaren Spannung zwischen dem alten und dem neuen Zustand bald darauf wieder zurückschnellst, weil in der Blockade noch mehr Energie gebunden war, die nun, nachdem der Stöpsel gezogen und die erste Schicht entwichen ist, aus der Tiefe deines Gefühlsbehälters an die Oberfläche steigt und ebenfalls nach Auflösung drängt. Allmählich wird deine Schwingung auf einem höheren Energieniveau ausbalanciert, und dein Wohlbefinden stabilisiert sich. Die Auflösung persönlicher Verhaftungen setzt genau die Menge an Energie frei, die in dem jeweiligen Muster gebunden war. Der Bewusstseinszustand der Depression etwa bedeutet ein hohes Maß an Selbstunterdrückung. Seine Auflösung ergibt darum einen enormen Zuwachs an persönlicher Lebensenergie, und nicht selten »schiebt« es den Betroffenen dabei in den manischen Gegenpol – den gilt es dann, behutsam einzuschmelzen. Phasen manischer Euphorie mögen sich genial anfühlen, doch ihre Energie ist trügerisch. Leichtfertig verstrickst du dich dabei in allerlei Schwierigkeiten, die dich schließlich wieder brutal landen lassen.

Je stärker deine natürliche Kraft unterdrückt ist, desto stärker wirst du die Wirkung einer gelungenen Behandlung potenziell erleben. Je mehr innere Klarheit du gewinnst, desto mehr Energie gewinnst du im Alltag und desto weniger sensationell wirst du womöglich weitere Verwandlungen empfinden. Die Amplituden deines emotionalen Erlebens schlagen mit zunehmender Etablierung deiner Integrität immer weniger extrem aus und pendeln sich irgendwann auf hohem Niveau ein. Dein ausbalanciertes Hochgefühl wird eines Tages zur Normalität. Selbstbeschränkenden Abweichungen gegenüber wirst du damit intoleranter, gelegentliches Leiden wird zum »Luxusproblem«, dessen Ursachen du leicht entlarven und schnell beheben kannst. Sei jedoch auch in deinem selbstverständlichen Wohlbefinden achtsam für die Präsente des Lebens und übe dich in Dankbarkeit und Demut. Demut ist eine Form der spirituellen Hingabe. Wenn du irgendwann meinst, über alles »Niedere« erhaben zu sein, stellt dir das Leben ein Bein. Hochmut ist die unbewusste Kehrseite eines Minderwertigkeitsgefühls. Bleibe also deinem Innern gegenüber stets zugewandt und gegenwärtig.

Sei nicht entmutigt, wenn es nach den ersten Erfolgen zwischendurch wieder abwärtszugehen scheint. Wie gesagt, es *scheint* nur so! Denk an eine Serpentine: An einem bestimmten Punkt deiner Aufwärtsbewegung kommt dir der Ausblick aufs Tal altbekannt vor. In Wahrheit aber erlebst du das Bekannte von einer höheren Warte aus, das heißt, du hast seither an Bewusstheit dazugewonnen. Vielleicht hast vor einem Jahr dieselben Pantoffeln getragen und aus demselben Fenster nach draußen geschaut. Doch bist du dir heute ganz anderer Dinge bewusst als damals, siehst dich selbst in einem anderen Licht, und das eine oder andere hat sich auch in deinem Außen verändert.

Jede Veränderung unterliegt einer komplexen Wechselbeziehung zwischen deinen inneren Prozessen und dem äußeren Handlungsspielraum und bedarf deiner nachhaltigen Aufgeschlossenheit, um sich in das gesamte Gefüge deines Lebens zu integrieren. Erlaube dir, Schritt für Schritt voranzugehen, und räume dir selbst Zeit für deine Entwicklung ein. Wenn du deine Teil- oder Etappenerfolge übergehst, indem du dir selbst die Anerkennung verweigerst und dich gnadenlos auf das ausrichtest, was noch nicht deinen Vorstellungen entspricht, wirft dich das mitunter weiter zurück, als wenn du dir einfach zugestehst, was du augenblicklich brauchst. Zu große Anforderungen an dich selbst können eine massive Behinderung darstellen. Wenn du dich selbst überforderst, rufst du nämlich innere Widerstände auf den Plan, die dein Voranschreiten sabotieren und streckenweise ganz zum Erliegen bringen können. Werte darum jeden Fortschritt als großen Fortschritt – schließlich bringt dich jeder Schritt deiner Erfüllung näher. Folge dabei getrost dem *Momo-Prinzip*. In dem bekannten Roman von Michael Ende kommt Momo schneller vorwärts, indem sie rückwärtsgeht. Die Dinge sind nicht immer, was sie scheinen.

Je integrer du wirst, desto intoleranter wirst du gegenüber Strukturen in deinem Leben, die dein Wachstum hemmen und dein Selbst reduzieren. Dies kann sich auf deinen Alltag vorübergehend chaotisch auswirken und auch unbequem sein, denn du wirst nun vieles in deinem praktischen Leben in Ordnung bringen wollen. Doch das Resultat ist alle Mühe wert – und für unterwegs gibt es zahlreiche Tricks und Übungen, die dein Leben erleichtern.

Wenn im Bauchgehirn die Sirenen heulen

Die Erfahrung zeigt, dass einen die Zweifel selbst nach umfassendem Heilserleben in schwachen, das heißt unbewussten Momenten wieder einholen können, zumindest so lange, bis das Bewusstsein insgesamt ein gewisses Niveau erreicht hat. Zweifel und Skepsis sind dazu geneigt, das Wunderbare zu leugnen und sich stattdessen an all den »guten« Gründen aufzuhängen, die für den zwar leidvollen, aber immerhin »bekannten« Status quo sprechen. Nicht der Verstand ist das Problem. Der Verstand akzeptiert auch ungewöhnliche Lösungen, wenn das Zellbewusstsein ihm signalisiert, dass alles in Ordnung ist. Es ist das Bauchgehirn, der Hüter unseres Überlebensinstinkts, von dem die Zweifel an unserer Selbstbeflügelung ausgehen. Das Bauchgefühl (engl. *gut feeling*) macht sich den Verstand zum Verbündeten, um »sicherheitshalber« alles beim Alten zu belassen. Darum kannst du dir natürlich gerne die Zeit damit vertreiben, nach wissenschaftlichen Beweisen für geistiges Heilen zu suchen, bevor du dem Frieden traust, den du dadurch schon erlebt hast, und deinem ungewohnten Hochgefühl Glauben schenkst. Das wird dich aber in der Tiefe deines archaischen Bewusstseins nicht beruhigen. Sicher hast du schon oft einen Satz wie diesen gesagt: »Vom Verstand her weiß ich ja, dass ich aufhören sollte, Süßigkeiten in mich reinzustopfen oder in meiner destruktiven Partnerschaft zu verweilen. Aber ich bringe es einfach nicht fertig!« Wie auch? Um mit deinen fünf Prozent Wachbewusstsein gegen die fünfundneunzig Prozent Zellbewusstsein anzukommen, musst du schon sehr genau wissen, mit welcher Kardätsche du deinen inneren Schweinehund glattbürsten kannst.

Nehmen wir mal an, du möchtest mir gerne glauben, dass das alles so einfach geht mit der Selbstverwandlung, wie ich behaupte. Doch unterschwellig grummeln allerlei Einwände und Zweifel in dir, und so legst du dieses Buch nach einigen Kapiteln wieder beiseite oder liest es einfach nur durch, ohne die Übungen, die ich dir dazu nahelege, auch tatsächlich zu praktizieren. »Wenn das so einfach wäre, warum macht es dann nicht längst jeder so?«, magst du denken oder: »Na, die Esther, die hat es vielleicht geschafft, weil sie so ein Überflieger ist. Wahrscheinlich ist sie nur deshalb so erfolgreich, weil sie so gut aussieht. Und ihre Kindheit war sicherlich gar nicht so schlimm, jeder verkraftet so etwas ja anders.« (Das habe ich alles schon zu hören bekommen.) Oder: »Morgen ist auch noch ein Tag. Morgen fange ich an.«

Vom Herzen her bist du bereit. Auch dein Verstand kann sich zumindest probehalber mal auf die Idee einlassen, dass unsere Dramen und Probleme fiktiv sind wie das Leben selbst, dass dein Erleben eine holografische Projektion des Bewusstseins ist und dass du darum theoretisch alle Macht der Welt hast, es nach deinen Wünschen zu gestalten. Deine Vernunft sagt dir, dass du es wenigstens mal ausprobieren könntest, schließlich hast du ja nichts weiter zu verlieren als eine frisch gewonnene Hoffnung (hoppla, das kann sogar durchaus ein Motiv sein, den Selbstversuch hinauszuzögern! Denn was wäre, wenn diese Hoffnung sich, wie die vielen zuvor, auch noch zerschlägt?).

Doch jedes Mal, wenn du in Betracht ziehst, eine Übung durchzuführen, kommt dir etwas dazwischen und schlägt deinem guten Willen ein Schnippchen. Da ruft Tante Gertrud an, dort scheißt die Katze auf den Teppich, hier fällt dir ein, dass du noch dringend Milch holen musst, bevor der Supermarkt geschlossen hat. Wer projiziert die Tücken deines Alltags in deine Wahrnehmung, wenn sie nicht von Herzen kommen und nicht aus dem Verstand? Dein Bauch! Genauer gesagt, dein Kernhirn oder Kleinhirn, das dein archaisches Bewusstsein beherbergt und zuverlässig deine Überlebensprogramme abspult, die sich in Form deiner Instinkte und eben durch dein berühmtes Bauchgefühl äußern. Evolutionär betrachtet, ist es das erste Gehirn des Menschen. Alle Säugetiere besitzen ein Kernhirn. Wenn dein Bauchgefühl Alarm schlägt, ordnet sich dem alles andere unter, da kannst du hoffen und argumentieren und an die holde Absicht appellieren, bis du närrisch wirst. Dein Kernhirn ist so unerlässlich für dein Überleben, dass dein Großhirn eine vollständige Sicherheitskopie davon enthält.

Um dir zu signalisieren, dass eine existenzielle Gefahr droht, der du dich schleunigst entziehen solltest, produziert dein Körper nun ganz bestimmte Hormone, die vom limbischen System, einem evolutionär weiter fortgeschrittenen Teil deines Gehirns, in differenzierte Emotionen übersetzt werden. Das Großhirn wiederum, das deinen kritischen Verstand beherbergt, generiert daraus deine mentalen Überzeugungen oder Glaubenssätze. Die Bedrohung, die sich auf einer primitiven Ebene des Bewusstseins als Angst bemerkbar macht, kann sich also auf einer höheren Stufe in Form von intellektuellem Hochmut oder Skepsis äußern. Zweifel sind die Wächter der Gewohnheit und schützen das, was vom Zellbewusstsein einmal als sinnvoller Überlebensmechanismus abgespeichert wurde, gegen die Ungewissheit, die in einer Veränderung liegt. Wenn dir eine Bewusstseinstechnik wie *ThetaFloating* nun verheißt, dass dein Leben sich dramatisch verändern könnte, wenn du sie nur gewissenhaft anwendest, mögen die Teile deiner selbst, die mit ihrem gesunden Selbstvertrauen ganz gut beisammen sind, leuchtende Augen bekommen. Bei denjenigen Wesensaspekten jedoch, die mit der Illusion der Trennung und den daraus resultierenden negativen Gefühlen identifiziert sind, heulen die Sirenen. Also findet dein Schweinehund lauter gute Gründe, um nur noch nicht jetzt mit der Anwendung zu beginnen. Dieser innere Zwiespalt, dem die Gleichzeitigkeit unserer verschiedenen evolutionären Bewusstseinsstufen entspricht, sorgt für ein Tauziehen der Kräfte und »im Zweifelsfalle« für Stillstand.

Der Ausweg aus dem Dilemma führt über die Anerkennung der Ängste und emotionalen Defizite, von denen das Problem, also deine Zweifel, motiviert sind. Damit geben wir dem primitiveren Teil in uns, dem Bauchgehirn, die Chance, zu höheren Einsichten zu gelangen und seine Bewusstseinsschwingung allmählich anzuheben. In seiner schrittweisen Annäherung an das höhere Bewusstsein besteht seine Evolution. Indem wir den empfundenen Mangel energetisch auffüllen und dem widerstrebenden Part das geben, was er wirklich braucht, nämlich einen oder mehrere der oben genannten Grundwerte, lösen die Zweifel sich in Wohlgefallen auf und verschwinden aus deinem Energiefeld. Anders ausgedrückt, wir lassen den negativen Pol des niedersten Gefühls, das deinem Problem zugrunde liegt, mit dem positiven Pol des höchsten aller Gefühle kollabieren. Was bleibt übrig? Nichts! Nichts als die heilsame Synthese der Einheit und damit alles, was dir in diesem Zustand Angenehmes in den Sinn kommt.

Mangel + Erfüllung = Nichts

Track 6

An dieser Stelle könntest du die Meditation *Bereite dir ein gutes Bauchgefühl* auf der beiliegenden CD durchführen.

Am Gipfel der Glückseligkeit

Dein Wachstumsprozess ist zwar niemals abgeschlossen, denn das Bewusstsein entwickelt sich immer weiter. Irgendwann aber kommt die Zeit, in der deine Leidenszyklen spürbar kürzer und flacher verlaufen – und irgendwann so gut wie ganz verebben. Dann ist der Behälter, in dem du deine dunklen Muster gehortet hast, leer und kann sich vollständig mit Lebensfreude und Liebe füllen. Mit anderen Worten, dann sind alle deine Gefühle und Ängste in positiver Weise angenommen und verwandelt. Daraus resultiert innerer Frieden, die höchste Bewusstseinsebene innerhalb deiner Ich-Wahrnehmung. Frieden integriert das gesamte Spektrum der Gefühle und Wesensaspekte. Liebe ist darin also allemal enthalten. Wenn du in Frieden bist, bist du auch in Liebe. Aber bevor du keine Liebe verspürst, findest du keinen Frieden. Das Bewusstsein reiner Liebe richtet sich im Unterschied zur persönlichen, also bedingten Liebe auf niemand Spezielles und ist keinen Bedingungen unterworfen. Liebe wird einfach empfunden. Ein Mensch, der in Liebe ist, ist friedlich und glücklich, achtet alle Lebewesen ohne Unterschied und blickt hinter die Fassaden. Er erkennt die Beweggründe, die hinter den Worten, Gesten und Handlungen der Menschen stehen, urteilt darum nicht und ist unangreifbar.

Liebe macht blind, heißt es ja immer, und dass Verliebte einander durch die rosarote Brille betrachten. Ich glaube, es ist umgekehrt: Liebe öffnet einem die Augen für das Göttliche im anderen, für das wir normalerweise blind sind. Wie rosarot wäre die Welt, wenn alle einander durch diese Brille sehen könnten!

Im reinen Sein ist dein Ich-Spektrum schließlich transzendiert. Jenseits deines Ego *bist* du einfach, ohne Einschränkungen, ohne Identifikationen, ohne persönliche Anhaftungen. Wenn du grundsätzlich aufgehört hast, dich mit deinem Ich zu identifizieren, bist du erleuchtet. Erleuchtung beschreibt ein Stadium der Transzendenz oder auch Transparenz sämtlicher Schichten deines Bewusstseins, in dem dir durch und durch »einleuchtet«, dass die Welt der Phänomene einfach nur einer genialen Traumfabrik entspringt. Das bunte Treiben um dich her betrachtest du mit heiterem Gleichmut. Es scheint »nichts« zu tun zu geben, denn »alles« ist ja bereits da. Du fühlst deine Verbundenheit mit der Schöpfung und bist zugleich als reines Bewusstsein davon losgelöst.

Die göttliche Heiterkeit, welche in der Loslösung von der Identität liegt, ist anschaulich in den Buddha-Statuen modelliert. Denk nur an den fidelen Gesichtsausdruck, mit dem der Buddha in sich hineinschmunzelt, oder wie verschmitzt der Dalai-Lama dreinblickt. Als westliche Vertreter der erleuchteten Sorte gelten etwa Tony Parsons oder Eckart Tolle. Diese Menschen sind sich zutiefst darüber bewusst, dass alle Erscheinungen inklusive ihrer eigenen nur Projektionsflächen des einen sind. Da sie nicht mehr mit ihrem Ich identifiziert sind, sind sie frei von dessen leidvollen Beschränkungen. Dennoch bleiben sie menschliche Gestalten, an die sich Gedanken heften, mit einem Körper, an den Vorlieben und Abneigungen geknüpft sind.

Ob du durch Bewusstseinsarbeit tatsächlich Erleuchtung erlangen kannst, kann ich dir erst sagen, wenn ich erleuchtet bin. Menschen, die sich selbst als »befreit« oder »erlöst« bezeichnen, sagen, Erleuchtung »sei« einfach, genau wie alles andere einfach »sei«. Was wir als »unsere« Handlungen wahrnehmen, also unserer persönlichen Bemühung zurechnen, seien einfach nur Handlungen, die mit uns in Wahrheit nichts zu tun hätten. Schließlich gibt es nur das eine Bewusstsein. Was hier geschrieben steht, wäre demnach nicht Ausdruck (m)einer persönlichen Meinung, sondern einfach nur das, was hier geschrieben steht. Als Nächstes steht hier geschrieben, dass »ich persönlich« das Gefühl bevorzuge, doch Einfluss nehmen zu können auf das, was »ich« so erlebe. Dieses Gefühl der Urheberschaft macht ja das Ego gerade aus. Und dabei habe »ich« in der Tat den Eindruck, dass meine Bewusstseinsarbeit zumindest etwas mit den Gipfelerlebnissen zu tun hat, die im Folgenden geschildert seien:

Sobald du einmal, wenn auch nur kurz, in ein Gipfelstadium des Bewusstseins (engl. *peak state of consciousness*) vorgedrungen bist, »weißt« du etwas, was du nie wieder vergessen wirst, auch dann nicht, wenn dieses Erlebnis in der Zerstreuung des Alltags wieder von engeren Bewusstseinszuständen überlagert wird. Ich habe weiß Gott glückliche Momente erlebt – verwegene Liebesabenteuer, berauschenden Sex, kreative Höhenflüge, erhebende Einsichten, erstaunliche Verwandlungen und faszinierende Begegnungen. Aber die seligsten Momente stellten sich jeweils ein, wenn sich inmitten des Alltagstreibens plötzlich der Horizont hinter meiner Ich-Projektion lichtete. Alles schien dann in einer entzückenden Weise verwunderlich, jedes Staubkorn am Fenster, jeder Straßenköter, jeder Baum, jede zerdrückte Bierdose und jeder Obdachlose, der in der U-Bahn seinen *Straßenfeger* verkaufte. Es gab weit und breit nichts, was nicht liebenswert und in seiner Einzigartigkeit herrlich gewesen wäre. Vor allem aber gab es nichts, was ich noch gewollt oder wonach mich verlangt hätte. Alles war in diesem Moment vollkommen. Der längste Moment dieser Art dauerte bei mir zwei Tage und er schloss sich direkt an die erhellenden Erkenntnisse an, die ich auf einem Seminar von Frank Kinslow gewonnen hatte. Er unterlag also tatsächlich gewissen »äußeren« Rahmenbedingungen. Den letzten länger andauernden »High Peak« hatte ich willentlich durch »Übungen in Gegenwärtigkeit« à la Eckart Tolle herbeigeführt – allerdings offenbarten sich mir dabei auch deutlich die Tücken, die für das Ego, das noch irgendwo auf mich gelauert hatte, mit dem Gefühl verbunden sind, keinen persönlichen Einfluss auf die Dinge auszuüben – und dieses Lauern ist wohl das Zeichen, dass ich noch nicht vollständig vom Ego losgelöst war: Ich lachte mich nämlich scheckig über die Absurdität unserer erheblichen Verblendung, die sich auch in meinem prall gefüllten Terminkalender offenbarte. Plötzlich schien nichts mehr bedeutsam von dem, was die Person, mit der ich für gewöhnlich identifiziert war, so getrieben hatte. Es gab absolut keinen Drang, dem noch etwas hinzuzufügen. Beängstigend! Und das war dann der *Turning Point*, an dem mein Ego langsam, aber sicher wieder in meine Wahrnehmung zurückgelangte. »Na, willst du wirklich gar nichts mehr erreichen? Willst du auf all das verzichten, was du dir vorgenommen hast? Willst du die Menschen, die auf deinen Output warten, jetzt etwa vor den Kopf stoßen?« Mit dem Knopfdruck auf mein Verantwortungsgefühl hatte es den Teil in mir, der gerade begonnen hatte, sich aus der Projektion herauszulösen, wieder am Haken, und ich verschmolz erneut mit meiner Persönlichkeit. Ein klarer Fall von Wichtigtuerei. Mein Ego bestand darauf, die willentliche Urheberin dessen zu sein, was hier geschrieben steht. Wahrscheinlich wären all die Gedanken sowieso gedacht, die Seminare unterrichtet, die Buchseiten gefüllt und die damit verbundenen Schweißperlen abgesondert worden, auch wenn ich mich nicht persönlich dafür verantwortlich gefühlt hätte. Die Erscheinung, die mit diesen Produkten in Verbindung gebracht worden wäre, hätte ohnehin nicht anders gekonnt, als eben den Anschein zu erwecken, damit etwas zu tun zu haben, mit oder ohne Ego. Doch selbst das ist wieder nur eine dieser göttlichen Geschichten.

Unser individueller Wille reicht demnach nur so weit, wie wir uns einbilden, einen solchen zu haben. Die pragmatische Konsequenz daraus wäre, dass wir uns nur einzubilden bräuchten, etwas wollen zu können, und schon würden wir in der »schönen« Gewissheit eines freien Willens leben! Vielleicht liegt aber der Irrtum der Menschheit gerade in diesem Verlangen nach einem freien Willen – sowie auch im Verlangen nach Gewissheiten. Womöglich wäre es noch viel befreiender, wenn wir uns von diesem Wunsch lösen könnten. Am Ende ist unser Anspruch auf einen freien Willen gerade unser Sklaventreiber. Hätten wir nichts zu wollen, bräuchten wir nämlich einfach nur noch dem Film zuzuschauen, der sich als »unser Leben« in unserer Wahrnehmung entfaltet. »Schau mal einer an«, würdest du dann womöglich sagen, wenn du dich dabei ertappst, wie du dich wieder sagenhaft mit einer Sache abmühst, »durch meine Erscheinung möchte das Bewusstsein gerade Anstrengung erfahren!« Augenblicklich würde das Gefühl der Anstrengung von dir abfallen und einem Gefühl der Heiterkeit weichen. Warum? Erstens, weil du dann aufgehört hättest, dich mit der Anstrengung zu identifizieren – wir können nur so lange unter etwas leiden, solange wir mit etwas Leidvollen identifiziert sind. Zweitens, weil du höchstwahrscheinlich amüsiert wärst über den genialen Trickeffekt, mit dem das Bewusstsein sich mal wieder selbst zum Narren gehalten hat!

In seinen selbstreferenziellen Paradoxa liegt wohl das eigentliche Vergnügen des schöpferischen Bewusstseins. Innerhalb der Dualität lassen sie sich nicht lösen. In der Einswerdung mit dem Allbewusstsein hingegen schon. Denn wenn wir als reines Bewusstsein selbst der Laserstrahl sind, der durch den Projektor unserer Persönlichkeit all die Projektionen hervorbringt, können wir diese auch nach Belieben beleuchten. Und wenn es uns möglich ist, in unserer Wahrnehmung eins zu werden mit dem Allbewusstsein, dann entspricht dieses Vermögen dem Willen schlechthin, der sich genau darin ausdrückt. Wollen oder Nicht-Wollen – im Bewusstsein der Einheit ist das völlig schnuppe.

Wenden wir uns also lieber dem nächsten Kapitel dieser gewitzten Realityshow zu, in dem wir uns das Wesen unserer Blockaden etwas genauer anschauen, um zu erfahren, wie wir uns spielerisch mit seiner Kraft verbünden können.

Die schöne Gesinnung und das Biest

Wie verleugnet, so blockiert

Die Schöpfung bewegt sich im polaren Spannungsverhältnis der Elemente fortlaufend in die eine oder andere Richtung. Die Natur gleicht diese Spannung aus, indem sie die Elemente zyklisch organisiert und in ihrer Gesamtheit gleichmäßig zur Geltung bringt. Auf Ebbe folgt Flut, auf Tag folgt Nacht, auf Licht folgt Schatten, auf Hitze folgt Kälte, auf Leben folgt Tod und dann alles wieder von vorn. So bewegt sich auch die menschliche Existenz im Spektrum der dualen Kontraste. Wollen wir im harmonischen Einklang mit der Schöpfung leben und leicht und frei mit dem Bewusstseinsstrom des Lebens schwimmen, müssen wir unsere inneren Gegensätze in Balance bringen. Wann immer sich unser Leben mühe- oder leidvoll gestaltet, sind wir vom Kurs abgekommen und haben uns im dichten Gestrüpp einer einzigen Uferseite verstrickt. Ist unsere natürliche Verbindung zum Urstrom des Bewusstseins blockiert, kommen wir in unserer Bewegung nicht recht weiter. Wenn wir wieder zu unserer Mitte finden wollen, müssen wir die gegenläufigen und miteinander konkurrierenden Aspekte im Mikrokosmos unserer Psyche miteinander versöhnen. Dann fügt sich auch im Makrokosmos unseres Alltags alles zum Besten, und wir kommen mit unseren Zielen zügig voran.

Blockaden sind unbewusste Reaktionen auf schmerzhafte Erfahrungen, die meist schon im gesellschaftlichen Energiefeld verankert sind und sich, dem fraktalen Prinzip des Universums folgend, auf familiärer wie individueller Ebene fortpflanzen. Sie stauen deine Lebensenergie (chines. *Qi*) und hindern dich daran, dich persönlich zu entfalten und zu wachsen. Sie zeigen dir an, dass etwas in deiner Wahrnehmung von deiner inneren Wahrheit abweicht und dass du einen wesentlichen Teil deiner selbst – einen bestimmten Gegenpol zu deiner bewussten Gesinnung – verleugnest und von dir abspaltest. Dabei spielt es keine Rolle, ob du die Widerstände in deiner Psyche bemerkst, sie als Unwohlsein oder Krankheit in deinem Körper verortest oder in äußeren Situationen, die du als ungünstige Umstände ansiehst. Umstände sind weder günstig noch ungünstig. Sie sind ein Indikator, der dir anzeigt, wie du innerlich gestimmt bist, denn die Umstände folgen dem Geist, nicht umgekehrt. Wenn du davon überzeugt bist, dass dich im Außen etwas daran hindert, deine Ziele zu verwirklichen, etwa, weil du einem Job nachgehst, der dich nicht erfüllt, oder weil du zu wenig Geld hast, dann machst du dich zum Sklaven dieser Überzeugung und verkennst, dass die Außenwelt nur ein Spiegel deiner selbst ist. Ebenso ist eine Krankheit nicht dein Schicksal, sondern ein Ausdruck dafür, dass du einen wichtigen Teil deiner selbst ignorierst.

Die Unterbrechung unseres natürlichen Energieflusses macht das Leben mit Blockaden so anstrengend und den Körper krank. Krankheiten sind Blockaden in physisch verdichteter Form und weisen auf einen stärkeren Grad der psychischen Verdrängung hin als solche Schwierigkeiten, die wir nur auf der mentalen Ebene wahrnehmen. Ihre Beschaffenheit und ihre Lokalisation im Körper geben dir Aufschluss über die Aspekte deiner selbst, die bei dir im Ungleichgewicht sind.

Je stärker deine Blockade, desto mehr Energie ist in ihr gebunden. Große Blockaden bergen darum großes Potenzial. Gelingt es dir, die Blockade zu verwandeln – Energie lässt sich als solche nicht auflösen, du kannst nur ihre Erscheinungsform ändern –, erlebst du also einen beträchtlichen Energiezuwachs. Seit ich das verstanden und zudem eine effektive Strategie gefunden habe, meine Blockaden in die positive Qualität umzuwandeln, die von ihnen gebremst wird, habe ich ein geradezu freundschaftliches Verhältnis zu ihnen gewonnen. Jede Schwierigkeit, jede unangenehme Konfrontation und jede Herausforderung birgt eine enorme Bereicherung, weist sie mich doch zuverlässig darauf hin, wo ich noch Energie »geparkt« habe, die ich, sobald ich sie verwandelt habe, fortan meinen wahren Werten und Zielen zuführen kann. »Schon wieder ein Problem? Dann winkt ja immerhin ein neuer Energieschub! Schauen wir uns also mal genau an, wo der Hund begraben liegt.« Wenn du dieses Motto verinnerlichst und konsequent an dir arbeitest, wirst du alle deine Probleme meistern und in »Quantensprüngen« deine Ziele erreichen. **Gewöhne dir an, deine Blockaden als Herausforderungen und potenzielle Energielieferanten zu betrachten, statt sie zu verteufeln.** Verwandle deine zugeschnürten Energiebündel in das Geschenk, das in ihnen verborgen liegt.

Von meinem Geistführer Shōtōki habe ich gelernt, die Kraft des Gegners zu nutzen. Shōtōki wirbelte in mein Bewusstsein, als ich die Qualitäten Leichtigkeit, Schnelligkeit und Präzision in meinem Leben verwirklichen wollte. So erschien er mir in der Personifikation der geistigen Werte, die der japanischen Karatekunst Shōtōkai zugrunde liegen. »Bevor du den Gegner besiegst, musst du dich selbst besiegen.« Das Geheimnis dieses Prinzips besteht darin, dass es im Grunde genommen nur eine einzige Kraft gibt. Energie lässt sich zwar in verschiedene Wahrnehmungsaspekte auffächern, aber nicht wirklich trennen. Betrachte ich wieder mein Hologramm, erkenne ich nämlich, dass sich in meinem Gegner, also dem, was meinen guten Absichten entgegensteht, nichts anderes als meine eigene Energie spiegelt. Kenne deinen Gegner, und du kennst dich selbst. Kenne dich selbst, und du kennst deinen Gegner. Wenn du das beherzigen kannst und beide »Gegensätze« synthetisch miteinander in Einklang bringst, profitierst du von beiden Kräften und erlangst eine stabile innere Balance. Die äußeren Quälgeister bleiben dann ganz von selbst weg. Eine gesunde Mentalität ist die beste Bannmeile für Tyrannen, Nutznießer und andere Plagen. Mit einem voll integrierten Bewusstsein bist du über alle möglichen Anfechtungen erhaben.

Du sparst viel Energie, indem du dir die Kraft der Blockaden integrativ zunutze machst, statt sie verzweifelt zu bekämpfen, zu leugnen oder in endlosen Gesprächen mit deinen Freunden oder deinem Therapeuten zu problematisieren. **Alles, was wir in unserem Leben verändern wollen, auch Konflikte mit unseren Mitmenschen, ändern wir beim *ThetaFloating* über unser persönliches Energiefeld, denn in ihm ist, nach dem fraktalen Prinzip, die Außenwelt repräsentiert.** Der gesamte Makroorganismus deines Musters ist in den Mikroelementen deines Alltagserlebens enthalten.

Persönliche Einschränkungen sind also zuverlässige Indikatoren dafür, dass etwas in deinem Bewusstsein abgespalten ist, was zu dir gehört. Wenn du sie als ungeliebte oder furchteinflößende Wesensaspekte deiner selbst betrachtest und als solche personifizierst, kannst du sie direkt erspüren und danach befragen, was sie brauchen. Denn jemand, der sich in irgendeiner Weise ungemütlich verhält, ist immer bedürftig. Das, was dein Gegner braucht, ist genau das, was du selbst brauchst, dir aber nicht zugestehst – zumindest nicht dem verleugneten Teil von dir. Durch die Personifikation deiner Ängste und Gefühle erhalten diese ein Gesicht, mit dem du dich konfrontieren kannst.

Wir dissoziieren bestimmte Anteile unserer selbst, wenn wir etwa befürchten, in dem Moment von anderen abgelehnt zu werden, da dieser Teil von uns sichtbar würde. Dann haben wir Angst, durchschaut und als inkompetent, dumm, verwerflich oder wertlos entlarvt zu werden, da das unserer tiefsten Überzeugung von uns selbst entspricht. Ein anderes Motiv für eine innere Abspaltung ist es, etwas, das wir für ein schmerzhaftes Erlebnis verantwortlich machen, von uns wegzuschieben, damit es uns nicht erneut eine solche Pein beschert.

Ein Klassiker dafür wäre unser Bedürfnis nach intimer Zuwendung und Nähe. Wenn du längere Zeit solo bist, obwohl du dir nichts sehnlicher wünschst als einen Liebespartner, oder wenn deine Beziehungen wiederholt nach kurzer Zeit in die Brüche gehen, dann sabotierst du unbewusst die emotionale Nähe zu einem Geschlechtspartner. Meist liegen dem Verlustängste zugrunde. Entweder befürchtest du, von deinem Partner zurückgewiesen und verletzt zu werden, oder du rechnest damit, deine Freiheit zu verlieren und dich persönlich einschränken zu müssen, wenn du in einer festen Beziehung lebst. Eine solche Sabotage kann darin bestehen, dass du dich immer in »die Falschen« verliebst, die entweder vergeben oder promiskuitiv sind, dich mies behandeln oder Drogen nehmen. Der drohende oder tatsächliche Verlust eines Liebespartners kann bewirken, dass du anfängst, zu rauchen, zu trinken oder Fastfood und Süßigkeiten in dich reinzustopfen, um dein »Liebeshungerloch« auszufüllen. Die Fettpolster, die du dabei ansetzt, schützen dich wiederum davor, erneut eine Beziehung eingehen zu müssen, wenn du dich damit unattraktiv fühlst. Du tauchst dann förmlich hinter deinen »Rettungsringen« in eine vermeintliche Sicherheit ab. Das Essen macht deine Emotionen dumpf. Oder du hüllst dich in blauen Dunst ein, um deine hochsteigenden Gefühle zu vernebeln. Orale Süchte wie

Trinken, Rauchen oder unmäßiges Essen sind »bewährte« Strategien, deine wahren Bedürfnisse zu deckeln und dich von deinem Innersten abzugrenzen. Das Gleiche gilt für Pornografie, mit deren exzessivem Konsum du dich in deiner Isolation verschanzt. Vielleicht kannst du dein Verlangen kurzfristig ein wenig abreagieren. Doch wirst du deinen Hunger mit diesen Mitteln niemals stillen. Ob suchtartiges Essen, Drogen- oder Sexkonsum – nach dem schnellen Kick bleibt immer ein schales Gefühl zurück. Mangelgefühle machen dich zum Sklaven, auch innerhalb von Beziehungen. Bedürftigkeit wirkt zudem abschreckend auf potenzielle Liebeskandidaten. Mit einem sehnsüchtigen Hundeblick hast du ziemlich geringe Chancen, das Herz eines attraktiven Partners zu erobern. Denn wer will schon dein Frauchen oder Notnagel sein?

Es bringt also nichts, die eigenen Defizite zu leugnen und zu ignorieren. Ähnlich wirkungslos ist es, sie mit positiven Affirmationen zu überzuckern oder gar offensiv zu bekämpfen. Denn wenn du ein Gefühl, das dir nicht geheuer ist, ablehnst und weit von dir schiebst, schürst du nur seine Verzweiflung, und deine psychische Sabotage oder Krankheit verstärkt sich. Warum ist es verzweifelt? Ganz einfach: Was du verleugnest, darf nicht »sein«, und das willst du am liebsten ausmerzen. Da es kein eigenständiges Wesen ist, sondern nur ein ungeliebter Teil deiner selbst, kann es ohne dich aber nicht bestehen. Der arme Teufel steht also buchstäblich Todesängste aus! So lassen sich, wie schon in den Kapiteln zuvor angeführt, alle Probleme auf die Angst vor der Ich-Auflösung zurückführen, die der Illusion der Trennung von der universalen Lebensenergie zugrunde liegt. Eine Blockade oder ein Problem ist nichts anderes als ein Teil deines Ego, der sich in seiner Isolationshaft verselbstständigt hat und seinen Tod fürchtet. In der Verbannung führt er ein trauriges Schattendasein – und muss sich darum als

Dämon oder Blutsauger penetrant an deine Fersen heften und sich von deiner Energie nähren. Du weißt ja, Vampire sind unsterblich. Wenn du versuchst, sie zu vernichten, verschwendest du nur deine Kraft an sie und riskierst, von ihnen gebissen zu werden. So können sie sich deinen Lebenssaft wunderbar einverleiben und werden groß und stark, während du langsam, aber sicher ausblutest. Mach dir ihre Zähne und Klauen zu eigen und verbünde dich mit ihrer Energie. Lerne, deine inneren Dämonen zu besiegen, ohne sie zu bekämpfen. Das Leben ist nur dann ein Kampf, wenn du selbst im Widerstand dagegen bist. Nutze den Schwung deiner Blockaden und verwandle sie in das, was von ihnen unterdrückt wird.

Wie gehen wir dabei vor? Wir können die destruktive Wirkung eines ungeliebten Wesensanteils verwandeln, indem wir ihn als Mangelwesen identifizieren und energetisch mit der Essenz stillen, die er wirklich braucht. Die reine Essenz ist die universale Lebensenergie. Liebe ist ihr qualitativ ebenbürtig. Aber auch Wertschätzung, Zuwendung, innere Ausgeglichenheit oder Freude sind wertvolle Nahrung. Durch eine gezielte Strategie unseres Bewusstseins lassen wir den Mangel also darin eintauchen. So gesättigt, wird er sich entweder in nichts auflösen oder sich in etwas Positives verwandeln.

Erkenne deinen Gegner, und du erkennst dich selbst

Der einzige Weg, die Schranke zu überwinden, besteht darin, zur Schranke zu werden. John Daido Loori

Angenommen, du fühlst dich von etwas angegriffen. Dann ist deine naheliegende Reaktion, dich gegen die Energie zu schützen, zu verteidigen oder zu stärken. Damit erhältst du jedoch das Ungleichgewicht der Kräfte aufrecht und provozierst möglicherweise erst recht den Widerstand des Angreifers. Du musst erkennen, dass der aggressive Teil ein verleugneter Teil deiner selbst ist – auch und sogar ganz besonders dann, wenn du von einer leibhaftigen Person angegriffen wirst. Wie innen, so außen, wie außen, so innen. Je stärker die Macht im Außen, je übermächtiger dir dein Gegenspieler erscheint, desto mehr Energie ist in diesem Aspekt deiner selbst verborgen. Dein Konflikt mit der Person birgt also ein enormes Potenzial, das du dir nun wieder »zu Eigen« machen und für deine Zwecke bündeln kannst. Ein Angriff ist immer ein Selbstangriff, Kritik ist immer Selbstkritik, Schuldzuweisung verweist immer auf selbst empfundene Schuldgefühle – denn in der All-Einheit gibt es nur das Selbst. Eine Energiefrequenz, egal welcher Art, offenbart sich niemals einseitig. Sie spiegelt sich immer in einem Zweiten. Denk an die Verschränkung der Quantenteilchen aus Aspects Versuch – sie bewegten sich immer in Korrelation zueinander, egal, wie weit sie voneinander entfernt waren. Wie »fern« dir das Verhalten deiner Mitmenschen auch erscheinen mag, es korrespondiert direkt mit dir – in der dreidimensionalen Zeit-Raum-Dimension allerdings manchmal ein wenig zeitversetzt. Wenn du eine Person abschätzig behandelt hast, kann es sein, dass dir ihr Groll erst Wochen später entgegenschlägt – so lange hat sie ihn vor dir verborgen.

Wenn du das beherzigst, dann ist es strategisch am klügsten, dich als Erstes in deinen Widerpart hineinzuversetzen. Sicher hast du dir selbst schon viele Male, zumindest in Gedanken, gut zugeredet und dich verteidigt – ohne nachhaltigen Erfolg, oder? Die Angreifer und Kritiker wachsen immer nach. Probieren wir also mal etwas Neues:

Stell dir die Situation vor, in der du dich angegriffen oder bedroht fühlst. Lass die widerstreitenden Fronten vor deinem inneren Auge erscheinen. Wenn du dich mit der Opferrolle identifizierst, kennst du dich bestens damit aus, wie es sich anfühlt, bedroht, angegriffen, kritisiert oder infrage gestellt zu werden. Wie fühlst du dich damit? Höchstwahrscheinlich verkannt, wenn nicht vernichtet. Dem liegt also das Gefühl der Nichtigkeit oder Wertlosigkeit zugrunde. Möglicherweise fühlst du dich der Übermacht des Gegners auch ausgeliefert, also total ohnmächtig. Der sicherste und schnellste Weg, dein Gefühl der Wertlosigkeit zu transformieren, besteht nun darin, die von dir abgespaltene Kraft des Gegners zu nutzen und dir wieder anzueignen, sie also in dein persönliches Bewusstsein zu reintegrieren. Schau dir dafür die Täterseite mal ganz genau an, also den Angreifer, Kritiker oder Beschuldiger. Stell dir vor, du wärst unsichtbar und könntest in seine Nähe schweben, ohne von ihm bemerkt zu werden. Schau ihm geradewegs in die Augen. Kann er deinem *durchdringenden* Blick standhalten? Spüre in seine Energiequalität hinein. Noch besser: Tu so, als wärst du er – auf einer tieferen Ebene bist du das ja tatsächlich, es sollte dir also nicht schwerfallen. Wie fühlt sich das an, jemanden anzugreifen oder zu kritisieren? Was verbirgt sich hinter der aggressiven Fassade? Was verbirgt sich unter dem Triumph, der vermeintlich Stärkere zu sein? Warum ist er dermaßen engagiert dabei, jemand anderen fertigzumachen? Er investiert ja eine beachtliche Menge an Energie in dieses Vorhaben, folglich muss ihm das ungeheuer wichtig sein. Was hat er davon? Wofür braucht er das? Welcher Glaube steckt dahinter? Welches Gefühl? Fühlt er sich dir überlegen? Wie schätzt jemand sich selbst ein, der einen anderen dermaßen kritisieren muss, um sich überlegen zu fühlen? Und was wäre, wenn er dir nicht überlegen wäre? Wie würde sich das anfühlen? Vermutlich genau so, wie es sich für dich anfühlt, ihm unterlegen zu sein.

Anders gefragt: Fühlt sich das wirklich im tiefsten Innern gut und richtig an, ein Wesen anzugreifen? Es mag ein Blitzableiter für meinen Frust sein – aber liegt darin meine Erfüllung? Wohl kaum, oder? Was treibt mich also dazu, es doch zu tun? Was sind meine Beweggründe, die Gründe, die mich bewegen *(e-motion)*? Die Antwort ist so naheliegend, dass du sie für gewöhnlich übersiehst. Sie liegt in dir. Es sind genau die Gefühle, die du fühlst, wenn du angegriffen wirst, und die dein Angreifer oder Kritiker von sich weist, indem er sich dem Motto »Angriff ist die beste Verteidigung« verschreibt. Dieser Überzeugung liegt ein Gefühl der Bedrohung zugrunde. Menschen, die andere vehement kritisieren, stellen sich selbst infrage. Was liegt darunter? Ohnmacht und Wertlosigkeit. Da schließt sich der skalare Kreis des Ego. Es ist so einfach. Die Wahrheit ist immer ein-fach. Mehr als »ein Fach«, zwei Schubladen, gehören der Dimension der Dualität an. In der Vereinigung der Gegensätze liegt die einzige wirkliche Lösung eines Konflikts.

Das Geheimnis liegt immer im Offensichtlichen und im Nächstliegenden. Das Offensichtliche ist dein Körper, das Nächstliegende sind deine Gefühle. Darum ist es so hilfreich, sich eine Situation symbolisch verdichtet zu vergegenwärtigen. In ihr konzentriert sich alles Wesentliche, was du über ein Problem wissen musst, um es erfolgreich zu lösen. Auch Träume stellen ja eine effiziente Psychohygiene dar, weil du dich darin in komprimierter Form mit den Themen beschäftigst, die dich gerade umtreiben, und sie symbolisch bearbeitest. Träumen ist vielleicht die kreativste Tätigkeit des Bewusstseins.

In den folgenden Abschnitten möchte ich dir einige Anwendungsbeispiele aus der Praxis vorstellen, damit du eine genauere Vorstellung davon gewinnst, wie so eine Schmelze der emotionalen Polkappen aussehen kann.

Praxisbeispiel: Heilung einer chronischen Panikstörung

Erika litt seit ihrer Kindheit unter einer extremen Panikstörung. Sie hatte Angst vor dem Dunkeln und traute sich kaum aus dem Haus. Besonders heikel waren Orte, an denen viele Menschen versammelt waren. Einen Supermarkt konnte sie nur jenseits der Stoßzeiten betreten, wenn die Gänge leer waren. In Einkaufszentren oder bei öffentlichen Veranstaltungen überkam sie regelmäßig eine Panikattacke, die sie zwang, augenblicklich innezuhalten und den Ort zu verlassen. Das schränkte ihre Bewegungsfreiheit und Lebensqualität natürlich erheblich ein. Wir konnten dieses Problem in einer einzigen Telefonsitzung auflösen, die über eine Stunde dauerte.

Nachdem Erika mir ihren Status quo geschildert hatte, expandierte ich ins Quellbewusstsein und machte eine intuitive Abfrage ihres Problems. Sogleich erhielt ich den Impuls, mit der Angst vor der Dunkelheit zu beginnen. Ich fragte sie, wie sich das für sie anfühle, wenn es draußen dunkel würde. »Ich fühle mich dann total beengt«, sagte Erika, »so, als würde ich von der Dunkelheit erstickt.«

Da hatten wir also das erste Ungeheuer, mit dem wir symbolisch interagieren konnten. Ich bat sie, sich einmal vorzustellen, dass die Dunkelheit sie tatsächlich vollkommen erdrücke. Sie tat es.

»Und?«, fragte ich. »Was ist jetzt noch von dir übrig?«

»Nichts«, sagte sie.

»Und wie fühlt sich das an, nicht mehr da zu sein?«

»Irgendwie befreiend. Ich fühle mich ganz wohl dabei.«

Wow! Das ging schnell! Erste Erkenntnis: Wenn meine schlimmste Befürchtung eintritt und die Dunkelheit mich verschlingt, fühle ich mich danach wohl. Ich habe zwar keinen Körper mehr, aber irgendwie bin ich immer noch da. Klar – dein Bewusstsein lässt sich nicht auflösen, da kannst du meditieren, bis du schwarz wirst!

Ich bat sie sodann, sich aus diesem Nichts heraus jetzt einmal auf die Dunkelheit zuzubewegen und zu schauen, was dann passiere. Sie nahm wahr, dass die Dunkelheit nun vor ihr zurückwich, sich also nach ihrem Willen richtete. Sie konnte einen regelrechten *Paso doble* mit der Dunkelheit vollführen. Von dieser Energie ging nichts Bedrohliches mehr aus. Alles unter Kontrolle.

Ich machte die nächste intuitive Abfrage, um von höchster Instanz zu erfahren, wie es weitergehen sollte. Nun zeigte sich mir folgendes Bild: Ich sah Erikas Angst in Gestalt eines amorphen Monsters, das sich fürchterlich aufblähte, sich übertrieben dramatisch gebärdete und ihr mit zum Angriff erhobenen Klauen nachstellte – und zwar immer dann, wenn sie sich von ihm abwandte und ihres Weges gehen wollte. Ich schilderte ihr diese Szene.

»Genau so erlebe ich das«, antwortete sie. »Jedes Mal, wenn ich mich meinen Angelegenheiten zuwenden und etwas schaffen möchte, das mir wichtig ist, überfällt mich diese schreckliche Panik, und ich bin wie gelähmt.«

Perfekt. Wir waren also im selben Film. Auffällig an diesem Monster war doch, dass es ungeheuer bedürftig schien. Es rang ja sehr nachdrücklich um Erikas Aufmerksamkeit, indem es sich so wichtigmachte und an ihr zerrte. Es erinnerte mich stark an ein Kind. Ich fragte sie also, was das Angstmonster ihrer Meinung nach brauchen würde, um besser bei sich bleiben zu können. Erika spürte kurz in das Monster hinein und sagte dann: »Liebe.«

Klarer Fall. Wäre sie denn bereit, dem armen Monster diese Liebe zufließen zu lassen, da es sie doch so nötig brauche? Erika war bereit. Sie visualisierte, wie sie dem Monster Liebe und Aufmerksamkeit schickte. »Und?«, fragte ich weiter. »Wie verändert sich das Monster dadurch?«

»Es wird immer kleiner. Jetzt ist es nur noch so groß wie ein Teddybär.«

Wunderbar. Ein Teddybär ist ja nun gar nicht mehr furchterregend und lässt sich doch prima in die Tasche stecken! Ich bat sie, das geschrumpfte Teddymonster einmal ganz herzlich in den Arm zu nehmen und vielleicht sogar mit ihm zu verschmelzen. Auch das gelang problemlos. Nachdem die Optik stimmte, prüfte ich das Ganze sicherheitshalber auch auf der Gefühlsebene ab.

»Wie fühlst du dich jetzt?« Erika fühlte sich angenehm entspannt, erleichtert, ausgedehnt und von einer liebevollen Energie umfangen. Sie war im Quellbewusstsein angelangt. Eigentlich hätten wir die Session hier beenden können. Das Angstmonster war harmonisch integriert, sozusagen organisch einverleibt. Doch Erika fiel plötzlich ein, dass das Monster ihre kindliche Angst vor dem gewalttätigen Vater repräsentiert habe und dass sie ihre Panikattacken früher dazu benutzt habe, um sich gegen ihn zu schützen. Ein interessantes Motiv für eine Panikstörung! Und ein neuer Protagonist ist in unserer Szenerie aufgetaucht, der unsere Aufmerksamkeit verdient – zumindest zur Überprüfung, ob die verwandelte Energie der Konfrontation mit dem leibhaftigen Urheber ihrer Angst bereits standhalten würde. Hätten wir gleich mit dem Vater und einer schmerzhaften »Originalszene« aus ihrem Leben begonnen, wäre die Sache vielleicht nicht so glatt verlaufen. Darum ist es sinnvoll, die problematischen Energiemuster in Form einer Strohpuppe zu visualisieren, als symbolischen Stellvertreter. Schließlich geht es ja auch gar nicht um reale Geschehnisse, sondern um die darin involvierten Kerngefühle, die das Unglück erst ermöglicht haben. In Erikas Fall hatten die Dämonen des Vaters das Unglück heraufbeschworen. Denn wäre er ein integrer Mann gewesen, hätte er seine Tochter ganz sicher nicht misshandelt. Da Erika nun in der kraftvollen Energie ihres Quellbewusstseins war, konnte ich sie guten Gewissens mit der Figur ihres Vaters konfrontieren. Ich bat sie, ihm in ihrer Vorstellung einmal forschend in die Augen zu schauen. Was konnte sie darin erblicken? Sie sah, dass ihr Vater Angst hatte! Er fühlte sich missachtet und gedemütigt und ganz und gar nicht gewürdigt. Das überrascht uns jetzt wenig, oder?

»Wärest du bereit, liebe Erika, aus deiner jetzigen, gesättigten Energie heraus, aus dem Selbstbewusstsein, das du durch deine Verwandlung erlangt hast, deinem Vater die vermissten Qualitäten zufließen zu lassen, damit er seinen Mangel an Wertschätzung, Respekt und Achtung auffüllen kann?«

Erika war bereit – das ist nicht selbstverständlich, nach allem, was ihr Vater ihr angetan hat! Hätte sie sich an dieser Stelle gesträubt, wäre das ein Zeichen gewesen, dass ihre Verletzung, die sie durch den Vater erlitten hat, noch nicht vollständig geheilt wäre oder zumindest noch nicht in ihr Bewusstsein integriert. Stattdessen hätten sich nun Ablehnung und Groll in ihr geregt.

Groll stellt eine häufige Blockade im Heilprozess dar. Groll ist eine Mauer, die wir zu unserem Schutz gegen das vermeintliche Außen errichten, etwa gegen die strafenden Eltern. Wenn du anderen grollst, gibst du ihnen allerdings die Macht über dein persönliches Befinden und schmorst weiter in deinem eigenen Saft. Seinen Peinigern zu vergeben ist darum eine viel beschworene Strategie im Zuge therapeutischer Arbeit. Wirkliche Vergebung kann jedoch nur gelingen, wenn du deine persönliche Verletzung überwunden und deine abgespaltenen Wesensanteile integriert hast. Sie geschieht dann ganz von selbst, wie wir an Erikas Beispiel sehen können. Vergebung bedeutet Selbstermächtigung.

Im Groll gegen die Eltern, Gott, das Leben oder die Umstände verbirgt sich letztlich Groll gegen dich selbst, denn auf einer tieferen Ebene der Realität gibt es nur dein Selbst. Der Weg der Vergebung anderer führt darum immer über die Vergebung der eigenen Schwächen. Um dir selbst vergeben zu können, musst du erkennen, dass der Schlüssel zu deiner Erlösung in dir selbst liegt.

Erika grollte nicht und schickte ihrem Vater die Energien, die er brauchte, um mit sich selbst in Frieden zu kommen. Augenblicklich verwandelte sich sein Blick auf sie in Dankbarkeit und Liebe. Da wir schon einmal dabei waren, päppelten wir die Mutter auch noch auf. In ihren Augen entdeckte Erika ebenfalls Angst, gepaart mit Hilflosigkeit und Schuldgefühlen ob der eigenen Schwäche, ihre Tochter gegenüber dem Vater nicht schützen zu können. Auch ihre Defizite ließen sich mühelos in Liebe und Wohlgefallen auflösen. Die ganze Familie war in Erikas Wahrnehmung nun in Liebe miteinander vereint. So ein Familienleben hat Erika auf der faktischen Ebene nie kennengelernt, und trotzdem konnte sie diese Harmonie nun deutlich spüren.

Eine energetische Klärung, die im Zellbewusstsein mit familiären Ebenen verankert ist, wirkt sich durchaus auch auf die leibhaftigen Familienmitglieder aus. Erika habe ich nie danach befragt, aber ich weiß von vielen Fällen zu berichten, in denen sich das Familienklima aufgrund der Arbeit am eigenen Energiefeld grundlegend verändert hat. Die Mutter einer Schülerin etwa, die wie ihre Tochter darunter litt, von anderen abschätzig behandelt und übergangen zu werden, rief nach der Session, die ich mit der Tochter hatte, ganz aufgeregt bei dieser an und erzählte begeistert, wie zuvorkommend die Leute ihr an diesem Tag begegnet wären. Da habe ihr einer galant die Wagentür aufgehalten, ein anderer in den Mantel geholfen, eine weitere Person die Schachtel aufgehoben, die ihr aus der Einkaufstasche gefallen war, und alle Menschen, denen sie begegnet war, hätten sie so freundlich angelächelt. Die Mutter war ganz aus dem Häuschen, dabei hatten wir an ihr noch nicht einmal symbolisch gearbeitet, sondern nur Muster im eigenen Zellbewusstsein aufgelöst, die offenkundig von der Mutter übertragen worden waren.

Eine andere Klientin berichtete, dass ihre Tochter sich nach mehreren Jahren feindseliger Funkstille bei ihr gemeldet habe – zwei Tage, nachdem wir ihre familiären Verstrickungen gelöst hatten. Inzwischen ist die gesamte Familie wieder glücklich vereint und in ein gemeinsames Gutshaus auf dem Land gezogen.

Mit einer meiner Schülerinnen arbeitete ich während einer Session an den Verletzungen, die das andauernde Mobbing während ihrer Schulzeit in ihr hinterlassen hatte. Zur selben Zeit, während unsere Sitzung noch lief, schrieb ihr der Mitschüler, der sie damals am meisten gepiesackt hatte, eine E-Mail. Er habe mal ihren Namen gegoogelt und sich gefragt, wie es ihr wohl heute so gehe.

Wer mir nach solchen Synchronizitäten – und das waren nur einige von vielen Hundert, die ich in drei Jahren Bewusstseinsarbeit erlebt habe – noch weismachen will, das sei ein seltsamer Zufall und nicht Ausdruck unserer energetischen Vernetzung quer durch die Lande, der möge getrost weiterschlafen!

Zum Abschluss von Erikas Sitzung machte ich ein Checkup mit einer Hardcore-Situation, die ihr Ausgangsproblem zuspitzte.

»Stell dir mal vor, du betrittst ein Einkaufszentrum zur Weihnachtszeit. Die Läden sind gerappelt voll, die Luft ist stickig, aus den Lautsprechern plärrt *O du fröhliche* und die Leute fallen rangelnd und raufend über die Sonderangebote her. Wie fühlst du dich da mittendrin?«

Erika beobachtete vor ihrem inneren Auge, wie sie seelenruhig durch die Gänge bummelte, gebrannte Mandeln kostete und die Auslagen in den Schaufenstern betrachtete. Da war keine Angst mehr zu spüren. Sie schwärmte, so ein in sich heiles Gefühl habe sie seit dreißig Jahren nicht mehr verspürt, wenn überhaupt jemals in dieser Intensität, und bedankte sich überschwänglich. Zwei Wochen später mailte sie mir, dass sie seither nicht einen einzigen Anflug von Panik mehr gehabt habe, dabei habe sie eine besonders stressige Woche im Büro erlebt, und in solchen Phasen sei ihre Panik normalerweise vorprogrammiert gewesen. Nun war die Programmierung allerdings durch dieses schlichte, kleine Manöver aufgelöst!

Du siehst, so eine *ThetaFloating*-Session kann der reinste Monsterzirkus sein – knallbunt, unterhaltsam und kein bisschen schmerzhaft.

Unsere Glaubensvorstellungen davon über Bord zu werfen, dass es schwierig und langwierig sein muss, ein gravierendes Problem zu lösen oder eine schlimme Krankheit zu heilen, stellt eine der größten Herausforderungen in unserem Prozess der Selbstbefreiung dar. Wenn uns die Dinge zu simpel erscheinen, erregt das mitunter unseren Widerstand. Wir fühlen uns dann in unseren jahrelangen Bemühungen regelrecht verhohnepipelt. Was habe ich eigentlich zeit meines Lebens getrieben, wenn alles letztlich so einfach ist, mögen wir uns fragen. Wenn du bereits deine Lebensmitte überschritten hast, fühlst du dich ob der »unerträglichen Leichtigkeit des Seins«[11] vielleicht besonders frustriert und mitunter auch beschämt. Aber was kannst du dafür? Niemand hat dir bisher gesagt, dass es so einfach sein kann. Das globale Bewusstsein war bislang noch nicht so weit entwickelt, um dies zu erkennen – den Menschen in deinem Umfeld ist es ja nicht anders ergangen! Und was soll's? Schließlich hat deine Vergangenheit deinen Willen gestählt und deine Entschlossenheit gestärkt, das Ruder des Leidens doch noch herumzureißen und fortan mit dem Bewusstseinsstrom deiner Seele zu

---

11 Anspielung auf den Roman *Die unerträgliche Leichtigkeit des Seins* von Milan Kundera

schwimmen. Jedes Erlebnis hat dazu beigetragen, dich hierherzuführen. Und unterwegs, im dichten Gestrüpp deiner Nöte, hast du doch unheimlich viel gelernt, oder? Nun darfst du endlich frei sein, leichtfüßig durchs Leben gehen und durch angenehme und freudvolle Erfahrungen weiterlernen. Oder meinst du, die Bilanz deiner bisherigen Qualen lässt sich besser dadurch steigern, dass du diese weiter fortführst? Du hast die Wahl!

Natürlich geht eine Verwandlung nicht immer so schnell. In den meisten Fällen sind mehrere Sitzungen erforderlich, denn ein Thema enthält zumeist mehrere Aspekte, die berücksichtigt werden wollen. Doch mit jeder Anwendung kommen wir einen Schritt voran, manchmal einen großen, manchmal einen kleineren und oftmals auch in beachtlichen Schüben. In nur ganz wenigen Ausnahmefällen erfolgt gar keine positive Veränderung. Diese Menschen halten aus irgendeinem Grund noch an ihrem Problem fest. Wenn auch die Klärung ihres latenten Krankheitsgewinns[12] kein Ergebnis bringt, bedeutet das, dass sie einfach noch nicht bereit für eine umwälzende Veränderung sind. Irgendwann werden sie es sein. Ich sehe es jedoch nicht als meine Aufgabe an, sie dazu zu überreden. Es gibt mehr als genug Menschen, die dankbar sind für jede Hilfestellung.

Praxisbeispiel: Auflösung einer Erfolgssabotage

Heike kam zu mir, weil sie Hemmungen hatte, ihre energetischen Heilkünste bei anderen anzuwenden. An sich selbst könne sie prima arbeiten, doch an Freunde traue sie sich kaum heran, geschweige denn an Klienten (meist ist es übrigens umgekehrt – an sich selbst zu arbeiten stellt für viele eine große Herausforderung dar, während es an anderen

12 Mehr dazu im Kapitel *Wenn keine Besserung eintritt* ab S. 219

leichterfällt). Dabei war es ihr großer Wunsch, professionell als geistige Heilerin zu arbeiten und an ihrem Wohnort ein Zentrum für ganzheitliche Medizin aufzubauen.

Heike sabotierte also ihre berufliche Entwicklung. Von einer Sabotage sprechen wir, wenn eine innere Blockade unseren guten Absichten entgegensteht, wir also gar nicht erst mit dem beginnen, was wir uns als Ziel setzen. Dahinter steckt fast immer die Angst vor einer Niederlage. Da es beim *ThetaFloating* darum geht, sich spielerisch mit den Fratzen unserer Ängste zu konfrontieren, bietet sich uns damit eine wunderbare Vorlage für folgende Frage: *Was wäre das Schlimmste, was passieren könnte, wenn du das, was du gerne tun möchtest, tatsächlich tust?*

Die berühmten *Was-wäre-wenn*-Fragen können uns im Alltag ziemlich zermürben. Sich darauf absichtlich zu fokussieren widerspricht allen Grundsätzen des positiven Denkens. Doch ich kann nur bewusst steuern und kontrollieren, was mir bewusst ist. Darum muss ich erst einmal erforschen, was für ein Monster im Untergrund meines Zellbewusstseins sein Unwesen treibt, um es schließlich am Schopf packen und transformieren zu können.

In Heikes Fall lautete die ultimative Frage also: »Was könnte schlimmstenfalls passieren, wenn du deine Heilkünste nun an jemand anderem ausprobierst?« Die Antwort lag auf der Hand:

Es könnte schiefgehen, und der Mensch, den sie behandelte, bliebe unverändert. Das ist allerdings noch nicht das Problem. Unverändert bleibt so einiges im Leben, ohne dass wir uns davon aus der Fassung bringen lassen. Uns beunruhigen ja eher die Veränderungen, die uns aus unserer Komfortzone in die Ungewissheit des Neulands treiben.

Die Frage, die sich an diese Antwort anknüpft, lautet also: »Was hätte das für Konsequenzen, sprich: Wie würde der Klient auf dein Scheitern reagieren?«

Heike antwortete, er würde an ihren Fähigkeiten zweifeln und nicht nur das, er würde das geistige Heilen grundsätzlich infrage stellen. Und hier wird es interessant! Denn der Klient ist ja nur ein Spiegel ihres eigenen Bewusstseins. Wer zweifelt also in erster Instanz an der Sache? Um sie selbst auf die naheliegende Erkenntnis zu bringen, stellte ich Heike folgende Frage:

»Wie würdest du darauf innerlich reagieren, sprich: Wie würde sich das anfühlen, wenn jemand deine Heilkunst bezweifelte?«

»Dann würde ich selbst auch an meinen Fähigkeiten zweifeln.«

Hier haben wir also die Versagensangst, die jeder Erfolgssabotage zugrunde liegt. Doch war deutlich zu spüren, dass wir damit immer noch nicht den Kern der Sache getroffen hatten. Heike saß völlig unberührt in ihrem Sessel. Darum bohrte ich weiter:

»Was würde das bedeuten, wenn sowohl dein Klient als auch du selbst deine Heilkünste infrage stellten?«

»Das würde bedeuten, dass ich mir mit all dem nur etwas vorgemacht hätte. Dass also dieser ganze spirituelle Kram vielleicht doch eine riesige Augenwischerei wäre.«

Aha, interessant! Ich werde nun keineswegs versuchen, sie vom Gegenteil zu überzeugen, schließlich halten wir keinen Kaffeeplausch, sondern ich möchte ihr helfen, ihr Sabotagemuster loszulassen. Dazu müssen wir seine innere Logik aufschließen, in die ihre Ängste verwoben sind.

»Wie würde sich das anfühlen, wenn deine Spiritualität und alles, was du dir davon erhoffst, nur ein Selbstbetrug wären?«

»Dann wäre alles sinnlos.«

Ist Sinnlosigkeit das Kerngefühl, nach dem wir hier fahnden und das wir transformieren müssen, damit Heike sich unbekümmert ans Werk machen kann?

Nicht ganz. Das merke ich daran, dass keine Dynamik in dem Ganzen zu spüren ist. Dynamik ergibt sich erst innerhalb eines Spannungsverhältnisses. Für ein Spannungsverhältnis brauche ich zwei Pole, zwischen denen sich etwas bewegt. Durch einen Kunstgriff können wir die gewünschte Dramatik erzeugen. Ich eröffne an dieser Stelle also ein symbolisches *Setting*, innerhalb dessen sich etwas abspielen kann, was das eigentliche Kerngefühl zutage fördert. Die Inspiration dazu erhalte ich aus der Metaebene meines Quellbewusstseins.

»Nehmen wir mal die Sinnlosigkeit und kombinieren sie mit der gnadenlos voranschreitenden Zeit. Bis an dein Lebensende begleitet dich diese Sinnlosigkeit. Nun stehst du an der Todestür und blickst zurück. Wie fühlt sich das an, dein Leben in Sinnlosigkeit zugebracht zu haben?«

»Schrecklich!«

»Machst du dir Vorwürfe? Gibt es da eine Instanz, die ein Urteil über dich verhängt ob deines vollkommenen Versagens?« Diese suggestive Frage stelle ich, weil ich einen zweiten Pol brauche, mit dem sich die Versagensangst konfrontieren lässt, und weil sie naheliegt. Denn wo es einen Versager gibt, muss es auch eine Instanz geben, die das Versagen als solches beurteilt. Eine verurteilende Instanz ist eine häufige Figur innerhalb einer dualen Ich-Konstellation. In der Einheit, also aus sich selbst heraus, gibt es kein Versagen.

»Wer verkörpert dieses Urteil?«

Ich hätte jetzt damit gerechnet, dass Heike »Gott« sagt, denn in dieser Geschichte äußerte sich ja ganz offensichtlich ein spiritueller Konflikt, ging es doch um nichts Geringeres als um Heikes geistige Hoheit.

»Komisch, hier fällt mir plötzlich meine Mutter ein«, sagte Heike stattdessen. »Meine Mutter hat mich ständig kritisiert. Ihr konnte ich nie etwas recht machen.«

Auch gut.

»Spinne ich jetzt?«

»Nein, du spinnst nicht. Alles, was dir während so eines kreativen Prozesses in den Sinn kommt, ist von Bedeutung. Deine Mutter verurteilt dich also, wenn du deine Lebensaufgabe versäumst und auf ganzer Linie versagst.«

Da haben wir den inneren Gegner, nach dem wir suchen. Versagen und Sinnlosigkeit mögen schlimme Gefühle sein. Doch das eigentliche Dilemma besteht darin, dass es verwerflich ist, zu versagen und sein Leben sinnlos zu vergeuden. Das Kerngefühl, nach dem wir suchen, ist die Vernichtung, die in dem gnadenlosen Urteil liegt. Die Mutter, deren Rolle ja eigentlich darin bestehen sollte, ihr Kind zu fördern und es liebevoll zu begleiten, personifiziert diese Vernichtung. Sie ist das menschliche Äquivalent zur strafenden Gottheit.

Da wir wissen, dass es einer integren Mutter völlig fernläge, ihr Kind zu vernichten, können wir davon ausgehen, dass es der Mutter an etwas fehlt. Daraus resultierte meine nächste Frage:

»Was bräuchte deine Mutter, damit sie dich gnädiger ansehen und so annehmen würde, wie du bist?«

»Liebe« war auch hier die Antwort, die wie aus der Pistole geschossen kam. Doch war Heike im Gegensatz zu Erika keineswegs bereit, ihrer Mutter diese Liebe zukommen zu lassen. Bei ihr gab es einen heftigen Widerstand in Form von Groll. Der Groll stand wie eine Mauer zwischen ihr und der Mutter und schützte sie vermeintlich vor ihrer Vernichtung. In Wahrheit hielt der Groll die drohende Vernichtung jedoch aufrecht – die Mutter existierte ja weiterhin auf der anderen Seite der Mauer –, und darum war Heike nicht imstande, ihr Herzensziel zu verfolgen. Ein wahres Ungeheuer kennt keine Grenzen – seine Energie frisst sich auch durch Ziegelsteine und Beton!

Der Schutz, den Heike im Groll suchte, war also eine

Illusion. Die Energie, die wir brauchten, war Liebe, das hatte Heike ja bereits erkannt. Wenn nicht der Mutter, dann konnte sie diese Liebe ja vielleicht sich selbst zukommen lassen? Ich bat Heike also, einmal unter die Ebene der Vernichtung zu sinken. Vielleicht konnten wir die Liebe dort finden. Dafür sollte sie sich die Vernichtung als eine Bewusstseinsschicht, die sie tatsächlich ist, und zwar die letzte, die sie von der Ich-Auflösung trennt, einmal physisch vorstellen. Sie ließ sich also durch diese Schicht sinken, landete jedoch nicht, wie ich erwartet hatte, im Nichts, sondern in einer Badewanne voller Tränen – Heike verspürte nämlich plötzlich eine tiefe Trauer. Offenbar hatte sie sich die Trauer über ihre vernichtende Mutter noch nicht in ganzem Ausmaß zugestanden. Dieses verdrängte Gefühl war jetzt daran, gewürdigt zu werden. Ich ließ sie eine Weile dort hineinspüren und fragte sie dann, ob sie durch den Boden der Badewanne hindurchsinken könne. Meine Absicht war es immer noch, sie ins Quellbewusstsein eintauchen zu lassen, wo ihre Vernichtungsangst sich im Nichts auflösen würde. Liebe wäre darin ja allemal enthalten. Heike traute sich jedoch nicht, die schützende Badewanne zu verlassen. Also probierte ich es mit einer anderen Strategie:

»Was passiert, wenn du den Stöpsel ziehst und durch die Öffnung in deiner Badewanne Liebe holst? Kannst du diese Energie einfach mal aus der Tiefe holen?«

Das gelang Heike. Sie flutete die gesamte Badewanne und sich selbst darin mit Liebe. Nun sollte sie die Liebe über die Wanne hinaus ausdehnen und auch in die Mauer aus Groll schicken. Auch das gelang, und die Mauer löste sich in ihrer Wahrnehmung auf. Ich fragte sie, ob sie nun bereit wäre, auch ihre Mutter jenseits der ehemaligen Mauer mit Liebe zu erfüllen – doch auch die Mutter hatte sich plötzlich aufgelöst! Die drohende Vernichtung war besiegt.

Den Abschluss bildete nun wieder das Check-up an der realen Ausgangssituation.

»Stell dir vor«, forderte ich Heike auf, »du behandelst deinen Klienten, und es funktioniert nicht. Nichts tut sich in ihm, und er zweifelt dich darum an und stellt deine Spiritualität infrage. Wie fühlt sich das jetzt an?«

Heike spürte in die Situation hinein und stellte fest, dass sie die Zweifel ihres Klienten überhaupt nicht mehr berührten. Sie war so erfüllt von Liebe und fühlte sich damit so stark, dass ihr seine Reaktion vollkommen egal war. Sollte der Klient doch seines Weges ziehen und ohne ihre Hilfe glücklich werden – sie wisse, wer sie sei und was sie könne. Ihre Wahrheit könne ihr nun niemand mehr nehmen.

Eine gute Woche nach der Behandlung mailte mir Heike, dass sie nun allen erzähle, was sie tue. Sie habe kein Problem mehr damit, über ihre Arbeit und ihre Interessen zu sprechen, und hätte schon mehrere Bekannte erfolgreich behandelt. Sie war drauf und dran, ihre berufliche Vision endlich zu verwirklichen!

Zwei Einstiegsweisen in eine komplexe Anwendung

Die beiden Beispiele zeigen zwei verschiedene Einstiegsmöglichkeiten in eine *ThetaFloating*-Anwendung, durch die wir die innere Motivation des Problems ergründen können: die sensitive und die symbolische Abfrage. In Heikes Fall bin ich über eine *Was-wäre-wenn*-Frage eingestiegen, die mich in ein »lebensechtes« *Setting* geführt hat, genauer, eine potenzielle Situation mit einem künftigen Klienten. Durch die wiederholte Frage: *Wie würde sich das anfühlen?* habe ich mich allmählich zu dem Gefühl heruntergeschraubt, das ihrer Erfolgssabotage zugrunde lag. Der erste Teil der Session bestand also aus einer sensitiven Abfrage *(Emo-Tracking)* ihrer emotionalen Motivation. Demgegenüber können wir auch mit einer symbolischen Abfrage *(Energy Scan)* des

Problems beginnen, die ich ab Seite 199 genauer erkläre. Sobald wir das Grundgefühl durch eine der beiden Techniken ermittelt haben, verläuft die eigentliche Transformation dann in Form einer symbolischen Interaktion *(Symboling)*, in Heikes Fall zwischen dem Wesen des vernichtenden Urteils und dem Wesen der von der Vernichtung bedrohten Versagerin. Beide befinden sich auf der untersten energetischen Ebene der Ich-Skala, wo sie einander komplementär entsprechen: Zum Versagen gehört ein Urteil, welches das Versagen als solches kennzeichnet. Die Auflösung erfolgte hier nicht durch ein Hindurchsinken durch diese Gefühlsschicht wie in dem Beispiel mit Anna ab Seite 123, sondern durch ein symbolisches Nähren des augenscheinlich verletzlicheren der beiden Wesen, nämlich des Wesens der Versagerin. Die nährende Essenz, die unmittelbar aus dem Quellbewusstsein durch das Badewannenrohr eingeschleust wurde, war das Gefühl der Liebe, das sich am positiven Gegenpol der Skala befindet, also am obersten Ende.

Mit Erika dagegen bin ich intuitiv über ein *Setting* eingestiegen, das ihr Problem in plakativer Weise symbolisiert hat. Die erste Interaktion, eine Art Duell, erfolgte zwischen dem Wesen der Dunkelheit und dem Wesen des Opfers, das von der Dunkelheit verschlungen, also vernichtet wurde. Die Lösung dieser kleinen Startsequenz ergab sich durch eine visuelle und sensitive Verschmelzung mit dem Gefühl der Vernichtung bzw. Nichtigkeit, das sogleich ins Nichts des Quellbewusstseins einging. Das zweite Manöver begann ich mit einer intuitiven Abfrage, um ein weiteres symbolisches *Setting* zu erhalten, welches das Wesen von Erikas Angst beleuchten sollte. Ich erhielt dadurch ein Bild des Opferwesens und des Angstwesens. Da mir das Angstwesen in seiner übertriebenen Offensive bedürftiger erschien als sein defensives Opfer und weil ich stets versucht bin, zunächst den offensiven, also vermeintlich stärkeren Part nach seinen verdrängten Bedürfnissen zu befragen und diese zu befriedigen, nährten wir das Angstwesen mit dem höchsten aller Gefühle, der Liebe. Dadurch ließ es sich problemlos integrieren. Im weiteren Verlauf befriedeten wir gleichermaßen den offensiven Part, den der Vater verkörperte, und den defensiven Part, den die Mutter einnahm. Die edle Spenderin der positiven Gefühle war jeweils das vermeintlich schwächste Wesen in dem ganzen Gebilde, nämlich das Opfer. Meiner Erfahrung nach verlaufen Heilungen dann am eindrücklichsten, wenn sich diese Konstellation ergibt, in der das Opfer die Regie übernimmt und sich damit nicht nur als mächtig erlebt, sondern seinen Peinigern über den Weg der eigenen Herzerfüllung auch gleich vergeben kann. Damit macht es sich auch die Energie des Gegners, die zuvor im Groll eingelagert war, zu eigen.

Auch wenn das *Emo-Tracking* durch seine lineare Stringenz klarer erscheint, bevorzuge ich persönlich die symbolische Abfragestrategie, denn sie liefert sehr schnell das »Bildmaterial« für eine Interaktion zwischen den widerstrebenden Wesensaspekten, welche direkt zur Auflösung der Blockade führt. Durch ihren assoziativen und spielerischen Flow und ihren kreativen Output gestaltet sie sich jedes Mal anders. Eine lebhafte Fantasie, mit der sich die Blockade personifizieren lässt, bringen die meisten Menschen mit, und wenn sie das Prinzip erst einmal begriffen haben, sind der Experimentierfreude und Abenteuerlust während einer symbolischen Interaktion keine Grenzen gesetzt. Beim *Tracking* ist das jeweilige Gefühl zwar oftmals unmittelbar im Körper spürbar, doch es bleibt dennoch in sich formlos.

Welche Technik ich jeweils zur Abfrage verwende, ergibt sich spontan aus meiner Intuition. Oft kombiniere ich sie miteinander.

Visuelle versus verbale Codes

Damit die Klienten noch genauer nachvollziehen können, inwiefern und in welchen Bereichen sie von der Auflösung ihres Grundgefühls profitieren werden, unterstütze ich den Prozess des Energietransfers oftmals noch durch verbale Eingaben wie *Ich weiß, wie es sich für mich anfühlt, vollkommen um meiner selbst willen geliebt und akzeptiert zu sein, oder ich weiß, wie es sich anfühlt, mit meinem wahren Selbst verbunden, in mir geschützt und unantastbar zu sein*. Dadurch öffnen sich mitunter noch ein paar weitere Schubladen in der Selbstwahrnehmung, doch eigentlich sind diese Suggestionen nur schmückendes Beiwerk. Die eigentliche Verwandlung in der Basis erfolgt bei den meisten Menschen aufgrund der, zuweilen auch körperlich spürbaren, Konfrontation mit ihrem Kerngefühl durch die visuellen Codes, die durch die bildnerische Wahrnehmung aktiviert werden. Auf Bilder spricht das Bauchgefühl zumeist noch umfassender und tiefgreifender an als auf Worte.

Es gibt jedoch auch Menschen, die ausgesprochen feinsinnig auf Worte reagieren – vielmehr auf die Energiequalitäten, die durch ihre Aussprache aktiviert werden. Zu diesen Menschen gehöre auch ich; mein verbales Empfinden ist mindestens ebenso stark ausgeprägt wie mein visuelles. Vorausgesetzt, ich bin selbst in der energetischen Schwingung, die ich mit den Worten vermitteln will, reicht es aus, die jeweilige Gefühlsqualität einfach nur zu benennen, und schon fließt sie der Person zu, die sie empfangen soll. Entscheidend für den Energietransfer ist nicht die genaue Wortwahl, sondern meine inhaltliche Absicht, also das Frequenzmuster, das ich im anderen aktivieren will. Dafür muss ich als Anwenderin imstande sein, zumindest im Zustand des erweiterten Bewusstseins eine Verbindung zu dieser Frequenz herzustellen. Um dies an einem Beispiel zu verdeutlichen: Du könntest zu einem Hund in zärtlichem Tonfall sagen »Du dummer, stinkender Köter«, und er würde freudig mit dem Schwanz wedeln. Umgekehrt könnte ich ihn anschnauzen mit den Worten »Du lieber, süßer Wauwau!«, und er würde den Schwanz einziehen oder mich anknurren. Der Erfolg sprachlicher Eingaben hängt in hohem Maße von der Resonanz zwischen Sprecher und Empfänger ab, denn das Zellbewusstsein ist sehr sensibel für den Subtext einer Information, der sich mitunter durch die Stimme, Mimik und Gestik kommuniziert.

Ich möchte noch ein weiteres Beispiel aus meiner Praxis wiedergeben, um dir zu demonstrieren, wie eine Heilung nur aufgrund von Anweisungen und hypnotischen Sprachmustern aussehen kann. Natürlich aktivieren die Worte auch entsprechende Bilder, insofern fließen auch hier visuelle Codes mit ein. Die Inspiration zu den Texten sprudelt während der Anwendung direkt vom Quellbewusstsein aus durch mein Kehlchakra. Oft bin ich selbst überrascht über das, was ich meinen Klienten gegenüber ausspreche – dabei darf ich dann nicht stutzig werden, sonst reißt es mich kurzzeitig aus der Trance.

Die Schilderung ist natürlich eine starke Zusammenfassung der Originalsitzung und erläutert nur wieder die wesentlichen Schritte, die zur Verwandlung geführt haben.

Praxisbeispiel: Burn-out und Rabenmutter-Syndrom

Maria war unzufrieden mit ihrem Bürojob und fühlte sich von ihrem Exmann im Stich gelassen, weil er sie zu wenig bei der Erziehung und Finanzierung der Kinder unterstützte. Zudem litt sie unter Schuldgefühlen, weil sie merkte, wie ihre Kinder zunehmend ihre defizitären Muster übernahmen. Sie fühlte sich in ihrer Vorbildfunktion als Versagerin. Zu Beginn unserer ersten Begegnung war ihr Gesicht angespannt und gezeichnet vom Frust ihres Alltags. Sie wirkte ausgezehrt.

Sie war schon erfahren mit Energiearbeit und, wie sich sogleich herausstellte, sehr aufgeschlossen für die Eingaben, die ich ihr rein verbal übermittelte. Es war kein verbaler Dialog notwendig, weil sie allem, was ich ihr vom Quellbewusstsein aus durchgab, sogleich mit ganzem Herzen und ganzer Emotion folgte. Der Rapport zwischen uns war sehr intensiv und für mich deutlich spürbar.

Ich begann nach ihrer kurzen Schilderung der Situation mit einer symbolischen Abfrage. Dabei sah ich deutlich, wie diese Frau verzweifelt darum kämpfte, ihre Familie zu versorgen und nebenbei ihrem Job Genüge zu tun. Sie befand sich am oberen Ende eines Strudels, der in die Tiefe führte, und strampelte mit aller Anstrengung dagegen an, um nicht abzurutschen. Denn wenn der Strudel sie erst einmal verschluckt und eingesogen hätte, wäre sie nicht mehr imstande, der Verantwortung für ihre Kinder und Kollegen nachzukommen, die am Rande des Abgrunds aufgereiht standen. Ich sah, wie sie mit den Armen aus dem Strudel herausruderte, um jedem von ihnen noch mit letzter Kraft ein Bröckchen Fürsorge hinzuwerfen, dabei aber unweigerlich tiefer und tiefer rutschte.

Ich schilderte ihr zunächst einfach nur, was ich sah. Dabei fing sie heftig an zu schluchzen. Die symbolische Szenerie traf ins Schwarze.

Nun beschrieb ich Maria mit sanfter Stimme, die mir die Trance verlieh, dass ihre schlimmste Befürchtung, nämlich tatsächlich in den Strudel abzurutschen, auch ihrer momentan größten Sehnsucht entsprach. Denn ihre vollkommene Erschöpfung war offensichtlich und auch für mich beinahe körperlich spürbar. Also sprach ich in der Absicht ihrer Seele die Erlaubnis aus, dieser Sehnsucht nachzugeben und sich einfach mal fallenzulassen. Sich dem Strudel ihrer Erschöpfung hinzugeben. Kein Kampf mehr. Keine Anstrengung. Einfach loslassen. Einfach *sein* dürfen. Ohne Wenn und Aber.

Sie folgte meinem Impuls augenblicklich, getragen vom Vertrauen und der Liebe, die von der Quelle ausströmten und uns beide einhüllten. In kürzester Zeit war in uns und um uns herum ein Raum der Heilung entstanden. Augenblicklich kehrten Ruhe und Frieden in Maria ein. Das Schluchzen ließ nach. Sie glitt in den Theta-Zustand und verstärkte damit auch meine eigene Trance. Ich ließ sie noch eine Weile in diesem Zustand der Entspannung und tröstlichen Erleichterung verweilen, dabei tief Atem holen und die feinen, hohen Schwingungen wahrnehmen, die durch das Loslassen ihrer Widerstände – denn nichts anderes sind Kampf und Erschöpfung als energetische Widerstände – in ihren Zellen Raum griffen – den Raum, den die gelösten Blockaden nun freigaben.

Sodann begann ich durch entsprechende Formulierungen, ihre bewusste Wahrnehmung für das zu öffnen, was da eben geschehen war: Maria war durch ein symbolisches Loslassen ihrer größten Angst gefolgt, in den Strudel zu stürzen. Statt jedoch damit »am Ende« zu sein und nicht mehr imstande, noch irgendetwas zu tun, spürte sie nun eine ungekannte Kraft in sich, die sich um so vieles wahrhaftiger anfühlte als die Kraft, die sie sich Tag für Tag aus der körpereigenen Substanz abverlangte. Unterhalb des Strudels war sie in ihrem wahren Sein angelangt, in der Essenz ihres Selbst. Sie war an der Quelle von »allem, was ist«. Dieses Bewusstsein verankerte ich in ihr, einfach, indem ich mit Worten beschrieb, was sie zugleich mit allen Sinnen erlebte.

Nun lenkte ich ihr Bewusstsein darauf, dass sie fortan für alle Aufgaben, die sie im Alltag zu bewältigen hatte, aus dieser Quelle schöpfen solle, statt ihr persönliches Energiespektrum anzuzapfen, das im Korsett ihrer Pflichtschuldigkeit keine adäquate Aufladung erfuhr. Ich verankerte dieses Wissen durch entsprechende Suggestionen in ihrem Zellbewusstsein: *Ich weiß, wie es sich anfühlt, im Urstrom meiner*

Seele zu sein und bei allem, was ich tue, aus meiner höchsten Quelle heraus zu schöpfen. Ich höre augenblicklich damit auf, mich persönlich zu verausgaben, und erlaube mir, Tag für Tag im Bewusstsein meiner Urkraft zu leben. Ich kenne mein wahres Selbst. Ich weiß, dass mein wahres Selbst ein universeller Kraftquell ist und alle Weisheit besitzt, um mir ein liebevolles Leben in Fülle und Freude zu bescheren. Ich weiß, wie es sich anfühlt, in meinem wahren Selbst zu ruhen und mich seiner Weisheit und Lenkung hinzugeben. Ich habe vollkommenes Vertrauen in seine Führung.

Als diese Programme integriert waren, kamen mir ihre Schuldgefühle den Kindern gegenüber in den Sinn – ein Zeichen, dass Maria nun für ihre Bearbeitung offen war. Im Bewusstsein der Quelle werde ich als Anwenderin sicher durch den Prozess geführt; sobald sich ein Thema in meinem Bewusstsein einstellt, kann ich davon ausgehen, dass die Zeit gekommen ist, es zu bearbeiten. Nicht »ich« denke mir diese Impulse aus, sondern sie entspringen dem übergeordneten Bewusstseinsstrom, der mein Bewusstsein mit dem meiner Partnerin auf höchster Ebene verbindet. Maria ist mit den beiden Themen »Erschöpfung« und »mütterliche Schuldgefühle« in meine Praxis gekommen, weil ihre innere Führung sie geschickt hat. Offensichtlich bestand zwischen den beiden Mustern ein innerer Zusammenhang. Um die Schuldgefühle bearbeiten zu können, war es erst nötig, ihr Muster der persönlichen Verausgabung aufzulösen.

Wir hatten durch den ersten Kunstgriff bereits ein fortgeschrittenes Stadium der inneren Öffnung erreicht; Maria war im Bewusstsein ihres wahren Selbst. Dadurch war der Rest ein Kinderspiel.

Die Quelle, die durch mich sprach, veranlasste Maria einfach, sich aus ihrem jetzigen Zustand heraus ihre Kinder einmal zu vergegenwärtigen. Sahen sie aus, als wären sie unterversorgt? Hatte Maria wirklich ihre Mutterpflichten vernachlässigt? Oder hatte sie alles getan, was bis hierher, mit ihrem bisherigen Bewusstseinsstand, in ihrer persönlichen Macht stand?

Diese Vorgabe galt auch mir selbst als Medium – sie entsprach einer intuitiven Abfrage des gegenwärtigen Energiefeldes meiner Klientin. Wenn die Kinder sich vor meinem geistigen Auge proper und glücklich zeigen würden, hatte das erweiterte Bewusstsein, in dem Maria sich befand, sich bereits auf ihre Mutterrolle ausgedehnt. Würden die Kinder sich in irgendeiner Weise bedürftig zeigen, hätten die Schuldgefühle Maria noch im Griff. Dabei spielte es keine Rolle, in welchem Zustand die Kinder »objektiv« waren. Eine Mutter, die im Bewusstsein der Liebe ist, statt im Bewusstsein des Mangels und der Schuld, gibt ihren Kindern automatisch das Nötige – im Zweifelsfalle von jetzt, dem Moment der Heilung, an. Um das Wohl der Kinder muss ich mich dann keineswegs sorgen. Auch eventuelle, bereits erlittene Beeinträchtigungen durch »falsches« Verhalten der Eltern gleichen sich bei den Kindern aus, sobald die Eltern in Heilung gehen – dies gilt umso mehr, je kleiner die Kinder sind und je stärker also noch auf ihre Eltern bezogen. Erwachsene Kinder sind dann selbst in der Verantwortung, sich um ihre Heilung zu kümmern. Auch ihre Heilung kann sich positiv auf das Energiefeld der Eltern auswirken, besonders, wenn es sich bei dabei um Beziehungskonflikte zwischen Eltern und Kindern handelt.

In Marias Energiefeld sah ich ihre Tochter als lebendiges und weises Kind, das voller Liebe und Güte auf seine Mutter blickte. Keine Vorbehalte, kein Groll, kein Anzeichen einer erziehungsbedingten Beeinträchtigung. Marias Sohn entging meiner Aufmerksamkeit. Möglicherweise war diese Beziehung nicht so sehr Thema der mütterlichen Schuldgefühle. Möglicherweise war ich auch innerlich nicht darauf eingestellt, zwei Kinder zu »sehen«, weil Maria eingangs nur ihre Tochter erwähnt hatte. Wahrscheinlich folgte das eine aus dem anderen.

Warfen ihre Kinder ihr irgendetwas vor? Oder war es lediglich sie selbst, die sich vorwarf, ihrer Rolle als Mutter nicht zu genügen?

Ich kannte die Antwort bereits und half ihr darum einfach nur, wahrzunehmen, dass es lediglich ihre eigene Schuldzuweisung war, unter der sie litt. Wäre sie bereit, sich selbst zu vergeben, was sie ihrer Meinung nach bisher verfehlt oder versäumt hätte?
Auch hier brauchte ich Marias verbale Antwort gar nicht abzuwarten, sondern empfing ihre Erlaubnis telepathisch über ihr Energiefeld und unterstützte ihre Selbstvergebung mit einer verbalen Eingabe: *Ich weiß, wie es sich anfühlt, mir zu vergeben, was ich an meinen Kindern wie an mir selbst in meiner persönlichen Not versäumt habe. Ich weiß, wie sich vollkommene Vergebung anfühlt. Ich weiß, wie es sich anfühlt, mit mir selbst und mit meiner Rolle als Mutter in Frieden zu sein. Ich weiß, wie es sich anfühlt, eine gute, treu sorgende und kompetente Mutter zu sein, die ihren Kindern alles mit auf den Weg gibt, was sie für ihr persönliches Wachstum brauchen.*

Während der Anwendung liefen Maria die Tränen in Sturzbächen über das Gesicht; wenn ich gerade besonders tiefe Wunden traf, schluchzte sie dabei so heftig, dass ich innehalten musste, bis sich die nächste Lücke zwischen zwei Schluchzern auftat, in der ich weitersprechen konnte. Das Ganze war auch für mich sehr ergreifend und fühlte sich insgesamt tröstlich, erlösend und heilsam an.

Nun sollte sie sich vorstellen, wie sie die Liebe, Ruhe, Sicherheit und Kraft der Quelle, die ihr eigenes Sein momentan durchströmte, an ihre Kinder weitergab – aus dem puren Überfluss ihrer eigenen Fülle heraus. Wie fühlte sich das an? Anders als das Gefühl, sich im Alltag zwischen Job und Haushalt aufzureiben? Hatte sie das Gefühl, sie müsse sich weiterhin verausgaben, um für alle zu sorgen? Oder hatte sie nun genug Energie für sich selbst übrig?

Zuletzt lenkte ich Marias Aufmerksamkeit auf die Quelle, durch die ihre Kinder unabhängig von ihrer Person als Mutter versorgt sind. Konnte sie sehen oder spüren, dass ihre Kinder an den Lebenskraftstrom angebunden sind?

Nach einer Stunde erhielt ich das Okay von der Quelle, die Session zu beenden. Ein weiteres Thema in diesem Zusammenhang wäre die partnerschaftlich gemeinsame Fürsorge für die Kinder respektive die faire Aufteilung der Versorgung zwischen ihr und dem Exmann. Doch für dieses Mal war es genug. Marias Gesicht hatte sich während der Anwendung vollkommen verwandelt. Sie strahlte durch ihre getrockneten Tränen hindurch und zeigte sich mir in großer Dankbarkeit. Noch nie habe sie diese hochschwingenden Energien in solcher Intensität und Power erfahren. Am nächsten Tag mailte sie mir begeistert, wie energiege-laden und glücklich sie sich seit der Session fühle, dass sie den Besuch meiner Seminare gar nicht abwarten könne und am liebsten selbst so eine Arbeit tun würde. Mit diesem Anliegen kam sie dann auch einige Wochen später in eine zweite Behandlung. Ihre Energie hatte sich seit dem ersten Mal wirklich grundlegend verändert. Sie strahlte Lebenskraft, Selbstbewusstsein und Schaffenslust aus und wirkte überhaupt nicht mehr vergrämt.

Von himmlischen Einfällen

Unsere Probleme können die verschiedensten Gestalten annehmen, und die Sessions verlaufen jedes Mal anders. Es gibt zwar bestimmte Grundregeln und Schritte, die du bei jeder Anwendung beherzigen solltest. Doch mittendrin können sich überraschende Wendungen und Herausforderungen ergeben, denen du nur spontan und individuell begegnen kannst. Dabei ist nicht nur eine klare innere Wahrnehmung, sondern auch jede Menge Kreativität gefragt. Darum ist deine Intuition das wichtigste Werkzeug, um *ThetaFloating* erfolgreich anzuwenden und flüssig durch deine Verwandlungsprozesse zu moderieren. Damit wir uns mit unserer Imagination in unser Drama hineinwagen können, ohne Gefahr zu laufen, uns in seinem kausalen Zirkelschluss zu verstricken, sollten wir vorab in den Theta-Zustand gehen und uns damit unserem Quellbewusstsein öffnen. Denn es geht uns ja gerade darum, uns aus der Identifikation mit unseren leidvollen Erfahrungen zu lösen und eine Metaperspektive dazu einzunehmen. Unsere Quelle navigiert und begleitet uns mit hilfreichen Ansagen und Inspirationen durch den gesamten Prozess. Indem wir unser Ich-Bewusstsein in der Theta-Frequenz transzendieren, erkennen wir nicht nur glasklar, wo es innerhalb des Ego-Sektors langgeht, sondern befinden uns, umgeben von der liebevollen, schützenden Energie des reinen Selbst, auch in einer watteweichen Sicherheitszone.

Das macht den entscheidenden Unterschied des Theta-Zustands zum Alltagsbewusstsein (Beta-Frequenz) aus, in dem wir uns als getrennt von unserem Ursprung erleben und uns folglich von unseren Ängsten zum Narren halten oder gar überwältigen lassen.

Durch eine symbolische Abfrage *(Energy Scan)* des Problems ergründest du am leichtesten und direktesten seine innere Motivation, bei der es, wie du inzwischen weißt, immer um einen emotionalen Mangel geht. Unsere intuitiven Beobachtungen liefern uns das konkrete Material, mit dem wir während einer Anwendung dynamisch und kreativ arbeiten. Besonders zu Beginn einer Anwendung wollen wir uns erst einmal einen Gesamtüberblick verschaffen. Mit dem Adlerblick des höheren Bewusstseins haben wir einerseits das Ganze im Auge, gleichzeitig können wir mit unserer gesteigerten Aufmerksamkeit in einzelne Details hineinzoomen, ohne diese aus ihrem Kontext zu isolieren und damit in unserer Wahrnehmung zu verfälschen. Wir begleiten den gesamten Transformationsprozess mit dieser inneren Aufmerksamkeit und verifizieren das Ergebnis anschließend durch einen erneuten Scan der Situation. Beim *ThetaFloating* kreist du also wie ein Adler über der Szenerie und stürzt dich dann, abgesichert vom Halteseil deines hohen Selbst, in die Abgründe deines Ichs, um deine Schattenanteile mit einem gezielten Zugriff zu packen und auf deinen Fittichen ins Licht zu tragen.

Intuitive Wahrnehmung funktioniert vornehmlich über die rechte Gehirnhälfte, mit der wir Symbole sehen, Metaphern bilden, Gefühle erspüren und alle möglichen Erscheinungen frei miteinander assoziieren. Dadurch schaffen wir neue, kreative Verknüpfungen. Während die linke Gehirnhälfte, in der unser analytischer Verstand mit unserem mathematisch-linearen Denken und sprachlichen Ausdruck lokalisiert ist, die Welt in alle möglichen Details zergliedert und ordnet, nehmen wir mit der rechten Gehirnhälfte ganzheitlich und räumlich wahr.

Die Ganzheitlichkeit und das freie Assoziieren entsprechen der holografischen Struktur unseres Gehirns und dem spiegelbildlichen Charakter der Realität. Darum erfassen wir durch eine intuitive Abfrage sehr viel schneller und treffender das Wesen einer Sache, als wenn wir es in seine logischen Einzelteile zerlegen würden. Dabei ist es am geschicktesten, wenn du deinen Gedanken und Einfällen einfach freien Lauf lässt. Versuchst du dagegen, deine Gedanken an die Leine zu nehmen und in eine bestimmte Richtung zu ziehen, sie also durch deinen Verstand zu beherrschen, lehnen sie sich auf und schwatzen dich mit allerlei Nebensächlichkeiten voll. Das Geheimnis der Inspiration besteht darin, deinen Geist für höhere Eingaben zu öffnen, indem du eine klare Absicht dessen formulierst, was du wahrnehmen willst, und ihn anschließend frei umherwandern zu lassen. Die erhabene Wahrnehmung im Theta-Zustand entspricht einer Synthese aus konzentriertem Fokussieren und freiem Gedankenfluss. Dazu können neben Bildern und anderen Sinneseindrücken natürlich auch Worte gehören.

Rechne damit, dass sich Alltagsgedanken in deine intuitive Abfrage einschleichen, bis deine Trance stabil ist. Lass diese Gedanken passieren, statt sie zu bekämpfen, sonst bindest du deine Aufmerksamkeit nur umso stärker an sie. Nimm einmal an, du willst in Erfahrung bringen, was ein bestimmter Körperteil dir über deine emotionale Lage mitteilen will. Du expandierst also in den Theta-Zustand, setzt einen Impuls für eine klare Intuition, die deiner Absicht gerecht wird, und spürst anschließend in den Körperteil hinein. Dabei kommt dir plötzlich das Verfallsdatum deines Joghurts im Kühlschrank in den Sinn, oder du denkst, dass du auf dem Weg zur Schule, von der du dein Kind abholen willst, nicht vergessen darfst, beim Obstladen zu halten.

Maßregle dich nicht für diese Abschweifungen, sondern akzeptiere sie und richte deinen Fokus erneut auf das, was du wahrnehmen willst. Irgendwann kommt der Punkt, da du voll drin bist im Film der Introspektion.

Jeder Mensch ist grundsätzlich intuitiv begabt. Die Wahrnehmung mit allen (feinstofflich erweiterten) Sinnen ist dein natürliches Erbe. Deine Klarheit dabei resultiert im Wesentlichen aus dem Vertrauen in deine Intuition. Dieses Vertrauen erwirbst du allmählich in der Praxis. Dabei solltest du wissen, dass deine Wahrnehmung sich niemals im Vakuum entfaltet, sondern von deinem jeweiligen Weltbild und deinen Kenntnissen vorstrukturiert wird. Dein Wissen beeinflusst deinen Informationsfluss ganz erheblich und kann diesen durchaus erleichtern, statt ihn, wie so oft behauptet wird, zu behindern. Metaphysische und psychoenergetische Kenntnisse bilden eine optimale Grundlage und Orientierung für geistiges Heilen. Gleichzeitig werden deine Kenntnisse durch die Arbeit erweitert und vertieft. Bewusstseinsbildung ist immer ein Wechselspiel zwischen innen und außen. Die Voraussetzung für höhere Erkenntnisse, die dein aktuelles Wissen übersteigen, ist die Ausdehnung deines Ich-Bewusstseins in die Theta-Frequenz. Im erweiterten Bewusstseinszustand wirst du eine größere Klarheit und Übersicht über dein bisheriges Wissen gewinnen und es stetig durch weitere Inspirationen ergänzen. Beleuchtest du eine Sache durch dein Quellbewusstsein, kannst du sicher sein, dass deine daraus entspringenden Einsichten der jeweils höchsten Wahrheit entspringen. Lerne, diesen Eingaben zu vertrauen! Die höchste »Offenbarung« lässt niemals lange auf sich warten. Richte deine Aufmerksamkeit jeweils auf das, was dir als Allererstes in den Sinn kommt. Wenn du die ersten Eingaben verwirfst und auf »bessere« wartest, beginnt das Ego sich bereits wieder einzumischen. Dadurch können die Informationen verwässern.

Hellsinnige Wahrnehmung

Unseren physischen Sinnen entsprechen auf der feinstofflichen Ebene die »Hellsinne«, die über unsere Chakren[13] gebündelt in Aktion treten. Die Chakren, unsere Energiezentren, korrespondieren mit jeder Körperzelle. Dein gesamtes Zellbewusstsein ist also an der spirituellen Wahrnehmung beteiligt und kann dahingehend aktiviert werden. Die Chakren sind wie Sternentore, durch die dein Zellbewusstsein sich mit dem gesamten Kosmos verbindet. Auf das holografische Modell übertragen, wären die Chakren deine Projektoren, welche alle Frequenzen gebündelt in die Welt ausstrahlen, um sie in ihre zahlreichen Erscheinungen zu fragmentieren und zu reflektieren.

(Übersichtstabelle über die sieben Chakren auf der nächsten Doppelseite)

Bei vielen spirituell orientierten Menschen sind die oberen Chakren überaktiv, während ihre Basis vernachlässigt wird. Da diesen Menschen die Bodenhaftung fehlt, wirken sie »abgehoben« auf ihre Mitmenschen.

Auch beim *ThetaFloating* werden durch die Theta-Mediation die oberen Chakren vom Hals bis zur Krone inklusive der Nebenchakren aktiviert – so öffnen wir uns der höchsten Wahrheit und gewinnen die Adlerperspektive über unser Leben in all seinen Details. Wir lernen also während der spirituellen Arbeit, vor allem über unsere drei oberen Chakren wahrzunehmen. Doch widmet sich das transformative Verfahren selbst vor allem der Basis – unserem archaischen Bewusstsein oder Bauchgehirn. Denn dort liegen, resultierend aus unserem dualen Weltbild, die fundamentalen Probleme unserer Zivilisation. Ist unsere Basis erst ein-

---

13 Infos über unser Chakren-System findest du z. B. im Chakra-Handbuch von Sharamon/Baginski (2007) oder unter [http://de.wikipedia.org/wiki/Chakra]

mal geheilt, integrieren die oberen Energiezentren sich automatisch auf harmonische Weise in unser Gesamtsystem. Ihre Über- oder Unterfunktion resultiert aus einer Dysbalance hinsichtlich unserer seinsmäßigen Verwurzelung.

Das Herzchakra ist das größte und stärkste Energiefeld unseres Körpers, das uns direkt mit der gesamten Schöpfung verbindet. Unser Herz wird angesprochen, wenn wir nach »innen« spüren oder lauschen. Mit der Weisheit deines Herzens, die von Mitgefühl und Liebe getragen ist, liegst du grundsätzlich richtig. Dieses kraftvolle Feld verzeiht so manche persönliche Verletzung. Natürlich kann es irritiert und gestört werden. Um es ganz zum Schweigen zu bringen, bedarf es jedoch einer massiven und gewaltsamen Verletzung seiner Basis. In einem solchen Fall sprechen wir von einem »herzlosen« oder auch »gefühllosen« Menschen, der den Kontakt zu seiner inneren Stimme verloren hat.

Wenn einige unserer Chakren verstopft oder weitgehend geschlossen sind, ist unsere spirituelle Wahrnehmung in diesen Bereichen zwar weniger klar. Doch sind wir selten auf allen Kanälen gleichzeitig blockiert. Durch meditative Übungen können wir unsere Energiezentren reinigen und unsere Wahrnehmung verbessern. Wirklich öffnen werden sie sich aber erst, wenn wir die Beweggründe ihrer Blockiertheit auflösen – denn das »Dichtmachen« ist ja ein Schutzreflex.

Es gehört zu den Paradoxa der dualen Welt, dass wir unsere spirituelle Wahrnehmung dazu gebrauchen, unsere spirituelle Wahrnehmung zu optimieren. Dieser Widerspruch lässt sich nur über die Erfahrung des Allbewusstseins auflösen. Selbst wenn wir diese Dimension anfangs nur ansatzweise erreichen, wird sich durch regelmäßiges Üben unser Energiesystem allmählich öffnen. Die Aktivierung der spirituellen Kanäle unseres Zellbewusstseins ist ein lebenslanger Prozess.

Übersicht über die sieben Chakren

CHAKRA	FARBE	PRINZIP	ELEMEN
KRONENCHAKRA *Scheitelzentrum*	Violett, Weiß, Gold	Reines Sein, spirituelle Lebenskraft	–
STIRNCHAKRA *Drittes Auge*	Indigoblau	Erkenntnis, Vorstellungskraft, Inspiration	–
KEHLCHAKRA *Kommunikations- zentrum*	Hellblau	Kreativer Selbst- ausdruck, Resonanz	Äther
HERZCHAKRA *Herzzentrum*	Grün, Rosa, Gold	Hingabe, Liebe, Gefühlswärme, Intuition	Luft
SOLARPLEXUS- CHAKRA *Nabelzentrum*	Gelb	Gestaltung, Willenskraft, Aktivität	Feuer
SAKRALCHAKRA *Kreuzzentrum*	Orange	Schöpferische, sexuelle, Leben spendende Energie	Wasser
WURZELCHAKRA *Steißzentrum*	Rot	Körperliches Sein, ursprüngliche Lebenskraft, Instinkt	Erde

RÜSEN	SINNES-FUNKTION	KÖRPER
irbeldrüse Epiphyse)	–	Großhirn
Iirnanhangdrüse Hypophyse)	Alle Sinne inkl. übersinnliche Wahrnehmung	Gesicht, Augen, Ohren, Nase, Nebenhöhlen, Kleinhirn, Zentralnervensystem
childdrüse	Hören	Hals-, Nacken-, Kieferbereich Ohren, Sprechapparat, Speiseröhre, Arme
hymusdrüse	Tasten	Herz, oberer Rücken, Brust, unterer Lungenbereich, Blut, Kreislauf, Haut
auchspeichel-rüse	Sehen	Unterer Rücken, Bauch, Verdauungssystem, Magen, Leber, Milz, Gallenblase, vegetatives Nervensystem
eimdrüsen Eierstöcke, rostata, Hoden)	Schmecken	Beckenraum, Fortpflanzungsorgane, Nieren, Blase; alles Flüssige, wie Blut, Lymphe, Verdauungssäfte, Sperma
Iebennieren	Riechen	Alles Feste, wie Knochen, Zähne und Nägel; Wirbelsäule, Anus und Därme, Prostata, Blut und Zellaufbau

Das Sehen innerer Bilder, Archetypen und Symbole mit dem dritten Auge, wie wir sie aus unserem Traumbewusstsein kennen, ist die häufigste Form der übersinnlichen Wahrnehmung, dicht gefolgt vom »Hellfühlen«. »Hellriechen« und »Hellschmecken« kommen seltener vor als »Hellsehen«, »Hellhören« oder »Hellfühlen«. Es gibt aber durchaus Menschen, die etwa einen Brand über Tausende Kilometer Entfernung riechen können oder den ätzenden Geschmack einer Vergiftung auf der Zunge haben, wenn sie sich in ein entsprechendes Szenario eintunen. Einige riechen sogar die feinen Duftstoffe von Engeln.

Das »Hellfühlen« mit dem dritten Auge unterscheidet sich vom empathischen »Mitfühlen« über das Herzzentrum insofern, als es dich persönlich weniger mitnimmt. Wenn du eine intuitive Abfrage bei einer anderen Person machst, kann es sein, dass du ihr Gefühl plötzlich in deinem eigenen Körper spürst – doch in dem Moment ist dir bewusst, dass es nicht um dein eigenes Empfinden geht. Wenn du die andere Person dagegen ausschließlich über deine Emotionen wahrnimmst, kann es sein, dass du in ihr Gefühl verstrickt wirst und mitleidest.

Mir selbst passiert es hin und wieder bei Demo-Sessions in meinen Seminaren, dass mir Tränen in die Augen steigen, wenn wir sehr tief in ein Trauma hineingehen. Auch viele aus der Gruppe zücken dabei ihr Taschentuch und verteilen ihre Wimperntusche gleichmäßig über die Wangen. Die Einzelarbeit im aufmerksamen Beisein der ganzen Gruppe ist für alle Anwesenden oft sehr ergreifend, da wir uns alle miteinander auf einer substanziellen Ebene unserer selbst begegnen. Was zunächst intim wirkt, da es sich im Persönlichen abspielt, ist in Wahrheit Ausdruck unserer kollektiven Urerfahrung. Während dieser intensiven energetischen Aufladung nehme ich also verstärkt über mein Herzzentrum wahr. Allerdings verliere ich darüber niemals die Verbindung zu den oberen Chakren und kann somit weiterhin souverän durch den Prozess moderieren. Mein tief empfundenes Mitgefühl unterstützt die andere Person in ihrem Prozess, wenn es zunächst darum geht, die eigenen leidvollen Gefühle überhaupt erst einmal anzuerkennen. Wenn es dann aber im nächsten Schritt gilt, sich der nährenden Kraft der Quelle zu öffnen, um sich von der schmerzvollen Empfindung zu lösen, würde ich als Moderatorin den Status quo eher bestärken, wenn ich keine höhere Perspektive dazu einnehmen könnte.

Ob du mit dir selbst oder mit anderen arbeitest: **Unterscheide unbedingt zwischen Mitgefühl und Mitleid!** Mitgefühl ist wichtig für den Rapport, also die gelungene Verbindung mit dem Selbst. Mitleid ist kontraproduktiv, denn es bestätigt dich oder dein Gegenüber im Leiden und führt dem Leiden damit Energie zu.

Sämtliche Hellsinne lassen sich trainieren. Einige Menschen behaupten, sie könnten nicht visualisieren – doch wenn es dir möglich ist, den Weg vor deinem inneren Auge nachzuvollziehen, den du täglich zur Arbeit nimmst, oder wenn du gut darin bist, dir immer wieder bildlich vorzustellen, was alles Schlimmes passieren könnte, dann ist das bereits eine visuelle Wahrnehmung. Hellsehen oder *Remote Viewing* (und die selbsterfüllende Prophezeiung) sind davon nur eine Haaresbreite entfernt.

Fake it, until you make it – tue so, als ob!

Die schwierigste Lektion beim Entwickeln deiner intuitiven Wahrnehmung ist es wohl, anzuerkennen, dass das, was dir spontan in den Sinn kommt, für deine gezielte Abfrage tatsächlich relevant ist, auch wenn die Information dir manchmal vage oder sogar unsinnig erscheint oder du den Eindruck hast, dir das alles nur einzubilden.

Betrachte das Ganze als ein spannendes Spiel – denn nichts anderes ist es in Wahrheit – und erlaube dir, mit der

Unbekümmertheit eines Kindes Neues zu erproben. Einem Kind ist es egal, ob sein Umhang aus dem gleichen Stoff ist wie der von Superman – es zieht einfach ein Laken über und düst mit ausgebreiteten Armen durch die Gegend. In seinem Erleben *ist* es Superman!

Eine Übung, die ich in meinen Anfängerseminaren häufig durchführe, ist das »Scannen« bestimmter Körperteile, um die darin gespeicherte emotionale Energie zu erspüren. Wenn ich meine Teilnehmer bitte, bei einem Übungspartner, den sie nicht kennen, intuitiv den Körperteil zu untersuchen, zu dem es ihre innere Aufmerksamkeit spontan hinzieht, finden sie mit nachtwandlerischer Sicherheit jeweils die Problemstellen des anderen. Das wirkt gerade auf die Skeptiker ungemein ermutigend.

Eine Teilnehmerin, die das Gefühl hatte, die anderen in der Gruppe seien viel besser als sie (das Gefühl haben übrigens die meisten – und wer hat nun recht?), überlistete ihre Zweifel mit einem genialen Trick: Da ich nicht hellsichtig bin, sagte sie sich, nehme ich jetzt einfach mal den Körperteil, der mir gerade in den Sinn kommt, auch, wenn das totaler Quatsch ist. Spontan zeigte sich ihr das Bild eines Magens. »Ich würde mir gerne mal deinen Magen anschauen«, sagte sie zu ihrem Partner. »Volltreffer!«, sagte der. »Mit dem Magen hatte ich schon immer Probleme.«

Fake it, until you make it[14], lautet eine viel zitierte Erfolgsstrategie. Warum das »Tun, als ob« so gut funktioniert, kannst du dir leicht vergegenwärtigen, wenn du dich einmal gerade aufrichtest, tief durchatmest und deinen Mund zu einem breiten, künstlichen Grinsen verziehst. Geht es dir damit nicht augenblicklich besser, als wenn du zusammengesackt und mit hängenden Schultern und Mundwinkeln durch die Gegend schlurfst?

---

14 Wörtliche Übersetzung aus dem Englischen: »Imitiere es, bis du es kannst.«

Es ist wissenschaftlich erwiesen, dass bestimmte Glückshormone allein durch die Muskelbewegungen in den Wangen ausgeschüttet werden. Wenn du darüber nicht den Kontakt zu deinem Innersten verlierst, ist ein künstliches Lächeln also tatsächlich manchmal besser als keines! Außerdem kann dein Zellbewusstsein nicht unterscheiden, ob du eine Sache nur simulierst oder tatsächlich durchführst. Auch dazu gibt es aufschlussreiche Untersuchungen. Durch imaginäres Training kannst du nicht nur bestimmte neuronale Schaltkreise herausbilden, die du etwa zum Klavierspielen brauchst, sondern sogar deine Muskelmasse vermehren! Und da sage noch einer, Tagträume seien bloß Schäume!

Genauso kannst du deinem Zellbewusstsein oder auch anderen Leuten zumindest eine gewisse Selbstsicherheit suggerieren, indem du die Körperhaltung eines erfolgreichen Menschen einnimmst. Wenn deine Mitmenschen dir diese Sicherheit abkaufen, gewinnst du tatsächlich mehr Selbstvertrauen, was du wiederum nach außen ausstrahlst. So kannst du das Ganze immer mehr hochschaukeln. Man sagt, wahres Selbstvertrauen sei unabhängig davon, was andere Menschen über einen denken. Das stimmt nicht. Nichts ist unabhängig von einem anderen. Vielmehr ist es so, dass die anderen dein Selbstbewusstsein spüren und dadurch automatisch Respekt vor dir haben. Wirklich selbstbewussten Menschen passiert es kaum, dass sie angegriffen oder angezweifelt werden – darum müssen sie auch nicht auf den Zuspruch ihrer Mitmenschen verzichten. Und wenn ihnen doch einmal jemand in die Parade fährt, dann können sie ruhig bleiben, weil sie die Schwäche erkennen, die in seinem Angriff liegt – und zwar deshalb, weil sie diese Schwäche in sich selbst angenommen haben und darum nicht im anderen verurteilen müssen.

Indem du also nur so tust, als wärst du intuitiv begabt, bist du es tatsächlich. Denn was glaubst du, woher die

Ideen kommen, die dir augenblicklich in den Sinn schießen, wenn du dich innerlich derart lockerst wie besagte Teilnehmerin? Hast du sie etwa vorab mit Bleistift und Lineal auf Millimeterpapier entworfen? Spontane Ideen, besonders sogar dann, wenn sie verrückt oder absurd scheinen, entspringen immer der Inspiration (lat. *inspiratio* = Beseelung, Einhauchen von *spiritus* = Leben, Seele oder Geist). Wenn du dabei im Theta-Zustand bist, sind diese Eingaben höchst relevant und verlässlich. Je mehr Vertrauen du deinen spontanen Eingebungen entgegenbringst, desto klarer und eindeutiger werden die Botschaften. Wenn du eine Eingabe nicht gleich deuten kannst, setz einen neuen Impuls und bitte dein höheres Bewusstsein um eine Erklärung des Bildes oder um Eingaben, deren Sinn sich dir deutlicher erschließt.

Da dein Verstandeswissen die Informationen vorstrukturiert, die du aus höchster Quelle erhältst, müssen diese sich nicht grundsätzlich von den Kenntnissen oder Ahnungen unterscheiden, die du bereits vor der eigentlichen Abfrage eines Problems erworben oder gehegt hast. Nimm also die Informationen, die du erhältst, einfach für wahr. Du wirst auf jeden Fall Material erhalten, mit dem sich arbeiten lässt – das genügt für dieses Mal. Es gibt niemals nur eine Möglichkeit, ein Problem zu betrachten. Auch musst du das Problem nicht gleich bei der ersten Abfrage vollständig ergründen. Du nimmst etwas wahr und arbeitest damit. Dadurch kommt die Sache in Bewegung, und so gelangen weitere Aspekte zum Vorschein. Sie spülen sich wie Flusssteine in den Strom deines Bewusstseins. Wenn du zwischendurch mal ins Stocken gerätst, kannst du dich immer wieder in deinem Zentrum versammeln, die Trance durch eine imaginäre Ausdehnung deines Kopfes verstärken und neue Abfragen machen, um weitere Aspekte zu erkennen. So entsteht ein assoziativer Flow aus Wahrnehmung und

Verwandlung und erneuter Wahrnehmung und weiterer Verwandlung, bis das Problem vollständig gelöst ist.

Und wenn ich auf halber Strecke stecken bleibe und absolut nicht weiterweiß? Keine Panik! Das ist normal und geschieht selbst erfahrenen Anwendern hin und wieder. Lange, oft über Generationen gehegte Muster verfügen über eine ausgeklügelte Folgerichtigkeit, von der wir uns nur allzu leicht bestechen lassen. Wir vergessen darüber, dass diese Logik nur innerhalb des Ich-Systems greift und über das metaphysische Bewusstsein ausgehebelt werden kann. Ein Profi unterscheidet sich von einem Laien also vor allem dadurch, dass er sich insgesamt nicht aus dem Konzept bringen lässt, sondern sich immer wieder darauf besinnt, durch die Expansion seines Bewusstseins Klarheit zu gewinnen. Wenn dich ein Muster richtig böse an der Angel hat, drück dein stagniertes Hirn einmal auf *Neustart*: Zieh dich aus dem Prozess heraus, atme einmal tief durch, erde dich und expandiere erneut in den Theta-Zustand. Wenn du mit einem Übungspartner arbeitest, kannst du ihm ruhig sagen, dass du wiederholt in die Situation hineinspüren musst, um Klarheit zu gewinnen und neue Impulse für die Fortsetzung zu erhalten. Deine Frage an die Quelle könnte dabei lauten: *Wenn es etwas gäbe, was mir oder uns jetzt weiterhelfen könnte, was wäre das?* Die konjunktivische Formulierung nimmt den Druck aus der Situation. Tu dann einfach so, als hättest du alles im Griff, und folge deiner nächsten Eingebung. Damit gewinnst du schnell wieder Oberwasser.

Wenn du auf der Leitung stehst

Es kommt tatsächlich hin und wieder vor, dass jemand einen völligen Blackout hat, wenn eine intuitive Abfrage ansteht. Niemals ist das jedoch ein Hinweis darauf, dass dieser Jemand unfähig oder unbegabt wäre, sondern ein Blackout ist immer ein Zeichen von großem emotionalem Druck –

und damit stehen wir einfach auf der Leitung. Lehrer, die des Öfteren Prüfungen abnehmen, können ein Lied davon singen.

Eine meiner Schülerinnen konnte eine Zeit lang nur Farben wahrnehmen, aber keine differenzierteren Botschaften empfangen, wenn sie in sich selbst oder bei jemand anderem ein Problem untersuchen sollte. In der Pause unseres Seminars hatte sie einen plötzlichen Einfall. Zu ihrer Wahrnehmungsblockade stellte sich ihr eine signifikante traumatische Verknüpfung her – und allein dieser Einfall zeigt, dass sie sehr wohl imstande war, relevante Hinweise zu erhalten, wenn sie nur mal von ihrer angespannten Leitung stieg! Als Kind wurde sie mehrfach von ihrer Mutter versetzt, die ihr eigentlich versprochen hatte, sie von der Schule abzuholen. Während alle anderen Kinder von ihren Eltern abgeholt wurden, wartete sie vergeblich auf ihre Mutter und blieb schließlich alleine zurück. Diese Demütigung und Enttäuschung hatte sich tief in ihr Zellbewusstsein eingebrannt. Nun, da sie vom Quellbewusstsein als dem Inbegriff der Urmutter erwartete, in ihrem intuitiven Prozess an die Hand genommen zu werden, wurde genau dieses Muster in ihr reaktiviert. Die Angst davor, von ihrer Intuition im Regen stehen gelassen zu werden, wie sie damals auf dem Schulparkplatz stehen gelassen wurde, war so groß, dass sie alle Kanäle dichtmachte!

Mit welchen Augen betrachtest du die Welt? Trägst du eine rosarote Brille oder Scheuklappen und stolperst blindlings durchs Leben? Wenn du hellsichtig wärst, würde dir gefallen, was du siehst? Das ist die Frage, die du dir stellen kannst, wenn du an deiner visuellen Intuition zweifelst. Was befürchtest du zu sehen, wenn dir die Augen geöffnet würden?

Eine Seminarteilnehmerin haderte mit sich, weil sie zwar ganz gut »fühlen«, also empathisch wahrnehmen konnte, aber sie konnte angeblich keine inneren Bilder oder Filme sehen. Das Hellsehen hielt sie für die Königsdisziplin der intuitiven Wahrnehmung und war darum sehr frustriert. Ich fragte sie, was es für einen Vorteil hätte, wenn sie klarer sehen könnte, statt einfach nur zu fühlen. Sie sagte, dann hätte sie mehr Vertrauen in ihre Hellsichtigkeit und wäre eine bessere Heilerin. Das war der Punkt, an dem ich sie mit einer Behandlung einsteigen ließ. Es mangelte ihr nämlich nicht an ihrer hellsichtigen Begabung, sondern an Vertrauen in ihre Fähigkeiten. Sie bearbeitete dieses Problem mit ihrer Übungspartnerin, und am nächsten Tag erzählte sie ganz begeistert, sie habe gerade einen Megafilm in sich ablaufen sehen, und jedes Detail darin habe mit dem übereingestimmt, was in ihrer Partnerin vorging!

So einfach ist das. Wir müssen uns lediglich fragen, warum wir eine Sache unbedingt meinen zu brauchen. Dahinter steckt ja immer ein empfundenes Defizit. Wir gleichen dieses Defizit energetisch aus, und schon bekommen wir, wonach uns verlangt hat.

Einer anderen Klientin und Schülerin von mir waren ihre ausgeprägten hellseherischen Fähigkeiten nicht geheuer, denn als sie ein kleines Mädchen war, hatte sich etwas Schreckliches in ihrer Nachbarschaft ereignet, was sie zuvor mit ihrem dritten Auge gesehen hatte. Aus Angst, sie würde durch ihre Visionen Unglück über andere Menschen bringen, hat sie ihre Hellsichtigkeit lange geleugnet, und auch in ihren physischen Augen bildete sich eine starke Kurzsichtigkeit aus. Fehlsichtigkeit hat tatsächlich mit der Angst vor dem zu tun, was wir erblicken würden, wenn wir den vollen Durchblick hätten. Bist du kurzsichtig, scheust du dich davor, klar zu sehen, was vor dir liegt. Bist du weitsichtig, weigerst du dich, das Naheliegende zu erkennen oder auf deine Vergangenheit zurückzublicken. Als wir an dem Problem arbeiteten, entwickelte sich nicht nur ihr Vertrauen in ihre übersinnlichen Fähigkeiten – sie unterrichtet heute selbst energetisches Heilen –, sondern auch ihre Sehkraft verbesserte sich »augenblicklich«. Soweit ich weiß, hielt sich die physische Verbesserung allerdings nicht dauerhaft.

Physische Sehfehler lassen sich in kurzer Zeit energetisch beeinflussen. Ich hatte schon Klientinnen, die direkt nach einer Sitzung ohne Brille oder Kontaktlinsen klar oder zumindest deutlich klarer sehen konnten, obwohl sie ohne die Sehhilfen sehr verschwommen sahen. Allerdings fällt es dem Gehirn schwer, sein inneres Abbild von der Welt an die veränderte Sehschärfe anzupassen, darum macht es den Erfolg meist kurzerhand wieder rückgängig – die erfahrensten Heiler haben mit diesem neuronalen Tauziehen zu kämpfen. Dagegen hatte ich schon mehrere Klienten, deren chronischer Tinnitus nach wenigen Behandlungen auf ein Minimum reduziert wurde – und ein Tinnitus ist auch nicht wirklich ein »Ohrgeräusch«, sondern eine Klanginstallation im Kopf, die vom Gehirn erzeugt und aufrechterhalten wird.

Vor welcher Wahrheit verschließt du deine Ohren? Probleme mit den Ohren, Schwerhörigkeit, Hörsturz oder Tinnitus haben mit der Verdrängung oder Leugnung unliebsamer Botschaften oder Begebenheiten im Leben zu tun. Die physischen Sinne verschließen sich, wenn wir uns unserem Innern gegenüber verschlossen haben. Blind oder taub, sind wir gezwungen, nach innen zu schauen oder zu lauschen, statt uns an die Welt der äußeren Erscheinungen zu verlieren.

Übung: Scanne und programmiere einen Körperteil

Wir wollen nun die Übung durchführen, die ich just beschrieben habe, nämlich das energetische Scannen und Programmieren eines Körperteils. Dabei interessiert uns weniger seine anatomische Beschaffenheit als die emotionale Befindlichkeit, die darin gespeichert ist. Die Emotionen sind grundlegend relevant für seine Gesundheit.

Hast du an irgendeiner Stelle deines Körpers ein Problem? Verspannungen, Schmerzen, eine Krankheit? Dann weißt du ja sicher schon im Voraus, welchen Körperteil du dir gerne anschauen möchtest. Aber auch, wenn du kerngesund, fit und vollkommen durchgelockert bist, ist diese Übung wichtig, um deine intuitive Wahrnehmung zu schärfen und den Vorgang des Programmierens einzustudieren – denn wir wollen dem Körperteil auch gleich etwas Gutes tun und ihm die Energie aus der göttlichen Matrix zukommen lassen, die er braucht. Auch ein gesunder Körper hat Bedürfnisse. Es ist immer sehr aufschlussreich, welche Organe und Regionen mit welchen Emotionen verstärkt in Verbindung stehen. Mit zunehmender Praxis gewinnst du ein Gefühl dafür.

Setz dich also nun an ein ruhiges Plätzchen und führe die Übung durch. Sie wird nicht viel länger als zehn Minuten in Anspruch nehmen. Wähle den Körperteil für deine Abfrage, der dir spontan in den Sinn kommt, etwa deine Leber oder deinen Ellbogen. Du kannst später noch jeden beliebigen anderen Körperteil befragen.

1. Expandiere ins Quellbewusstsein.
2. Formuliere folgenden Impuls, um die emotionale Befindlichkeit deines Körperteils mit höchster Klarheit wahrzunehmen:

ICH BIN das ICH BIN. Ich erlaube meiner Quelle, mir die emotionale Befindlichkeit meines (Körperteils) klar und deutlich zu offenbaren. Jetzt! Danke. (Atmen.) Meine Wahrnehmung ist klar und deutlich.

3. Richte deine Aufmerksamkeit nun auf den Körperteil deiner Wahl. Wie zeigt er sich dir? Es ist nicht wichtig, dass du ihn anatomisch korrekt wahrnimmst – das könnte deine Aufmerksamkeit sogar eher vom Wesent-

lichen ablenken. Du kannst ihn dir auch symbolisch vorstellen. Dein Herz könnte etwa ein zerbrechliches Gebilde aus Glas sein, dein Kniegelenk ein Metallscharnier oder deine Lunge ein Dudelsack. Nimm das Bild für wahr, das dir als Erstes in den Sinn kommt. Es ist oftmals eine geniale Metapher für das, was in deinem Körper vorgeht. Welche Farbe hat der Körperteil? Sieht er nach deinem Gefühl gesund aus oder ist er in irgendeiner Weise beeinträchtigt oder in Mitleidenschaft gezogen? Wenn du Schwierigkeiten mit der visuellen Wahrnehmung hast, dann spür in dein Gefühl hinein oder lausche eventuellen verbalen Botschaften, die von dem Körperteil ausgehen.

4. Nimm mit dem Körperteil deiner Wahl nun direkten Kontakt auf. Stell ihn dir vor wie ein Wesen, das sprechen kann. Frag ihn, wie es ihm geht. Welche Emotionen verarbeitet er für dich? Anders gefragt: Wie fühlt er sich in deinem Körper und in deiner Gegenwart? Vielleicht antwortet er dir direkt mit Worten, vielleicht demonstriert er dir durch seine Gestalt, was in ihm vorgeht, oder du nimmst ihn verstärkt über deine Gefühle wahr. Was auch immer sich dir zeigt, es ist relevant.
5. Frag den Körperteil nun, was er braucht. Wie möchte er sich gerne fühlen? Dein Herz könnte etwa antworten, dass es sich mehr Vertrauen wünscht, damit es sich besser öffnen kann. Deine Schilddrüse wünscht sich vielleicht mehr Sicherheit, um sich selbst zum Ausdruck zu bringen. Deine Lunge wünscht sich womöglich mehr Leichtigkeit und Raum zur Entfaltung ihrer Lebensfülle.
6. Programmiere deinem Körperteil diese Gefühle nun ein. Setz dafür folgenden verbalen Impuls:

ICH BIN das ICH BIN. Ich erlaube meiner Quelle, meinen (Körperteil) mit dem Gefühl von (Vertrauen und Sicherheit) zu verbinden. Jetzt! Danke. (Atmen.) Es ist geschehen.

7. Beobachte anschließend vor deinem inneren Auge, wie sich dieses Gefühl in deinen Körperteil ergießt. Das kannst du dir vorstellen wie ein wunderbares Licht, eine Farbe, wie Milch oder Saft oder auch das Wort »Vertrauen« als Text, das mit dem Körperteil verschmilzt. Spür zusätzlich oder alternativ zur Visualisierung, wie sich dein Gefühl im Körper verändert.
8. Befrage deinen Körperteil erneut, ob er nun zufrieden ist oder noch eine weitere Energiequalität braucht. Wiederhole die Schritte 5 bis 7 so oft, bis er vor deinem geistigen Auge gesund und fit aussieht und sich gut anfühlt. Mit dem Auffüllen des emotionalen Defizits kann auch eine physische Heilung des Körperteils einhergehen, die sich jedoch zumeist langsamer vollzieht als die mentale oder emotionale Veränderung deines Energiefelds. Insofern geht deine visuelle oder sensitive Wahrnehmung ihr voraus.

Je höher deine Bewusstseinsschwingung, je offener und harmonischer also deine Chakren, desto mehr Energie hast du zur Verfügung, und desto tiefgreifender wirkt eine Programmierung. Ihre Frequenz ist von deiner jeweiligen Verfassung und Tagesform abhängig. **Deine Grundschwingung erhöht sich proportional zu deiner inneren Klarheit.** Je mehr Blockaden du löst, desto mehr Energie gewinnst du also.

Verschmelze die Polkappen deines Ichs

Die *Symboling*-Technik in einzelnen Schritten

Indem wir unser Leiden personifizieren, das heißt mit einem eigenen Bewusstsein ausstatten, können wir uns leichter mit seinem Wesen verbinden und ergründen, von welchem Mangelgefühl es motiviert ist. Das gelingt am leichtesten, indem wir spielerisch in die Perspektive dieses Wesens schlüpfen, also selbst zu dem werden, was uns blockiert. Dabei lenken wir unseren Fokus zunächst auf die Aspekte, die deine persönlichen Interessen offensiv bedrohen, also auf die inneren Dämonen, die Tyrannen und Urteilsvollstrecker, die Verweigerer, Kontrolleure und Spaßverderber. Sie repräsentieren innere Abspaltungen deiner selbst, gerade auch dann, wenn es sich bei ihnen um reale Personen aus deinem Umfeld handelt.

Im Folgenden möchte ich dir die einzelnen Schritte aufzeigen, mit denen du eine tief greifende Transformation deines Zellbewusstseins durch ein *Symboling* durchführen kannst.

Welches Thema in deinem Leben möchtest du verändern? Unter welchem Symptom leidest du? Welcher innere oder zwischenmenschliche Konflikt macht dir zu schaffen? Such dir einen Aspekt aus, mit dem du deine erste emotionale Polschmelze beginnst.

Es geht nun darum, symbolisch mit zwei Wesensaspekten deiner selbst zu interagieren, die jeweils gegenläufige Interessen vertreten und einander sozusagen duellieren. Dein persönliches Energiefeld enthält natürlich noch mehr widerstreitende Aspekte. Doch das kleinste duale System besteht aus zwei Einheiten – und wir wollen es möglichst übersichtlich halten.

Wenn du mit dir allein arbeitest, fokussiere dich auf eine einzige Gestalt – die zweite bist du selbst in der Rolle, in der du dich im Kontext deines Problems wahrnimmst, also etwa der Rolle des Betrogenen oder der Rolle der Verliererin. Du kannst, musst aber nicht selbst bildlich in der Szenerie auftauchen. Du bist einfach der Beobachter aus dem Off, der sich das Wesen der Blockade anschaut, mit der er zu kämpfen hat. Dieses Wesen könnte auch als Gruppe in Erscheinung treten, etwa als Meute, deren Neid oder Hass du auf dich ziehst, wenn du deinen Neigungen nachgehst. Fokussiere dich in dem Fall auf eine einzelne Figur aus dieser Gruppe. Es ist wichtig, einen intimen Kontakt zu dem Wesen deiner Blockade herzustellen.

Wenn du mit einer anderen Person an ihrem Thema arbeitest, wirst du wahrscheinlich vor deinem inneren Auge ihre Figur wahrnehmen und dazu eine zweite, die das Problem der Person verkörpert. In diesem Fall lässt du diese beiden Figuren miteinander interagieren und beobachtest den Energietransfer zwischen ihnen. Du nimmst dabei jedoch nur die Rolle des Moderators ein. Die Energie selbst soll möglichst von deinem jeweiligen Übungspartner mobilisiert werden.

1. Expandiere ins Quellbewusstsein.
2. Starte eine symbolische Abfrage.

Vergegenwärtige dir im Theta-Zustand deine Intention, dein Thema in einer symbolisch verdichteten Szenerie wahrzunehmen. Das darin abgebildete Wesen kann eine reale

Person sein, die etwas Bestimmtes tut oder eine markante Körperhaltung einnimmt, wie etwa deine Mutter, die zum Zeichen ihrer Demütigung und Unterdrückung in gebückter Haltung den Dreck anderer Leute aufwischt. Aufschlussreicher bzw. aufgrund der Entfremdung leichter zu handhaben ist aber zumeist eine überzeichnete Fantasiegestalt. Formuliere, wenn du möchtest, zur Unterstützung deiner Absicht folgenden Impuls, um dein Muster mit höchster Klarheit wahrzunehmen:

ICH BIN das ICH BIN. Ich erlaube meiner Quelle, mir das innere Wesen meines Problems klar und deutlich zu offenbaren und flüssig durch den Verwandlungsprozess zu moderieren. Jetzt! Danke. (Atmen.) Meine Wahrnehmung ist klar und deutlich.

Beobachte nun, was für ein Wesen sich dir vor deinem geistigen Auge offenbart. Wie sieht es aus? Welche Gestalt hat es, welche Farbe? Wie gebärdet es sich? Was tut es? Wie blickt es drein? Kannst du ihm direkt in die Augen sehen? Es kann sein, dass du eine kleine filmische Szene siehst oder auch ein statisches Bild.

Du könntest deine Selbstzweifel etwa wie einen Zerberus fauchen sehen, der einen kostbaren Schatz bewacht. Was bewacht der Gute denn da so unbestechlich? Was ist das für ein Schatz? Und wer will ihn rauben?

Wenn du mit einem Partner arbeitest, ist es hilfreich, diesem wertfrei und ohne Deutung zu beschreiben, was du siehst oder fühlst – oft kann dieser mit deiner Wahrnehmung mehr anfangen als du selbst. Schließlich ist er mit seinem Problem ja bestens vertraut. Beteilige deinen Partner also an dem, was du innerlich zu seinem Thema wahrnimmst, damit ihr zusammen im gleichen Film seid.

3. Tritt mit dem Wesen deines Bildes in Dialog.

Setz mal deine Laserbrille auf und späh in die geheime Kammer hinein, die unter den Klauen des Zerberus verborgen liegt. Was bräuchte der Zerberus, um dir gnädigen Zugang zu seinem Schatz zu gewähren? Frag ihn direkt danach.

Er könnte dir nun antworten, dass du ihm zum Zeichen deiner Vertrauenswürdigkeit ein Stück aus deinem Herzen reißen und ihm zu fressen geben sollst. Doch was verbirgt sich hinter einer solchen martialischen Forderung? Unser Ziel ist es, zu ergründen, was unser innerer Gegenspieler *wirklich* braucht, nicht, was er verlangt. Was er wirklich braucht, ist immer eines unserer Grundbedürfnisse, in diesem Falle also wahrscheinlich Liebe. Daraus würde sein Vertrauen in dich resultieren. Da der Zerberus nur ein Ausdruck deiner persönlichen Zweifel ist, bist es also in Wahrheit du selbst, der oder dem es an Liebe und darum an Selbstvertrauen mangelt. Würdest du dir selbst vertrauen, könntest du automatisch auch dem Leben mit all seinen Herausforderungen oder anderen Menschen vertrauen – denn all das bist du tatsächlich auch selbst! Das Leben ist nur ein anderer Ausdruck für dein reines Selbst, so wie andere Menschen ein Ausdruck dessen sind, was auf deiner holografischen Platte gespeichert ist. Ein wahrlich selbstbewusster Mensch wird niemals betrogen. Menschen mit betrügerischer Absicht geraten von vornherein aus seinem individuellen Projektionsfeld.

Wenn das Wesen dir sein wahres Bedürfnis nicht verraten kann oder will, versetz dich in seine Position. Tue so, als wärst du dieses Wesen, und spüre in seine Gefühlswelt hinein. Wie fühlt sich der Zerberus, der sich so Furcht einflößend gebärden muss, um seinen Schatz zu bewachen? Wie fühlst du dich in seiner Haut?

4. Gib dem Wesen das Gefühl, das es braucht.
Lass nun die Energie bzw. das Gefühl, welches das Wesen braucht, in seine Gestalt einfließen, indem du diesen Vorgang visualisierst. Den Energiefluss kannst du dir wieder vorstellen wie ein wunderbares Licht, eine Farbe oder eine nahrhafte Flüssigkeit. Imaginiere dabei, wie die Energie von deiner Gestalt zum Wesen transferiert wird, wenn du selbst Teil der Szenerie bist, oder einfach nur, wie das Wesen aus dem Nichts oder aus dem Boden heraus mit dieser Energie genährt wird.

Zur Bekräftigung kannst du dazu auch noch einen verbalen Impuls setzen, den du mental sprichst:

ICH BIN das ICH BIN. Ich erlaube meiner Quelle, (Wesen) mit dem Gefühl (von Wertschätzung) zu verbinden. Jetzt! Danke. (Atmen.) Es ist geschehen.

5. Bezeuge die Verwandlung.
Bezeuge nun vor deinem inneren Auge oder in deinem Gefühl die Verwandlung des Wesens. Beobachte aufmerksam, wie es sich durch die Energiezufuhr verändert. Was du bewusst beobachtest, dessen Zeuge bist du und das manifestiert sich im selben Zuge. Du weißt ja, Energie folgt Aufmerksamkeit. Meistens verändert das Wesen seine Gestalt, wenn es bekommt, was es braucht, manchmal nur seinen Ausdruck. Oftmals schrumpft es oder löst sich in nichts auf. In jedem Fall weißt du, dass dein Energietransfer erfolgreich war.

Hierbei solltest du jedoch unbedingt beachten, dass du die Veränderung nicht durch deine Vorstellungskraft erzwingst, denn dann könnten dir eventuelle Blockaden während des Heilprozesses entgehen. Die Verwandlung muss wie von selbst geschehen und sich deiner Wahrnehmung entsprechend ungezwungen offenbaren. Auch wenn du etwas aktiv visualisierst (aktive und passive Wahrnehmung sind nicht immer klar voneinander zu unterscheiden, denn wir können unsere Gedanken nur bedingt steuern), sollte dies auf jeden Fall leicht geschehen!

Vielleicht weigert sich das Wesen, deine Energie in sich aufzunehmen. Oftmals verbirgt sich dahinter deine eigene Weigerung, dem Wesen die gewünschte Energie zufließen zu lassen. Nimm diesen Widerstand dann seinerseits als eigenständiges Wesen wahr und befrage ihn danach, was er braucht, um die Energie frei fließen zu lassen. Oftmals verwandelt sich dann auch das ursprüngliche Wesen, wenn wir unserem Widerstand das geben, was er braucht – wie etwa in dem Beispiel mit Heikes Mutter, die mit einem Mal verschwunden war, nachdem Heike sich das Gefühl hatte zufließen lassen, das sie in ihrer Rolle als Versagerin brauchte.

Vielleicht verändert sich das Wesen ein Stück weit, braucht nun aber noch andere Energiequalitäten. Lass ihm auch diese zukommen.

Da du in Wahrheit nicht an einem fremden Wesen gearbeitet hast, sondern an einem Teil deiner selbst, spürst du die Veränderung wahrscheinlich auch in dir. Fühlst du dich erleichtert oder durchströmt von lichtvoller Energie? Lassen innerer Druck und Schmerzen nach? Hörst du eine Stimme, die dir bestätigt, dass die Verwandlung im Gange oder bereits vollbracht ist? Wenn du eine dieser Fragen mit »Ja« beantworten kannst, hat die Transformation funktioniert. Den positiven Energiefluss spüren wir zumeist auch, wenn wir mit jemand anderem gearbeitet haben. Als Moderatoren nehmen wir mitunter die gleichen Effekte wahr wie diejenigen, die die Behandlung empfangen; wir sind über dasselbe Energiefeld miteinander verbunden.

6. Verschmilz mit der Energie des verwandelten Gegners.
Abschließend kannst du dich mit der Energie verbinden, die deine Blockade in sich gebunden hat. Dadurch machst du

dir die vormals abgespaltene Kraft wieder zu eigen. Dies kannst du symbolisch durch eine Umarmung des verwandelten Wesens erreichen oder indem du visualisierst, wie du mit seiner veränderten Gestalt verschmilzt.

Wenn das Wesen sich ganz aufgelöst hat, besiegle den Programmiervorgang mit folgendem Impuls:

Ich erlaube meiner Quelle, mich auf allen Ebenen meines Seins mit den neuen Energien zu harmonisieren und die verwandelten Kräfte zu meinem höchsten und besten Wohl in jede einzelne Zelle und alle Bereiche meines Lebens zu integrieren. Jetzt! Danke. (Atmen.) Es ist geschehen.

Auf diese Weise verhinderst du, dass dein Zellbewusstsein mit den neuen Gefühlen »fremdelt« und sie sogleich einer Bewährungsprobe unterzieht; nicht, dass sie sich nicht bewähren sollen – dazu habe wir uns ja mit ihnen verbunden. Doch unterliegen wir selbst mit neu erschaffenen Schaltkreisen in unserem Nervensystem noch der Macht alter Gewohnheiten und müssen mit unserem Tagesbewusstsein auch auf der Handlungsebene erst einmal realisieren, dass wir nun verändert sind. Fabriziert unser Zellbewusstsein prompt einen Test, stehen die Chancen fünfzig zu fünfzig, dass wir reflexartig wieder in die alten Muster tappen. Durch einen gezielten Impuls der Harmonisierung und Integration vollzieht sich die innere Anpassung schneller und zuverlässiger, denn das Zellbewusstsein nimmt die Veränderung damit leichter an.

7. Überprüfe das Ergebnis.

Am Ende eines Transformationsprozesses checken wir, ob die neuen Energiequalitäten integriert sind und gut »sitzen« oder ob sich noch Widerstände regen oder Aspekte zeigen, die wir noch nicht wahrgenommen haben.

Da wir unser Problem meist in einem bestimmten Kontext unseres Lebens verorten, können wir am Ende ein klassisches Szenario, das damit in Verbindung stand, aufrufen und uns selbst oder unseren Übungspartner befragen, inwiefern es sich nun anders gestaltet oder anders anfühlt als eingangs. Einige Leute können nach einer gelungenen Transformation kaum mehr einen Bezug zu ihrem einstigen Problem herstellen. Andere erleben sich selbst innerhalb der Ausgangsszenerie vollkommen verändert oder sie beobachten in ihrer Vorstellung, wie die beteiligten Protagonisten ihnen gegenüber anders agieren. Jedenfalls sollte kein emotionaler Stress mehr in der Situation liegen.

Wenn es noch einen Aspekt gibt, der innerhalb der Szenerie stört oder sich weniger gut anfühlt, spüre noch einmal hinein und frage über das Quellbewusstsein ab, was noch fehlt. Programmiere dies anschließend ein und checke erneut. Beende die Session möglichst erst dann, wenn sich alles gut und rund anfühlt, auf keinen Fall aber, während du noch aufgewühlt bist oder dich unwohlfühlst bzw. es deinem Übungspartner schlechtgeht.

Die imaginär oder emotional empfundenen Resultate sind für das Zellbewusstsein real und sorgen im Anschluss an die Session für die entsprechenden neuronalen und biochemischen Veränderungen. Durch das Check-up verifizieren wir die Veränderungen noch einmal nachdrücklich für unser Ich-Bewusstsein; auch der Verstand muss integriert werden und sich neu einstellen!

Der *Symboling*-Ablauf im Überblick

1. Expandiere ins Quellbewusstsein.
2. Starte eine symbolische Abfrage.
   2.1. Wenn du mit einem Partner arbeitest, teile ihm mit, was du wahrnimmst.
3. Tritt mit dem Wesen deines Bildes in Dialog.

4. Gib dem Wesen das Gefühl, das es braucht.
5. Bezeuge die Verwandlung.
   5.1. Wiederhole gegebenenfalls die Schritte 3 bis 5, bis sich das Ergebnis rund anfühlt.
6. Verschmilz mit der Energie des verwandelten Gegners.
7. Überprüfe das Ergebnis.

Wesenhafte Verschachtelungen

Eine Integration meiner abgespaltenen Wesensaspekte und eine abschließende Verbindung mit ihren verborgenen Kräften können sich auch folgendermaßen gestalten:

Wenn ich an mir selbst arbeite, erscheinen mir die Wesen, aus denen sich meine Person zusammensetzt, manchmal ineinandergeschachtelt wie Matrioschka-Puppen. Die äußerste Puppe verkörpert jeweils mein aktuelles Problem oder die Rolle, von der ich ausgehe, die innerste Puppe repräsentiert entweder mein Innerstes oder die letzte Instanz, welche vor der Ich-Vernichtung steht. Ich schaue mir die einzelnen Gestalten zumeist gar nicht so genau an, denn es ist schnell offensichtlich, wofür sie jeweils stehen und welche Geschichte sie mir erzählen wollen. Mich interessiert vor allem die letzte oder innerste Figur. In meinem Puppenpanoptikum gibt es die bizarrsten Exemplare, die wie ein Daumenkino vor meinem inneren Auge antanzen und verschiedene Aspekte und Phasen meines Lebens symbolisieren – die reinste Freakshow:

Da pfeift etwa ein erschöpfter Blasebalg pflichtschuldigst aus dem letzten Loch, den eine ehrgeizige Karrierefrau mit Füßen tritt, aus deren Perücke ein gepunkteter Fliegenpilz entspringt, der sich wie ein kichernder Kobold gebärdet, aus dem wiederum eine zottige Wölfin mit gefletschten Zähnen hervorsteigt. Die Wölfin gebärt eine Schlumpfine, die bei genauerer Betrachtung eine Beate-Uhse-Puppe ist, in deren Plastikhülle ein blasses, geschundenes Mädchen mit blauen Flecken an Armen und Beinen kauert – und aus ihrer Haut explodiert plötzlich ein wunderschönes, strahlend weißes Pferd, das wild auskeilt, über den Strand galoppiert und schließlich dampfend und schnaubend an einem Waldrand stehen bleibt, wo es mich erwartet. Ich kenne dieses Pferd aus meinen Träumen. Es begleitet mich darin schon seit meinem neunzehnten Lebensjahr. Damals hat es sich nur wild vor mir aufgebäumt und beinahe den schmuddeligen Hund mit seinen Hufen erschlagen, der sich ihm in seiner Bedürftigkeit an den Hals werfen wollte. Der Hund tat mir leid, dennoch konnte ich meinen Blick nicht von dem wunderschönen, wilden Pferd abwenden. Es zog mich völlig in seinen Bann, doch sein Zauber schien mir damals unerreichbar. Heute weiß ich, dass der Hund die Erbärmlichkeit meines Vaters verkörperte, mit der er sich mir während meiner Kindheit genähert hatte. Damals hielt ich das Pferd für einen Ausdruck meiner unterdrückten Sehnsucht nach Freiheit und Lebenskraft. Als ich dem prächtigen Geschöpf nach Ablauf meines Daumenkinos in meiner heutigen Gestalt entgegengehe, wiehert es leise und bewegt einige Male herausfordernd seinen Kopf auf und ab. Es vibriert vor anmutiger Schönheit, Kraft und Vitalität. Von Angesicht zu Angesicht bleibe ich vor ihm stehen. »Schau mich an«, sagt es. »Schau mir in die Augen. Könntest du jemals mit mir so umgehen, wie du mit dir selbst umgehst?«

Ich blicke dieses Wesen an, den Inbegriff des Lebens, sinke in seine sanften, glänzenden Augen und fühle Tränen in mir hochsteigen. »Ich bin deine Seele«, fügt es hinzu. »Mich kannst du nicht verletzen. Ich bin vollkommen. Aber warum missachtest du noch immer dich selbst?« Mein Körper schüttelt sich vor Schluchzen. Ich heule Rotz und Wasser und kann gar nicht mehr aufhören. Es spielt natürlich auf meinen Hang zur Selbstüberforderung an.

»Komm«, spricht das Pferd. »Lade dich auf mit meiner Kraft.«

Ich trete dichter an das Pferd heran, schlinge meine Arme um seinen Hals und vergrabe mein Gesicht in seiner Mähne. Ich nehme seinen Körper wahr, als stünde es leibhaftig vor mir. Ich rieche den herben Geruch seines Fells, spüre seine pulsierende Wärme an meinem Bauch und seine Sehnen und Muskeln bis zu den feinsten Adern unter meinen Fingerspitzen. Vor allem aber fühle ich die unendliche Liebe, die von seinem Wesen ausgeht und durch jede meiner Poren in mich einströmt. Plötzlich kommt die zerzauste Wölfin angetrabt, die meine Zähigkeit und Wehrhaftigkeit verkörpert und in mein Leben geschlichen war, als ich einmal wegen einer verflossenen Liebe unter bestialischem Wundschmerz gelitten hatte. Die Wölfin leckt ihre Pfoten, landet mit einem Satz auf dem Pferderücken und schmiegt sich freudewinselnd daran an. Ich verschmelze mit ihr und galoppiere mit meinem Pferd unter glückseligen Jauchzern den Strand entlang. Alle anderen Figuren sind verschwunden.

Seit diesem Erlebnis ist mir mein Seelenpferd immer gegenwärtig. Ich spüre, wie es mich auf Schritt und Tritt begleitet und aufmerksam jede Handlung, jeden Gedanken und jeden Gemütszustand registriert. Ich spüre seinen sanften Atem im Nacken und seine ermunternden Püffe. Wenn ich es mit meinem Arbeitspensum wieder übertreibe und ich andere Bedürfnisse darüber vernachlässige, erscheinen mir seine besänftigenden Augen, und ich höre sein gutmütiges Schnauben. Wenn ich einen Entschluss fasse oder eine Vision entwerfe, die seinem Wesen zutiefst entspricht, kann ich beobachten, wie es mit donnernden Hufen unter übermütigen Bocksprüngen den Strand entlanggaloppiert. Es fällt mir bis heute nicht immer leicht, jeden Aspekt meiner selbst anzunehmen, auch wenn es Ebenen gibt, in denen alles Wesentliche in mir integriert scheint und das Leben einfach rund läuft. Aber mein Seelenpferd liebe ich ausnahmslos, durch und durch und aus tiefstem Herzen. Im Kontakt mit ihm verlieren sich alle Hartnäckigkeiten, die ich meinem schöpferischen Ehrgeiz schulde.

In diesem Zusammenhang erinnere ich mich an den ersten Abend nach meinem Basiskurs bei Mechthild, als diese mich beim Essen gefragt hatte, ob ich Pferde möge. Volltreffer! Als Kind war ich verrückt nach ihnen und bis heute hege ich den Wunsch nach einem Pferd. Warum fragte sie? Sie sagte, sie sehe ein weißes Einhorn in meiner Aura, das mich seit meiner Geburt begleite und vom Stern Sirius käme. Sie bezeichnete es als meinen Geistführer. Als ich mein weißes Pferd, dessen Horn ich allerdings nicht sehen kann, neulich nach seinem Namen fragte, antwortete es »Elohim«. Ich googelte den Namen und staunte, wie damals schon bei Shōtōki, meinem feinstofflichen Karateka, nicht schlecht: Elohim ist im Hebräischen der plurale Allgemeinbegriff für »Gott«. Plötzlich sah ich eine ganze Horde weißer Pferde, die durch den Himmel galoppierten und nach oben hin immer blasser wurden, bis ihre Gestalten ins Nichts übergingen. Da begriff ich: Mein »Exemplar« ist ein personifizierter Ausdruck der Quellessenz. Letztlich sind wir das ja alle.

Verbales Programmieren

Neben den Grundgefühlen kannst du auch ganz spezifische verbale Eingaben in dein Energiefeld oder das deines Übungspartners machen. Baue das gewünschte Programm jeweils in die bewährte Grundformel ein:

ICH BIN das ICH BIN. Ich erlaube meiner Quelle, mich mit dem Programm (genaue Formulierung des Programms) zu verbinden. Jetzt! Danke. (Atmen.) Es ist geschehen.

Mit ein wenig Übung im Programmieren kannst du die Formel dann auch weglassen. Dann genügt es für eine Impulsgebung, dein hypnotisches Sprachmuster klar und bewusst aufzusagen und anschließend aufmerksam vor deinem inneren Auge zu beobachten, wie sich seine Energie in deinem Zellbewusstsein oder dem einer anderen Person entfaltet.

Wenn ich das Zellbewusstsein einer anderen Person programmiere, spreche ich die jeweiligen Eingaben zu ihrer Kenntnisnahme laut aus, und zwar in der Ich-Form, damit sie sich damit identifizieren kann. Um bei jemand anderem ein Programm zu installieren, brauchst du seine ausdrückliche Erlaubnis!

Der Vorteil einer verbalen Codierung ist, dass du im Zellbewusstsein das, was dir in den Sinn kommt, sehr gezielt, schnell, präzise und differenziert einprogrammieren kannst. Du erzielst schnelle Resultate und gewinnst dadurch Vertrauen in das geistige Heilen und deine spirituellen Fähigkeiten.

Der günstigste Zeitpunkt, um verbale Programme zu setzen, ist der Moment, in dem du – oder dein Übungspartner – im Verlauf einer *Symboling*-Anwendung einen widerstrebenden Wesensanteil im Nichts der Quelle aufgelöst hast und dein Bewusstsein also maximal geweitet und geöffnet ist. In diesem Stadium gehen die Programme »rein wie Butter«. Aber du kannst natürlich auch aus dem Stegreif programmieren, wenn du gelernt hast, für die Dauer eines Durchlaufs einen Theta-Zustand zu halten. Wenn dir danach ist, programmierst du dich selbst, wo du gerade gehst und stehst. Ich habe mir damit früher zum Beispiel gerne die Wartezeit auf Bahnhöfen vertrieben. Heute programmiere ich mich selbst gar nicht mehr auf diese Weise. Spezifische Formulierungen wie die unten stehenden Beispiele sind nämlich nicht mehr nötig, wenn du dein Energiefeld an der Basis, nämlich im Laufe vieler einzelner *Symboling*-Anwendungen, geklärt hast. Wenn dein Bauchgefühl mit deinem Willen und deiner Seele im Einklang ist, läuft dein Leben wie am Schnürchen, und deine Wünsche manifestieren sich vom bloßen Darandenken.

Um diesen Einklang herzustellen, eignen sich detaillierte, verbale Programmierungen eher weniger. Dafür sind sie viel zu eng gefasst und kurz gegriffen. Konzentriere dich für die Basisarbeit lieber auf Anwendungen, die deine inneren Abspaltungen ihrem Wesen nach erfassen und ganzheitlich einbinden. In einem Boden, der durchtränkt ist von Minderwertigkeitsgefühlen, wird sich ein Programm wie *Ich weiß, wie es sich anfühlt, mein Traumhaus zu manifestieren* nicht aussäen lassen – da kannst du noch so hypnotisiert sein. Ebenso lassen sich negative Programmierungen nicht wirklich aus deinem Energiefeld herauslösen, wenn du nicht den emotionalen Kitt auflöst, der sie zusammenhält. Energien lassen sich ohnehin niemals löschen, sondern nur transformieren. Dabei ist es wesentlich wirkungsvoller, wenn wir die Kraft unserer ungeliebten Anteile verwandeln und integrativ nutzen, als sie in einem Akt der Feindseligkeit am Schlafittchen zu packen und abschieben zu wollen wie Asylanten. Darum verwende ich beim Programmieren grundsätzlich keine Formulierungen mehr, die das Wort »löschen« oder »entfernen« enthalten.

Detailliert ausformulierte verbale Codes, die du steril eingibst, das heißt herausgelöst aus dem Kontext deines emotionalen Erlebens, eignen sich also vornehmlich zur Feinarbeit nach erfolgter Tiefentransformation – und natürlich auch zum Herumexperimentieren und Üben. In diesem Sinne wünsche ich dir viel Spaß mit den exemplarischen Vorlagen, die du dir natürlich gleich einprogrammieren kannst. Vor allem sollen die Beispiele dich aber dazu inspirieren, eigene Programme zu formulieren.

Die Wendung »Ich weiß, wie es sich anfühlt« spricht die mentale und die emotionale Ebene deines Zellbewusstseins gleichermaßen an.

Beispiele für verbale Eingaben

Ich weiß, wie es sich anfühlt, mit mir selbst verbunden zu sein.

Ich erlaube mir, meine Gefühle wahrzunehmen und dabei sicher zu sein.

Ich weiß, wie es sich anfühlt, sicher zu sein.

Ich weiß, wie es sich anfühlt, meiner Intuition zu vertrauen.

Ich weiß, wie es sich anfühlt, mit meinem Innersten Kontakt aufzunehmen.

Ich weiß, wie es sich anfühlt, mit meinem Seelenstrom verbunden zu sein.

Ich erlaube mir, meine Zweifel als meine Wächter wahrzunehmen, die mich schützen wollen. Ich schenke ihnen dafür meine Wertschätzung und weiß, wie es sich anfühlt, Sicherheit und Vertrauen in mir selbst zu finden.
Ich weiß, wie es sich anfühlt, Verantwortung für mein Leben zu übernehmen.
Ich erlaube mir, nur für mich selbst (und meine minderjährigen Kinder) verantwortlich zu sein.
Ich erlaube es meinem Partner / meinen Eltern / Freunden / Kollegen, für sich selbst verantwortlich zu sein.
Ich weiß, wie es sich anfühlt, dem Leben zu vertrauen.
Ich weiß, wie es sich anfühlt, meine Bedürfnisse wahrzunehmen, zu achten und zu erfüllen.
Ich erlaube mir, meine Ziele Schritt für Schritt anzugehen.
Ich erlaube mir, menschlich zu sein. Ich erkenne das Menschsein aus der höchsten Perspektive meines Selbst. In meiner Menschlichkeit tritt das Göttliche in Erscheinung.
Ich erlaube mir, mich von meiner Seele weisen zu lassen.
Ich erlaube mir, diejenige / derjenige zu sein, die / der ich aus tiefster Seele sein will.
Ich erlaube mir, liebevoll (zu mir selbst und anderen) zu sein.
Ich erlaube mir, erfolgreich zu sein.
Ich erlaube mir, mich wertgeschätzt zu fühlen.
Ich weiß, wie es sich anfühlt, wertvoll zu sein.
Ich weiß, wie es sich anfühlt, angemessen für meine Arbeit belohnt zu werden.
Ich weiß, wie es sich anfühlt, vom Leben beschenkt zu werden und dieses Geschenk dankbar anzunehmen.
Ich erlaube mir, ich selbst zu sein.
Ich weiß, wie es sich anfühlt, mich selbst zu lieben.
Ich weiß, wie es sich anfühlt, um meiner selbst willen angenommen und geliebt zu sein.

Ich erlaube mir, der Stimme meines Herzens zu folgen und das zu tun, was ich am allerliebsten tun möchte – denn daraus spricht die Absicht meiner Seele.

Aufgrund dieser oder einer ähnlichen Syntax kannst du dir jedes x-beliebige Programm selbst erstellen. Deiner Fantasie sind hier keine Grenzen gesetzt. Fertige am besten eine Liste deiner gewünschten Programme an und programmiere diese dann einzeln durch. Wenn du sehr konzentriert bist, kannst du die Programme auch gebündelt einprogrammieren, dann hast du weniger Arbeit. Dann entgeht dir im anschließenden Akt der Bezeugung allerdings, welches Programm möglicherweise an dir abgeprallt ist. Wenn ein Programm nicht bei dir Platz nehmen möchte, bedeutet das, dass ihm eine emotionale Blockade entgegensteht. Mach in diesem Falle eine intuitive Abfrage und ergründe, von welchem Mangelgefühl sie motiviert ist. Nach der energetischen Behebung dieses Mangels sollte das entsprechende Programm sich dann problemlos eingeben lassen.

Modulares Programmieren

Statt einzelne Programme kannst du auch ein ganzes »Service-Paket« aus der universellen Matrix downloaden und als Modul in deinem Zellbewusstsein aktivieren. So ein Masterprogramm bündelt dann nicht nur verschiedene mentale und emotionale Aspekte zu einer funktionalen Einheit, sondern verwirklicht sich in deinem Leben potenziell durch die Erschaffung vollkommener Synchronizitäten.

Du kannst dir die Matrix vorstellen wie ein komplexes Gitternetz mit zahlreichen Kristallisationspunkten, an denen diverse Informationsstränge zusammenlaufen und spezifische Muster (Energiefelder) bilden. Beim modularen Programmieren stellen wir aus dem unendlichen Quantenpotenzial der Matrix zunächst eine Art Menü zusammen. Daraus werden die gewünschten Informationen zu einem hyperintelligenten Masterprogramm generiert und handlich komprimiert. Schließlich erschaffen wir die entsprechenden Rezeptoren in unserem Zellbewusstsein, die uns damit in Resonanz bringen.

Dabei ist es unbedingt wichtig, die Module vom Quellbewusstsein aus zu generieren und sie nicht mit egoistischen, das heißt von Defiziten motivierten, Erwartungen zu vermischen, damit wir uns stets mit der höchsten und besten Wahrheit verbinden. Denk nur, wie viele unterschiedliche Auffassungen von Liebe es etwa unter den Menschen gibt und wie viele davon mit Abhängigkeit oder kompensatorischen Erwartungen assoziiert sind. Wir wollen uns natürlich nur mit der reinen Essenz von Liebe verbinden, niemanden bedrängen und uns und andere nicht in unglückliche Konstellationen zwängen.

Ablauf beim modularen Programmieren

Wir expandieren ins Quellbewusstsein und fassen eine klare Intention, was wir von jetzt an wie erleben wollen. Wir formulieren oder visualisieren unsere Absicht sorgfältig und lassen vom Quellbewusstsein (!) daraus ein vollkommenes Modul generieren. Oftmals fließen in dieses Modul noch hyperintelligente Aspekte mit hinein, an die wir nicht im Traum gedacht hätten; andere Aspekte wiederum werden automatisch ausgespart, wenn sie nicht unserem höchsten Wohl dienen.

ICH BIN das ICH BIN. Ich erlaube meiner Quelle, ein Modul (vollkommener Selbstverwirklichung für mich) zu generieren und mich damit zu verbinden. Jetzt! Danke. (Atmen.) Es ist geschehen.

Anschließend beobachten wir, wie unser Modul aus zahlreichen Informationssträngen im kosmischen Gitternetz zusammenfließt. Dies wird für jeden anders aussehen: Die einen mögen den Vorgang technisch-abstrakt visualisieren. Andere werden den Inhalt des Moduls wie eine Bildersammlung oder ein symbolisch verdichtetes Szenario erleben, das sich konkret auf das eigene Leben bezieht. Wieder andere fühlen die wunderbare Energie, die sich formiert, bereits in ihrem Körper.

Wenn das Modul vollständig ist, bezeugst du mit deiner inneren Wahrnehmung, wie sich dein Zellsystem damit verbindet und das Modul in dir aktiviert. In deinem persönlichen Energiefeld entsteht dadurch ein holografischer Imprint, der exakt das Modul widerspiegelt, das dein Quellbewusstsein im universellen Gitternetz erschaffen hat. Damit stehst du in Resonanz mit den gewünschten Programmen.

Beispiel: das Urmutter-Modul

Die meisten Menschen leiden mehr oder weniger unter den Defiziten, die ihre Eltern, speziell die Mutter, in sich tragen – kulturell, familiär und persönlich bedingte Einschränkungen und Traumata, die das Leben der Mutter geprägt haben und die sie nicht (vollständig) für sich bewältigen konnte. So hat sie ihr Lebensgefühl unwillkürlich an das Kind weitergegeben.

Der in unserer Zivilisation weithin empfundene Mangel an mütterlichen Qualitäten bedeutet übrigens in den seltensten Fällen, dass wir von unseren Müttern nicht geliebt worden wären. Vielmehr wurzelt er meines Erachtens in der Gesellschaft. Die Unterdrückung des Weiblichen im Patriarchat, die damit einhergehende Entfremdung der Menschen von sich selbst, die fragwürdigen Erziehungskonzepte, die unsere Zivilisation über die Jahrhunderte hervorgebracht hat, das Trauma, das bereits die Geburt in einem sterilen Klinikumfeld bedeutet – all dies hat unseren Kontakt zur nährenden Energie der »Urmutter« und die jedem von uns innewohnende Beziehung zum Weiblichen gestört.

Die gute Botschaft: Wir können diese Defizite energetisch in uns ausgleichen und positiv verwandeln. Dabei arbeiten wir mit der Ebene in unserem Zellbewusstsein, die mit dem Feld der leiblichen Mutter, aber auch mit der archetypischen Mutter unseres Kulturkreises verknüpft ist sowie mit »Mutter Erde«. Indem wir dieses Feld positiv verwandeln, heilen wir die Beziehung zu unserer inneren Mutter, was sich auch auf die Beziehung zu unserer leiblichen Mutter positiv auswirkt, ohne dass diese direkt beteiligt werden muss. Die Heilung geht ausschließlich von unserem persönlichen Energiefeld aus.

Das Urmutter-Modul spendet die energetische Basis, die wir benötigen, um innerlich zu wachsen und Selbstvertrauen zu entwickeln. Selbst Menschen, die niemals die fürsorgliche Liebe einer Mutter erlebt haben, können sich ihre Grundbedürfnisse durch seine Aktivierung und Integration erfüllen.

Das Urmutter-Modul umfasst im Wesentlichen folgende fühlbare Qualitäten:
Bedingungslose Liebe – Fürsorge – Nahrung – Fülle und Erfüllung – Wärme – Geborgenheit – Umhüllung – Schutz – Verbundenheit – Zuwendung – Raum zur Entfaltung – Wachstum – Wohlwollen – Förderung – Verwurzelung im Hier und Jetzt – Wertschätzung – Großzügigkeit – Barmherzigkeit – Unterstützung – Hingabe – Urvertrauen

Aktiviere dieses Modul in deinem Zellbewusstsein, indem du in dein Quellbewusstsein expandierst und folgenden Impuls setzt:

ICH BIN das ICH BIN. Ich erlaube meiner Quelle, mich mit dem Modul (der Urmutter) zu verbinden. Jetzt! Danke. (Atmen.) Es ist geschehen.

Beobachte anschließend, wie sich die Wirkung des Moduls in deinem Zellbewusstsein entfaltet. Richte deine Wahrnehmung dabei entweder auf dein Gefühl oder auf innere Bilder von deiner leiblichen Mutter. Besonders effektiv ist es, sich während des Bezeugens als Ungeborenes in den Mutterleib hineinzuversetzen. Eine gelungene Aktivierung des Moduls erkennst du daran, dass du dich in der Gebärmutter rundum warm, innig und geborgen, aber auch leicht und weit fühlst.

Wenn keine Besserung eintritt

Widerstand während der Anwendung

Sollte sich während der Anwendung oder einige Zeit danach Widerstand in dir regen, etwa, indem es dir schlechter geht als vorher, bist du noch nicht fertig mit der Behandlung. Spüre unbedingt diesem Widerstand nach. Wenn die Transformation an einer Stelle blockiert wird, gibt es noch unbewusste Motive, die dein Symptom aufrechterhalten. Ergründe die Motivation deiner Blockade, indem du sie im Theta-Zustand wie ein eigenständiges Wesen befragst. Gib dem Wesen, was es braucht. Damit erübrigt sich sein Widerstand und er löst sich auf.

Eine Heilblockade kann etwa eine Schutzmaßnahme vor der Ungewissheit sein, die eine Verwandlung mit sich bringt. Programmiere dir in diesem Fall das Gefühl ein, stark, sicher und in deinem Selbst geschützt sowie allen Aufgaben und Herausforderungen deines Lebens gewachsen zu sein.

Ein Schutzbedürfnis kann sich auch hinter dem Groll gegen die vermeintlichen Schuldigen des Problems verbergen. Das sind klassischerweise die Eltern oder eine andere »externe« Autorität wie Gott oder die Kirche. Attackiere in diesem Fall nicht den Groll selbst – das wird entweder gar nicht funktionieren oder aber dein System destabilisieren! Heile vielmehr die Verletzung, die du durch das Verhalten der jeweiligen Instanz erlitten hast, und nähre dich respektive das Wesen des Grolls mit dem Gefühl, das es braucht, um sich sicher und geschützt zu fühlen. Sobald du heil bist, verschwindet der Groll von selbst. Lass dir dafür ruhig ein wenig Zeit. Tiefe Verletzungen heilen in den seltensten Fällen mit einer einzigen Anwendung.

Was wir unserem Leiden abgewinnen

Zumeist steht einer Besserung unserer Situation der mehr oder weniger bewusste Gewinn entgegen, den wir aus unserer Krankheit oder einer psychischen Blockade ziehen. Die Psychologie unterscheidet dabei zwischen primärem und sekundärem Krankheitsgewinn.

Beim *primären Krankheitsgewinn* sprechen wir von der Motivation, die eine Krankheit primär verursacht hat. Ein häufiges Beispiel wäre eine Erkältung, die dich zwingt, einen Gang herunterzuschalten und dich auszuruhen, damit dein Körper wieder zur Kräften kommt, wenn du dein Bedürfnis nach Ruhe im Alltag ständig übergehst. Oder dir versagt durch eine plötzliche Stimmbandentzündung auf einmal dein Sprechwerkzeug, wenn du zur Prüfung antreten sollst. Dies wäre eine typische Stressreaktion in Form eines Vermeidungsverhaltens. Stress liegt dann vor, wenn du deine Ressourcen – in diesem Fall deine Kompetenzen, die Prüfung erfolgreich zu bestehen – niedriger einschätzt, als die zu erbringende Leistung es deiner Ansicht nach erfordern würde. Dein Zellbewusstsein reagiert auf diese Einschätzung entsprechend und rettet dich vor dem Scheitern, indem es dich körperlich schachmatt setzt. Darin bestünde in unserem Beispiel der primäre Gewinn deiner Stimmblockade.

Von *sekundärem Krankheitsgewinn* ist die Rede, wenn wir eine bereits bestehende Krankheit trotz angemessener Behandlung verschleppen und das Symptom chronisch aufrechterhalten. Dann beziehst du irgendeinen Nutzen aus deiner Krankheit – da du sie nun schon einmal hast. Der sekundäre Gewinn von Krebs etwa könnte darin bestehen, mehr Zuwendung und Aufmerksamkeit von der Familie zu bekommen, oder der eines Genitalherpes, die geschlechtliche Vereinigung mit einem nicht mehr begehrten Partner zu vermeiden. Eine auffällige Schuppenflechte an Armen und Händen, die erstmals aufgetreten ist, nachdem du dir beim Buhlen um die Frau deiner Träume eine Abfuhr eingefangen hast, könnte in zweiter Instanz nun die »willkommene« Ausrede dafür liefern, nicht mehr unter Leute gehen zu müssen, um eine neue Frau kennenzulernen. Das dahinter verborgene Motiv wäre die Angst vor erneuter Zurückweisung, dem ein Gefühl der Wertlosigkeit zugrunde liegt. Die Haut bildet deine individuelle Grenze zur Welt. Die Schuppenflechte betont diese Grenze, wenn dein Selbstwertgefühl zu schwach ist, um dich in der Welt zu behaupten, und fungiert damit als künstliche Schutzschicht. Grundsätzlich finden sich Symptome wie Neurodermitis, Ekzeme oder Schuppenflechte bei Menschen mit einer dünnen oder durchlässigen Haut, das heißt solchen, die überempfänglich für die Erwartungen anderer sind und schwer »Nein« sagen können. Die leuchtend roten Stellen übernehmen dann die Funktion, der Außenwelt zu signalisieren, wo ihre persönlichen Grenzen sind. Das erkennst du schon daran, dass neurodermitische Erscheinungen vorwiegend im Gesicht, am Hals und an den Händen auftreten – also immer hübsch dort, wo sie jeder bewundern kann. Die energetische Heilung dermatologischer Beschwerden besteht weniger darin, sich *ein dickes Fell* zuzulegen, als darin, das Selbst zu stärken, sodass die eigene Energie kraftvoller von innen nach außen strahlen kann. Durch den energetischen Richtungswechsel haben unwillkommene Botschaften, die das Selbstwertgefühl herabsetzen, dann keine Chance mehr, in einen einzudringen.

Die »Gefahr« einer Verbesserung der Situation kann auch in einem verinnerlichten kulturellen Verbot bestehen. Sehr verbreitet unter Heilern ist etwa das Verbot, die eigene Wahrheit zum Ausdruck zu bringen und mit dieser Wahrheit, der heilenden Kraft des Geistes, die Existenz zu bestreiten. Dies resultiert aus den Zeiten, da Heiler als Ketzer oder Hexen verfolgt und hingerichtet wurden. Hinter einer solchen Blockade steht also die Angst vor der Verurteilung durch andere, die als kirchliche Würdenträger, Henker oder auch Gott in Erscheinung treten können. Ein religiöser Autoritätskonflikt liegt im Irrtum begründet, dass Gott eine externe Macht sei, deren Interessen sich von denen des innersten Selbst unterscheidet. Die heilsame Verwandlung läge hier in der fühlbaren Erkenntnis, dass Gott und das Selbst eins sind.

Grundsätzlich gilt es, um ein Symptom erfolgreich zu transformieren, seine versteckte Motivation zu ergründen und diese energetisch zu neutralisieren. Das erreichen wir, indem wir das Wesen des Leidens danach befragen, welche Gefühlsqualität es braucht, und ihm das Gefühl dann zuführen. Im Falle einer Heilblockade müssen wir diese als Symptom begreifen und ihre Motivation mit Fragen wie *Was müsste ich tun, wenn ich geheilt wäre?* oder *Was wäre das Schlimmste, was passieren könnte, wenn mein Problem gelöst wäre?* ergründen. In Heikes Fall (*Praxisbeispiel: Auflösung einer Erfolgssabotage*, ab S. 161) haben wir die Behandlung direkt mit einer solchen Frage begonnen. Im Kapitel *Die Behandlung körperlicher Symptome* lernst du ein weiteres Beispiel dazu kennen.

Mögliche Ursachen für eine Heilkrise und wie man sie behebt

Es ist zwar nicht im Sinne des Erfinders und gehört nicht zu einer gelungenen Tiefentransformation dazu, vereinzelt kann es aber vorkommen, dass nach einer *ThetaFloating*-Session eine Erstverschlimmerung eintritt, weil sich das

Zellbewusstsein grundlegend umorganisiert. Eine Heilkrise äußert sich darin, dass du dich nach einer Anwendung schlechter fühlst als vorher. Deine Schmerzen verschlimmern sich, dir ist schwindelig oder übel, du hast Schweißausbrüche und Herzrasen oder andere Stresssymptome oder du wirst plötzlich traurig oder hoffnungslos.

Ich möchte ausdrücklich betonen, dass derartige Reaktionen weder ein Gütezeichen für eine gelungene Behandlung sind noch ein Zeichen für ihr Misslingen. Sie weisen lediglich darauf hin, dass der Prozess der Transformation noch voll im Gange ist. Es empfiehlt sich unbedingt, sich diesen Reaktionen aufmerksam zu widmen. Eine Heilkrise kann mehrere Ursachen haben:

1. Häufig äußert sich in einer Erstverschlimmerung eine Heilblockade, das heißt, es regt sich während oder nach der Anwendung unbewusster Widerstand in dir, weil die »Gefahr« einer substanziellen Besserung größer scheint als ihr Gewinn. Ergründe das Wesen dieser Gefahr und versorge es mit den Energien, die es braucht, um diesen Widerstand aufzulösen.
2. Es entweicht nach der Anwendung noch weitere unterdrückte Energie aus dem Gefühlsbehälter, der bis dahin sorgfältig unter Verschluss gehalten wurde. Die oberen Schichten deines Problems sind gelöst, sodass nun tiefere Schichten an die Oberfläche steigen. Sie waren während der Anwendung noch verborgen und von den Kontrollmechanismen des Ego versiegelt. Harmonisiere dich noch einmal mit den Veränderungen und integriere sie einvernehmlich in dein Zellsystem sowie jeden Bereich deines Lebens. Erlaube dir durch einen entsprechenden Impuls, dein Ich in einem für dich angenehmen Tempo zu transformieren. Dann wird sich die Krise bald legen.
3. Manchmal bäumen sich die alten Emotionen noch einmal auf, um sich Geltung zu verschaffen, nachdem sie so lan-

ge unterdrückt wurden. Schenke ihnen deine Aufmerksamkeit und würdige ihre Funktion, indem du dich bei ihnen dafür bedankst, dass sie deine Interessen bis zum jetzigen Moment so gut vertreten haben. Denn schließlich war es dein Unwohlsein, welches dich darauf aufmerksam gemacht hat, dass etwas in dir in Missklang war. Wenn es deinen Gefühlen nur darum ging, noch einmal wahrgenommen und anerkannt zu werden, verwandeln sie sich in Wohlsein, sobald du ihnen diese Anerkennung gewährst.

4. Einige Menschen hegen auch die Überzeugung, dass ein Heilprozess mit Mühe und Leiden einhergehen müsse. Wenn sich alles »zu einfach« gestaltet, regt sich Misstrauen: Kann eine Anwendung überhaupt etwas taugen, wenn alles so leicht geht? Diese Menschen sind sozusagen auf eine Erstverschlimmerung programmiert.
   Möglicherweise verbinden sie »aus leidlicher Erfahrung« mit dem Leiden auch Anerkennung – in unserer kirchlich geprägten Kultur wäre dies keine Ausnahme, selbst für Menschen, die gar nicht explizit christlich erzogen wurden. Ein solches Programm ist den wenigsten bewusst.
   Stelle dem Wesen deiner Heilkrise folgende Fragen:
   Was würden die anderen sagen, wenn ich einfach so geheilt würde? Was würde es für mein bisheriges Leben bedeuten, wenn ich mit einem Mal mein gesamtes Leiden los wäre – wäre dann alles umsonst gewesen? Soll ich durch mein Elend büßen? Anders gefragt, fühle ich mich für irgendetwas schuldig? Schuld verlangt immer nach Strafe – wenn du also Schuldgefühle hast, widme dich ihnen mit einer weiteren Anwendung, indem du ihr Wesen durch ein *Symboling* ergründest. Die Schuldgefühle können, müssen aber nichts mit dem Thema deiner Anwendung zu tun haben.

So unangenehm die Begleiterscheinungen sein mögen, die ausnahmsweise mit einer Anwendung einhergehen können, sie deuten auf jeden Fall darauf hin, dass du auf dem richtigen Weg bist. Denn wo sich ihr Widerstand regt, geht es deinen Mustern ganz offensichtlich ernsthaft an den Kragen. Werte deine Anwendung also niemals als Misserfolg, sondern widme dich nun mit besonderer Aufmerksamkeit dem Wesen deines Widerstands. Dämme die Gefühle deiner Erstverschlimmerung nicht ein und klopfe sie nicht weg. Damit nimmst du ihnen nur die Chance, sich in ihrem Wesen zu offenbaren und dieses Wesen im besten Sinne in dein Zellsystem zu integrieren. Nutze auch hier die Kraft deines Gegners, die sich in deinem inneren oder äußeren Aufruhr offenbart, indem du sie dir wieder zu eigen machst.

Wenn du das Gefühl hast, von deinen Emotionen überwältigt zu werden, atme einige Male tief durch und nimm dir die Zeit, ihnen ins Gesicht zu blicken. Spüre in sie hinein, auch wenn du in deiner Aufregung nicht in den Theta-Zustand gelangen solltest, und frage sie: Was wollt ihr von mir? Was kann ich euch geben, damit ihr mich in Ruhe lasst? Lass dir ein Bild zeigen, in dem sich ihr Wesen offenbart, und befriede das Wesen, indem du ihm die Energie sendest, die es braucht.

Für die Bearbeitung schwerer Traumata empfiehlt es sich, sich den Beistand eines erfahrenen Anwenders bzw. professionelle Hilfe zu holen. Kontaktadressen findest du auf der offiziellen *ThetaFloating*-Website *www.thetafloating.com*.

Die Behandlung körperlicher Symptome

Im Prinzip unterscheidet sich die Behandlung körperlicher Symptome nicht von der Behandlung psychischer, beruhen doch beide auf blockierter Lebensenergie. Allerdings erscheint die körperliche Manifestation eines emotionalen Traumas auf den ersten Blick verschlüsselter als ein psychisches Problem, bei der ein offensichtlicher Konflikt einer Person mit der Umwelt vorliegt. Meines Erachtens zeugt ein Problem, das sich bereits körperlich manifestiert hat, von einem höheren Grad der Unbewusstheit. Die Leugnung einer psychischen Verletzung ist so vehement, dass diese in die körperliche Ebene abgedrängt wurde. Energetisch gesprochen, hat sich das emotionale Muster durch seine Unbewusstheit so weit verdichtet, dass es sich physisch materialisiert hat. Dies geschieht dann, wenn wir mit unserem Geist allein nicht oder noch nicht imstande sind, unseren Konflikt zu bewältigen. Außerdem erben wir häufig die körperlichen Defizite oder krankhaften Veranlagungen unserer familiären Vorfahren. Das bedeutet, ein Symptom verweist häufig auch auf emotionale Konfliktfelder, die unsere Eltern, Großeltern oder Urahnen nicht für sich bewältigt und über ihre Gene an uns weitergereicht haben.

Damit sich ein bestimmter Code in unseren Genen über die Ahnenlinie fortpflanzen kann, muss seine geistige Energie von Generation zu Generation aufrechterhalten werden. Das geschieht über das morphogenetische (d. h. gestaltbildende) Feld, das die Zellen umgibt. Denn bis auf wenige Ausnahmen werden unsere Körperzellen ständig regeneriert und erneuert. Ändert sich das auf sie einwirkende Bewusstseinsfeld (Zellbewusstsein), ändert sich auch ihre genetische Struktur. Unterschiedliche Zellen erneuern sich dabei in unterschiedlicher Geschwindigkeit. Einige Zellen unseres Verdauungssystems etwa tauschen sich innerhalb von zwei Tagen vollständig aus. Die Zellen unserer Knochen werden dagegen bei Kindern alle zehn, bei älteren Menschen nur alle zwanzig bis dreißig Jahre komplett renoviert. Dies bedeutet jedoch nicht, dass sich nicht auch diese Zellen in ihrer Substanz ständig regenerieren würden. Sonst würde es ja Jahrzehnte dauern, bis ein Bruch geheilt wäre.

Glücklicherweise können wir durch unsere energetische Arbeit selbst solche krankhaften Veranlagungen positiv beeinflussen, die schon seit vielen Generationen bestehen. Dabei müssen wir den Ursprung des Musters keineswegs kennen, um es aufzulösen. Wir müssen keine Ahnenforschung betreiben und keine Rückführungen machen. Das Einzige, was es zu ergründen gilt, ist die Motivation, mit der das Muster hier und heute von unserem Energiefeld immer noch festgehalten wird. Denn gäbe es diese Motivation heute nicht, wäre das Muster schlichtweg nicht mehr vorhanden, und die Krankheit hätte sich über die Zeit aus unserem Genmaterial herausgeschlichen.

Eine genetische Disposition kommt nur dann zum Ausbruch und manifestiert sich als tatsächliche Krankheit in unserem Körper, wenn es akute Auslöser (Stressoren) im Zellbewusstsein dafür gibt. Bis dahin wird die Krankheit als Potenzial in der Latenz gehalten.

Praktisches Anwendungsbeispiel: familiär vererbter Rheumatismus

Nehmen wir an, deine Großmutter hatte während des Dritten Reichs als junge Frau alle Mühe, ihre drei Kinder zu ernähren. Dein Großvater war an der Front, und sie arbeitete in einem kleinen Lebensmittelgeschäft – bis sie von ihrem Nachbarn als Vaterlandsverräterin denunziert wurde, da sie sich weigerte, in der Kirche ihre Hand zum Hitlergruß zu heben. Sie verlor ihre Stellung. Es war ein harter Winter, sie fühlte sich von den Lebensumständen bedroht und von ihrem Umfeld schikaniert. Die politischen Verhältnisse verbitterten sie. Ihr Mann geriet in Kriegsgefangenschaft, ihr Jüngstes, der kleine Bruder deiner Mutter, starb an Lungenentzündung. Darüber machte sie sich bis an ihr Lebensende Vorwürfe, gleichzeitig beklagte sie die schweren Umstände, in denen sie nicht besser für ihren Säugling hatte sorgen können. Sie begann, unter Rheuma in den Gelenken zu leiden, das über die Jahre immer schlimmer wurde und ihre alltägliche Arbeit erschwerte. Deine Mutter half als ältestes Kind im Haushalt mit, wo sie nur konnte. Obwohl deine Großmutter eine tapfere und lebenstüchtige Frau war und ihren Glauben an das Gute nie verloren hat, konnte sie ihren Schmerz über die tragischen Geschehnisse nie ganz verwinden. Infolge der rheumatischen Erkrankung verkrüppelten ihre Hände im Alter.

Deine Mutter wuchs also im gesellschaftlichen Klima der Bezichtigung und des gegenseitigen Misstrauens auf sowie unter dem Eindruck des Schmerzes und der Bitterkeit ihrer Mutter. Ihren Vater, deinen Großvater, hatte sie nie richtig kennengelernt. Nach der Rückkehr aus dem Krieg starb er bald, schweigsam in sich zurückgezogen und gebrochen von den Erlebnissen an der Front und im Kriegsgefangenenlager. Deine Mutter wusste nicht, wie es sich anfühlt, mit einem Mann eng verbunden zu sein, seine Rückendeckung zu erfahren und ihm ihr Herz zu öffnen. Folglich heiratete sie in deinem Vater einen Mann, der viel auf Geschäftsreisen unterwegs war. Sie fühlte sich mit ihrer halben Stelle und der Erziehung ihrer beiden Kinder, dir und deiner Schwester, oft allein gelassen und überfordert. Als sie eines Tages über eine Bekannte erfuhr, dass dein Vater sie mit seiner Assistentin betrog, brach bei ihr das Rheuma in den Fingern und im Rücken aus, das bis dahin nur als latente Veranlagung in ihrem Gencode vorhanden war.

Du, als ihr verständiger älterer Sohn, hast von deiner Großmutter und Mutter die Härte des Frauenlebens mitbekommen und warst als Jugendlicher stets darum bemüht, deine Mutter so gut es geht zu entlasten und ihr als Ersatzpartner zur Seite zu stehen, statt deine Kindheit in vollen Zügen auszukosten. Wie deine Mutter einst in ihrer Kindheit gegenüber deiner Großmutter, empfandest du ihr gegenüber eine ständige innere Bringschuld. Du hattest kaum Anschluss an deine Klassenkameraden und fühltest dich in der Schule oft isoliert. Dagegen war dir die Dankbarkeit deiner Mutter sicher. Von ihr fühltest du dich wertgeschätzt und ernst genommen, da sie dir ihre Probleme anvertraute.

Die Qualität dieser Beziehung setzt sich nun in der Beziehung zu deiner Freundin fort, die gerne deine Unterstützung in Anspruch nimmt. Folglich leidest du bereits in relativ jungen Jahren unter rheumatischen Symptomen in den Fingern, Kniegelenken und im Rücken, während deine jüngere Schwester, die deiner Mutter als Kind emotional weniger nahestand und sich in ihrer Jugend viel mit ihren Freundinnen vergnügt hat, keine Anzeichen für Rheuma entwickelt – dabei trägt sie die gleichen Gene in sich wie du. Doch von ihrer psychischen Struktur her kommt sie eher nach dem Vater.

Dieses Beispiel soll veranschaulichen, auf welche Weise psychosomatische Symptome über die Generationen weitervererbt werden. Unsere Dramen spielen sich oftmals auf dem Resonanzboden ab, den unsere Vorfahren uns hinterlassen haben. Indem wir die althergebrachten Mangelgefühle in uns erlösen, durchbrechen wir die Kette der Weitervererbung und bringen Gesundheit und Wohlbefinden in unser Sein und das unserer Nachkommen. Die familiären Hintergründe sind dabei oftmals aufschlussreich und können deine Einsicht in die komplexen Zusammenhänge einer Krankheit befördern. Um das Symptom erfolgreich zu behandeln, ist es jedoch, wie gesagt, nicht unbedingt nötig, sie zu kennen.

Um das Kerngefühl in diesem Komplex aufzulösen, müssen wir uns weder in das Leben der Großmutter oder Mutter hineinversetzen noch in deine Kindheit. Es genügt, uns die aktuelle Situation zu vergegenwärtigen, in der du befürchtest, deine Freundin als deine einzige enge Kontaktperson zu verlieren, wenn du nicht alles tust, was sie von dir erwartet. Denn auch in diesem Dilemma schwelt das Gefühl des Selbstverrats und der mangelnden Selbstwertschätzung, das Groll, Verbitterung und Schuldgefühle hervorbringt und damit das Rheuma verursacht. Es tritt überhaupt nur deshalb in Erscheinung, weil bereits die Großmutter unter dem Verrat ihrer inneren Wahrheit litt: Nur, wenn sie ihr Selbst leugnete, konnte sie im Naziregime überleben. Die Mutter musste als Kind ihre Bedürfnisse nach Freiheit und Spiel verleugnen, um deiner Großmutter in der Not zu helfen, und geriet später an einen Mann, der sie seinerseits kaum unterstützte und sie stattdessen an eine Rivalin verriet. Du als ihr Sohn hast wiederum dein Recht auf Eigenständigkeit und Freiraum verleugnet, um es erst der Mutter, später der Freundin recht zu machen.

Deine Lebensumstände sind weniger dramatisch als die deiner Großmutter im Krieg. Dafür trägst du das unerlöste Elend von mindestens zwei Vorgängergenerationen mit auf deinem Rücken – und sicher war deine Großmutter nicht die Erste in deiner Ahnenlinie, die unter Verrat und Schuldbezichtigungen zu leiden hatte.

Schritte zur Klärung eines körperlichen Symptoms

Wie nähern wir uns nun der Auflösung des krankhaften Symptoms?

Die erste Frage, die uns Aufschluss über die inneren Beweggründe des Symptoms erteilen kann, ist so naheliegend, dass sie geradezu platt wirkt:

1. Welcher Körperteil bzw. welche Körperfunktion ist durch die Krankheit beeinträchtigt?

Wir betrachten das Problem also erst einmal phänomenologisch. Welche Funktion erfüllt der Körperteil für dein Leben? Wenn diese Funktion beeinträchtigt ist, kannst du davon ausgehen, dass dein Problem mit einem Konflikt auf eben diesem Gebiet zusammenhängt. Dies gilt nicht nur in konkret physischer Hinsicht, sondern auch im übertragenen Sinne. Dein Körper spricht buchstäblich Bände über deine geistige oder emotionale Verfassung. Du kannst seine Botschaften intuitiv ergründen, indem du die Organe im Theta-Zustand direkt befragst (siehe die Übung: *Scanne und programmiere einen Körperteil* auf S. 194ff.). Sehr anregend sind auch die metaphorischen Redensarten, mit denen wir unsere Neigungen und Stimmungen über den Körper ausdrücken, etwa »Die geht mit Scheuklappen durchs Leben« oder »Ich hinke ständig den Anforderungen meines Alltags hinterher« oder »Dem kocht die Galle über« oder »Ich fühle mich gar nicht wohl in meiner Haut«. Außerdem gibt es Literatur, in der die emotionale und mentale Bedeutung hinter Krankheitssymptomen ausführlich erschlossen ist. Empfohlen seien hier die Klassiker *Heile deinen Körper* von Louise L. Hay und *Krankheit als Weg* von Thorwald Detlefsen und Rüdiger Dahlke.[15]

---

15 Vgl. Hay (1983) und Detlefsen/Dahlke (1990)

In unserem Beispiel ist also interessant, an welchen Körperstellen das Rheuma auftritt, nämlich in den Fingern, an den Knien und im Rücken. Die Finger stehen für deinen Handlungsspielraum im Einzelnen, deine Knie für den Fortbewegungsradius bzw. die jeweilige Richtung, die du im Leben einschlägst, und der Rücken »steht« für das Prinzip der Unterstützung »gerade«. Wodurch ist dein Handlungsspielraum eingeschränkt, und was bremst dich in deinem persönlichen Fortkommen? Wer stärkt dir deinen Rücken, während du die Last für deine Mitmenschen trägst? Das sind die Fragen, die sich in diesem exemplarischen Zusammenhang für dich stellen.

Um sie zu beantworten, kann es hilfreich sein, sich die Lebensumstände zu vergegenwärtigen, in denen die Symptome zum ersten Mal aufgetreten sind oder in denen sie für gewöhnlich besonders heftig in Erscheinung treten:

2. In welcher Lebenssituation ist die Krankheit ausgebrochen? Oder: Wann sind die Symptome besonders heftig?

Nun können wir deine Symptome mit der Beziehung zu deiner Freundin in Zusammenhang bringen, denn einige Monate, nachdem du mit ihr eine feste Bindung eingegangen warst, trat dein Rheumatismus erstmals in Erscheinung. Natürlich ist diese Beziehungskonstellation, in der du stets den Kürzeren ziehst und von deiner Freundin für ihre Bedürfnisse vereinnahmt wirst, bereits symptomatisch für dein längst beeinträchtigtes Selbstwertgefühl, und deine Freundin zeichnet keineswegs primär verantwortlich für deine persönliche Entwicklung. Doch hier haben wir eine konkrete Szenerie, an der wir stellvertretend arbeiten können, um uns dem emotionalen Kern deines Dilemmas zu nähern und deine körperlichen Symptome damit unter Kontrolle zu bringen. Dadurch ersparen wir uns das erneute Durchleben der traumatischen Ursprungssituation, die während deiner

Kindheit möglicherweise im Trennungsdrama deiner Eltern gelegen haben mag.

Die dritte Frage, die uns nun interessiert, ist die Kernfrage, der rote Faden, der uns durch ein *Emo-Tracking* moderiert:

3. Wie fühlt sich das an, in dieser Situation zu leben?
In unserem Beispiel müsstest du also in dich hineinspüren, wie sich das anfühlt, sich nach den Bedürfnissen deiner Partnerin auszurichten und mit deinen eigenen Anliegen stets an letzter Stelle zu rangieren. Um dabei schneller zum Kern vorzudringen, wäre eine *Was-wäre-wenn-Frage* hilfreich, die ein wenig Dynamik in das Gefüge bringt und auf das befürchtete *Worst-Case*-Szenario abzielt:

4. Was würde schlimmstenfalls passieren, wenn du die Situation verändern würdest?
Wenn du aufhörtest, dich primär nach deiner Freundin auszurichten – wie würde deine Freundin dann reagieren? Was könnte schlimmstenfalls passieren? Sie könnte sich über dich ärgern – und wenn sie tatsächlich eher an deinem Rundum-Service interessiert wäre als an deinem eigentlichen Wesen, könnte sie dich über kurz oder lang verlassen und sich ein neues Opfer suchen. Nicht nur wärst du dann allein und würdest dich einsam fühlen, sondern vermutlich auch wertlos. Denn dann wäre offen zutage getreten, dass du die Nähe deiner Freundin nur unter der Bedingung genießen durftest, dass du dein wahres Selbst ihr gegenüber zurückgestellt oder gar verleugnet hast.

Wahrscheinlich entspricht diese Befürchtung nur deinem subjektiven Erleben, und die Freundin würde auch dann an deiner Seite bleiben, wenn du dir mehr Bewegungsspielraum für dich selbst herausnähmst – vielleicht sogar erst recht, denn dann hätte sie mehr Respekt vor dir. Doch bist du durch das Verhältnis zu deiner Mutter zur Selbstbeschränkung konditioniert worden. Dein häufig abwesender Vater war dir auf der anderen Seite auch kein Vorbild, zumal die Beziehung deiner Eltern ja augenscheinlich daran gescheitert ist, dass er sich überhaupt nicht um deine Mutter gekümmert hat – die Geliebte war nur der Tropfen, der das Fass zum Überlaufen brachte.

Wertlosigkeit oder Nichtigkeit ist hier, wie so oft, das Kerngefühl, nach dem wir suchen. Es bildet die unterste Ebene der Ich-Skala und liegt dem Rheumatismus, unterhalb des Grolls und der Verbitterung über das Leben, dem empfundenen Mangel an Liebe und den Schuldgefühlen ursächlich zugrunde. Nachdem du dies, möglichst nicht nur intellektuell, sondern vor allem emotional nachvollzogen hast, könntest du die blockierte Verbindung zu deinem Seelenstrom durch einen Impuls im Theta-Zustand wiederherstellen und den gesamten Komplex damit auflösen. Denn das Gefühl der Nichtigkeit kann sich nur einstellen, wenn dein Bewusstsein von deinem seelischen Ursprung getrennt ist.

Im Idealfall verschwinden deine rheumatischen Beschwerden bereits nach einer Anwendung. In der Praxis braucht es für gewöhnlich mehrere Anläufe, bis sämtliche in dem Symptom eingeschlossene Energien freigesetzt sind. Wenn eine Linderung der Symptome eintritt, war die Anwendung erfolgreich. Der Prozess ist jedoch erst dann vollständig abgeschlossen, wenn die Symptome vollständig verschwunden sind. Es ist eher die Regel als die Ausnahme, dass die Symptome nach einiger Zeit wieder zurückkehren. Das würde nicht etwa bedeuten, dass wir das Problem nicht tief genug ergründet hätten – denn unterhalb des Gefühls der Wertlosigkeit gibt es ja nur noch das substanzielle Gefühl der Trennung vom Ursprung. Sondern es wäre ein Zeichen, dass es noch einen weiteren, versteckten Beweggrund gibt, die Krankheit weiter aufrechtzuerhalten. Möglicherweise profitierst du nämlich unbewusst von der Krankheit, wo sie nun schon einmal da ist. Inwiefern? Rheuma ist doch einfach nur scheußlich und schmerzhaft und schränkt deinen Bewegungsradius ein! Genau darum geht es. Das kann nämlich durchaus seine Vorteile haben.

Stellen wir uns in diesem Zusammenhang eine weitere Frage, die den Zustand der Heilung deiner Krankheit imaginär vorwegnimmt:

5. Was müsstest du tun, wenn du von deinem Symptom geheilt wärst?

Nach einer vollständigen Heilung würdest du vermutlich aufhören, die Last deiner Vorfahren und deiner Mitmenschen zu tragen (Rücken). Du könntest eine neue Richtung in deinem Leben hin zu mehr Selbstbestimmung einschlagen (Kniegelenke) und verstärkt deine persönlichen Interessen ergreifen (Finger).

Ja eben, und das wäre doch prima!?

Wäre das wirklich auf ganzer Linie prima? Kennst du überhaupt deine eigenen Bedürfnisse, nachdem es in deiner Familie mütterlicherseits Tradition hat, diese zu verleugnen, um den Härten des Lebens zu begegnen? Vielleicht müsstest du nun erfahren, dass du eigentlich ganz verloren wärst, wenn du dich nicht um die Bedürfnisse anderer kümmern könntest. Oder vielleicht befürchtest du auch – da du es nie anders erfahren hast –, dass du nur umso enttäuschter wärst, wenn du erkennen müsstest, dass deine wahren Bedürfnisse doch nicht wirklich erfüllt werden können (Glaubenssätze wie »Man kann eben nicht alles haben« wären für diese Befürchtung charakteristisch). Diese Angst ist tief in deinem Bauchgehirn gespeichert. Darum vermeidet es tunlichst, dich in diese unangenehme Situation zu bringen, und schiebt gleich mal eine Packung Rheuma hinterher. Denn mit versteiften Gelenken und schlimmem Rücken ist es unmöglich, dich dem zuzuwenden, was dein ganzes Fingerspitzengefühl und die Rückendeckung eines vermeintlichen Schicksals erfordern würde: der Erfüllung deiner wahren Wünsche.

Kurz gesagt, der Erfolg deiner Heilung wird von deinem Zellbewusstsein sabotiert, weil das Scheitern deines Projekts »Selbstbestimmung und Wunscherfüllung« darin vorprogrammiert ist. Der latente Gewinn deiner Krankheit besteht darin, dich vor dem vernichtenden Gefühl des Versagens zu bewahren. Hier haben wir wieder die beiden Archetypen, die auch in Heikes Fallbeispiel die Hauptrolle spielten, den »Versager« und das »Todesurteil«. Diese Konstellation kannst du am besten durch ein *Symboling* auflösen, indem du einem der beiden Wesen die Energie zufließen lässt, nach der es verlangt.

Dadurch wirst du erfahren, dass es doch möglich ist, dein Glück in die eigenen Hände zu nehmen und die volle Selbstverantwortung für dein persönliches Vorankommen zu übernehmen. Verbundenheit mit dem Leben, Selbstvertrauen und das Gefühl, das, was du dir aus tiefstem Herzen wünschst, auch zu verdienen, wären die Programme, die über die zellulären Rezeptoren in deinem Unterbewusstsein verankert werden müssten.

Anschließend kannst du das, was du dir für dein Leben wünschst, manifestieren, indem du deine Zellkanäle gezielt darauf ausrichtest. Dabei hilft dir das nächste Kapitel weiter.

Materie folgt Geist – manifestiere, was du dir wünschst

In diesem Kapitel lernst du, wie du absichtsvoll erschaffst, das heißt, wie du kraft deines Bewusstseins Dinge, Personen und Situationen aus dem universellen Quantenpotenzial auf die Bildfläche deiner persönlichen Realität holst, die du darin erleben willst. Ohnehin vergeht kein Moment in deinem Alltag, in dem du nicht bewusst oder unbewusst zum Ausdruck bringst, was in deinem Zellbewusstsein als deine Realität vorgegeben ist. Dein Bewusstsein synchronisiert bis ins feinste Detail all das in deinem Hologramm, was mit deiner aktuellen Persönlichkeit übereinstimmt. Doch vermutlich erfährt nicht alles, was sich darin zeigt, auch deine willentliche Zustimmung.

Was uns so zufällt

Wenn du grundsätzlich gut bei Kasse bist und eine neue Waschmaschine brauchst, weil deine alte ihren Geist aufgegeben hat, dann kaufst du ganz einfach eine neue Waschmaschine. Damit hast du mühelos in deinem Leben eine neue Waschmaschine manifestiert – auf dem handelsüblichen, pragmatischen Wege. Doch das ist nicht das Manifestieren, von dem ich spreche. Was ich dir hier zeigen möchte, ist das Synchronisieren von Erscheinungen auf dem geistigen Wege, das heißt unter weitgehender Einsparung der allgemein üblichen Aktivitäten, die dafür erforderlich sind. Du gibst einen klaren Impuls über dein Energiefeld ab, und schon kommt das Gewünschte zu dir. Nicht, dass es sich von jetzt auf gleich aus dem Nichts vor deinen Augen materialisieren würde – in dieser Dimension des Bewusstseins sind wir als Menschheit noch nicht angelangt (ich bin allerdings sicher, dass der allgemeine Bewusstseinsanstieg das früher oder später mit sich bringen wird). Es flattern auch selten Geldscheine vom Himmel in dein Portemonnaie, es sei denn, ein spendierfreudiger Mensch wirft sie aus einem Hubschrauber ab. Ich spreche mehr von »wunderbaren« Synchronizitäten, die wie ein genialer Zufall wirken. Zufälle sind das, was uns zufallen soll: Deine Waschmaschine gibt ihren Geist auf, du hast aber absolut kein Geld für eine neue. Doch überraschend gewinnst du beim Julklapp mit Freunden eine voll funktionstüchtige Waschmaschine, die jemand auf unkomplizierte Weise loswerden möchte. Dein Einsatz waren dagegen ein paar alte Heino-Platten, die du mal aus Jux auf einem Flohmarkt erworben hast.

Um einige akute Finanzlöcher zu stopfen, manifestierte ich einmal eine Gelegenheit, die mir tausend Euro einbringen sollte, ohne dass ich mich mit der Arbeit verausgaben musste, so wie ich es bisher gekannt hatte. Ich hatte gelernt, dass ich nicht bestimmen sollte, aus welcher Quelle das Geld käme, denn damit würde ich meine Chancen nur schmälern und Überraschungen ausschließen. Ich setzte also einen bewussten Impuls, der mir das Gewünschte bescheren sollte. Am nächsten Tag rief eine Werbeagentur bei mir an, die mir den Domainnamen für meine Schreibcoaching-Homepage abluchsen wollte. Da das für mich nicht infrage kam, bot die Agentur mir an, für die Dauer einer Kampagne einen verlinkten Werbebutton auf meiner Seite zu platzieren. Nun wusste ich ja, wie scharf sie auf die URL war, also konnte ich ihr Angebot von fünfhundert Euro auf tausend verdoppeln – ohne mich dabei zu verausgaben!

Das meine ich mit dem Manifestieren per Geisteskraft.

Auch dieses Buch ist das Ergebnis einer genialen Synchronizität. Nach einem halben Jahr des intensiven Unterrichtens von *ThetaHealing* und dem Absolvieren weiterer Ausbildungen hatte ich mich dazu entschlossen, meine wöchentlichen Klientenzahlen zu reduzieren, um endlich mal wieder Zeit zum Schreiben zu finden. Mein letztes Theaterstück war genau ein Jahr zuvor über die Bühne gegangen. Nach allem, was ich mit der Theta-Technik erlebt hatte, interessierte mich momentan allerdings nichts brennender als das Phänomen des Bewusstseins, und ich dachte über eine Dissertation nach – was natürlich der blanke Wahnsinn gewesen wäre neben meinem brummenden Praxis- und Seminarbetrieb. Johannes, mein Liebster, wandte ein, ob ich nicht lieber erst mal ein kleines Buch schreiben wolle. »Einfach so ins Blaue hinein? Ach nee!«, maunzte ich. »Wenn, dann bräuchte ich schon einen Verlag, der das dann auch publiziert.« Drei Tage später landete die E-Mail des Verlegers Christian Strasser in meiner Mailbox mit dem Angebot, ein Buch über meine Theta-Arbeit zu schreiben.

Wasss? Ich hatte inzwischen schon viele magische Fügungen erlebt, aber das hier wäre ja wohl eine Nummer zu genial, um wahr zu sein! Doch zwei weitere Tage später hatte ich gleich zwei Buchverträge samt CDs unterschrieben – und ich hatte nichts weiter dafür tun müssen, als mir endlich zu erlauben, in größerem Stil als bisher zu schreiben und auf ganzer Linie bereit zu sein!

Bis zu dieser Erlaubnis war es allerdings ein langer Weg gewesen, denn »in meinem früheren Leben« war ich zugepflastert mit inneren Verboten, die mich daran gehindert hatten, meinen Herzenswunsch, Bücher zu schreiben, zu verwirklichen.

Diese Selbstverbote waren mir als solche natürlich nicht bewusst. Vielmehr fand ich tausend gute Gründe, warum ich gerade jetzt nicht mit dem Schreiben beginnen konnte. Mein Hauptargument lautete Geldmangel – und das war ein Thema für sich. Als »zweifache« Pfarrerstochter – auch meine Mutter war Pfarrerin – hatte ich das biblische Armutsethos mit Löffeln gefressen. Ich war chronisch arm und sorgte systematisch dafür, dass ich es blieb und mich über die Jahre sogar schlimm verschuldete – bis ich lernte, dass meine katastrophale finanzielle Lage nicht von den äußeren Umständen abhing, sondern von meinen inneren Überzeugungen, und dass meine Schulden im Grunde ein Hinweis auf Schuldgefühle waren.

Die Wendung war schließlich über Nacht gekommen – nach vielen Bemühungen, die in finanzieller Hinsicht, also da, wo meine dickste, noch verbliebene Blockade saß, allenfalls Teilerfolge ergeben hatten. Den dauerhaften Durchbruch brachte eine grundlegende Änderung meiner Strategie; intuitiv hatte ich etwas Neues ausprobiert, etwas, das ich im *ThetaHealing* nicht gelernt hatte. Schon Monate schleppte ich mich mit einem unliebsamen Webdesign-Auftrag herum, für dessen Verwirklichung ich kaum Zeit fand, denn ich hatte mit einem Theaterstück, der Renovierung und einem Umzug alle Hände voll zu tun. Zudem nervten mich die immer neuen Änderungsanträge, die der Kunde stellte, ohne dafür das Honorar anzupassen. Ich hatte zwar nie viel Geld mit meiner Arbeit verdient, aber zumindest hatte ich eine ideelle Anerkennung bekommen und als Grafikerin bisher ausnahmslos gleich mit dem ersten Entwurf den Geschmack meiner Kunden getroffen – und nur so konnte ich die Arbeit ertragen, denn Erfüllung fand ich darin nicht. Ich reagierte also pampig auf seine Forderungen. Prompt entzog der Kunde mir den Auftrag. Ich möge ja sehr kreativ und talentiert sein, aber als Dienstleisterin würde ich mit meiner arroganten Zickigkeit absolut nichts taugen, bescheinigte er mir. Da hatte er allerdings recht. Ich bekam schon vom Wort »Dienstleistung« Pickel. Fragte sich nun bloß, wie ich ohne mein Honorar die Miete bezahlen sollte. Mein Bauchgehirn zitterte. Doch mein Innerstes atmete auf. Was war ich froh, die Quälerei mit dieser Website endlich beenden zu können! Und war das nicht schließlich das Zeichen, dass ich mich nun, da sich eine zeitliche Lücke in meinem Terminkalender auftat, endlich voll und ganz auf das konzentrieren sollte, was mich mehr interessierte, als anderer Leute undankbare Ansprüche zu bedienen?

Statt mich also, wie ich es sonst getan hatte, meiner Angst auszuliefern und das Ganze als Katastrophe zu werten, sah ich in dieser Pleite meine Chance. Diesmal wollte ich das, was ich fühlte, nicht mit positiven Eingaben beschwichtigen. Ich nahm mir die Zeit, das Gefühl zu ergründen, das sich in dieser Angelegenheit verbarg. Wie hatte ich mich gefühlt, als die Arbeit kein Ende nehmen wollte, bis der Lohn im Verhältnis zum Zeitaufwand schließlich gegen null sank? War das nicht überhaupt mein Lebensgefühl seit meinem ersten Praktikum gewesen, für »nichts« zu arbeiten? Hatte ich mich nicht zeitlebens abgerackert – und damit auch noch Schulden gemacht? Ich machte eine symbolische Abfrage meiner psychoenergetischen Situation und fand mich in einer mittelalterlichen Szenerie wieder, in der ich die Leibeigene eines Herrn war, der meinem Kunden verdächtig ähnlich sah. Für meine Arbeit bekam ich kaum das Nötigste zu essen. Statt Anerkennung gab es Peitschenhiebe. Kurzerhand löste ich diese Energie auf – nicht etwa, wie ich es beim *ThetaHealing* gelernt hatte, indem ich karmische Verstrickungen löste, Glaubenssätze, Flüche oder Verträge löschte. Das hatte ja in all der Zeit nicht wirklich viel gebracht. Ich löste vielmehr die Energie auf, indem ich tief in die Emotion hineinspürte, die darin gefangen war. Es war das Gefühl der Erniedrigung, das mit meiner Versklavung einherging, das ich in der Sicherheit des Theta-Zustands einfach mal als solches bewusst zu spüren wagte. Ich verwandelte das Gefühl, indem ich nicht mir selbst, sondern meinem Sklaventreiber Licht und Anerkennung schickte. Augenblicklich ließ er mich frei. Ich konnte die Erleichterung in meiner Brust und Kehle spüren.

Zwei Tage später hatte ich einen neuen Auftrag von einer angenehmen Kundin, der mir schnell und mühelos von der Hand ging. Beflügelt manifestierte ich, dass weitere Aufträge hereinkommen mögen – vor allem aber, dass ich endlich mehr Theta-Klienten behandeln könne, und zwar nur noch solche, die ihre Sitzungen regulär bezahlen konnten; in Entsprechung zu meiner chronischen Geldknappheit hatten sich bis dahin nämlich vornehmlich Leute bei mir gemeldet, die kaum Geld hatten und von denen ich meine Preise drücken ließ. Ich bekam weitere Grafikaufträge, und plötzlich war meine Praxis voll. Eine Klientin, die gut bei Kasse war, schickte mir ihren halben Freundeskreis vorbei, und so nahm die Mund-zu-Mund-Propaganda ihren Lauf. Auf einmal hatte ich so viele Anfragen, dass ich meine Grafikaufträge an eine Freundin weitergeben musste, die sich gerade selbstständig machte. Ich kündigte auf meiner Website an, dass ich in zwei Monaten *ThetaHealing* unterrichten würde. Johannes, der damals selbst kaum das Nötigste verdiente und bei dem ich schon tief in der Kreide stand, gewährte mir einen letzten Kredit, um dafür das Training in den USA zu finanzieren. Ich wollte manifestieren, dass mein erster Kurs mindestens sechs Teilnehmer haben sollte. »Warum nicht gleich zwölf?«, meldete sich eine Stimme in mir. Das schien mir kühn – Mechthild hatte immer zwölf, und vor ihr hatte ich große Ehrfurcht. Also gut, zwölf. Die ersten sechs Anmeldungen kamen herein, bevor ich nach Amerika flog. Als ich zwei Wochen später aus Amerika zurückkehrte, war der Kurs mit zwölf Teilnehmern voll. Ich hatte keine

Werbung geschaltet, besaß keinen Flyer und keine Visitenkarte, nur meine Website und meine innere Überzeugung und Begeisterung für diese Arbeit.

Endlich war ich angekommen. Ich war im göttlichen Timing – genau zur richtigen Zeit am richtigen Ort. Ich fühlte mich so reich gesegnet wie nie zuvor!

Seit diesem Durchbruch genieße ich das Gefühl, alles manifestieren zu können, was meinem Wesen im Einklang mit dem höchsten Willen entspricht und was meinem Wachstum dient. Kein Wunsch bleibt offen, alles fügt sich stets zum Besten – und falls einmal nicht, weiß ich sofort, wo ich hinschauen muss, um auch die dahinterstehende Blockade in ein Geschenk zu verwandeln. Gibt es mehr Sicherheit auf Erden?

Worauf kommt es also an, wenn wir absichtsvoll manifestieren wollen?

Mit der Klarheit kommt die Macht

Je einheitlicher, das heißt kohärenter, dein Schwingungsfeld, desto stärker ist seine Magnetwirkung, mit der du bestimmte Erscheinungen in dein Bewusstsein ziehst. Wenn du konstant auf allen Ebenen deines Bewusstseins auf eine spezielle Energiequalität ausgerichtet bist, äußert sich diese Qualität garantiert in deinem Alltag. Dies gilt im Guten wie im Schlechten. Wir ernten, was wir säen.

In der Regel ist unser Energiefeld durchwachsen von Frequenzmustern, die verschiedene Botschaften aussenden und teilweise einander sogar widersprechen. Zum Beispiel wünschst du dir von Herzen, freiberuflich tätig zu sein, weil du deine Fähigkeiten selbstbestimmt verwirklichen willst, gleichzeitig aber hältst du mit deinem Bauchgefühl an der Sicherheit deines regelmäßigen Einkommens fest. Dein Energiefeld sendet damit gegenläufige Wellenmuster aus, die einander tendenziell annullieren. Dein Berufsleben stagniert. Auf der psychosomatischen Ebene könnte sich der Energiestau, der aus der inneren Kündigung resultiert, dann als Burn-out oder Depression äußern.

Die wenigsten Menschen sind sich ihrer schöpferischen Macht bewusst. Wir unterschätzen die tatsächliche Wirkkraft der Signale und Botschaften, die wir über unser Energiefeld aussenden, bei Weitem. Dies liegt zum Teil daran, dass unsere Aufmerksamkeit sich für gewöhnlich in unzählige verschiedene Richtungen zerstreut, statt sich auf ganz bestimmte Aspekte zu konzentrieren. Damit ist ihre energetische Wirkkraft insgesamt so reduziert, dass zwischen einem einzelnen Impuls und der entsprechenden Reaktion im Außen subjektiv viel Zeit vergeht – so viel Zeit, dass wir den Zusammenhang zwischen Ursache und Wirkung gar nicht mehr nachvollziehen können. Auf diese Weise unterlaufen uns viele unbewusste Fehlschöpfungen, die wir dann als die widrigen Umstände beklagen.

Zudem geht vieles, was sich in unserem Dasein niederschlägt, ursächlich auf bestimmte Prägungen unseres Zellbewusstseins zurück. Wenn dein Leben wenig wunschgerecht verläuft, liegt das daran, dass die Prägungen deines Zellbewusstseins deinem bewussten Willen entgegenstehen. Dein Zellbewusstsein ist weitaus dichter und gewichtiger als dein relativ durchlässiges und bewegliches Ich-Bewusstsein. Das Universum reagiert weniger auf dein Denken und Handeln als auf dein Fühlen und Sein.

Wie also sollen wir unsere Wünsche realisieren, wenn es so schwierig ist, unsere Aufmerksamkeit bewusst zu bündeln und das Zellbewusstsein, das sich unserer alltäglichen Wahrnehmung entzieht und uns darum unberechenbar erscheint, für die Realisation ausschlaggebend ist? Ganz einfach: Indem wir uns den Zusammenhang zwischen unserer Wunschvorstellung und ihrer energetischen Entsprechung im Zellbewusstsein vergegenwärtigen. Denn was uns bewusst ist, das können wir kontrollieren und steuern.

Dafür ist es zunächst hilfreich, sich vor Augen zu führen, welche Beweggründe eigentlich hinter unseren Wünschen stehen.

Was motiviert deine Wünsche?

Wir wünschen uns etwas, weil wir davon ausgehen, dass wir uns besser fühlen, wenn wir das Gewünschte haben. Im Umkehrschluss bedeutet das, dass wir uns augenblicklich weniger gut fühlen als »wunschlos glücklich«. So gesehen, ist der Wunsch ein Symptom für einen empfundenen Mangel. Beim *ThetaFloating* verfahren wir mit Symptomen, indem wir ihre emotionale Motivation ergründen und transformieren. Das bedeutet in diesem Fall nicht, dass wir unseren Wünschen entsagen und uns in Askese üben wollen. Schließlich haben wir uns nicht in die materielle Dimension projiziert, um die Materie zu meiden, sondern um sie zu meistern – was bedeutet, uns innerhalb der Materie frei und glücklich zu bewegen und uns mit allen Sinnen an ihr zu erfreuen. Es geht für uns also weniger darum, uns endgültig von unseren Wünschen zu lösen, als vielmehr darum, unser Zellbewusstsein energetisch mit dem Gefühl zu verbinden, welches wir uns von dem Gewünschten versprechen. Damit lösen wir uns nicht nur aus der gefühlsmäßigen Abhängigkeit von unserem Wunschobjekt, sondern wir schaffen überhaupt erst die energetische Voraussetzung, es in unserem Leben gespiegelt zu sehen.

Nach dem Gesetz der Anziehung folgt auf ein Gefühl von Mangel keine Erfüllung, sondern noch mehr Mangel. Es ist unmöglich, aus dem Mangel heraus etwas zu erschaffen, was den Mangel stillt. Sicher kennst du den Vers aus dem Matthäus-Evangelium: *Denn wer hat, dem wird gegeben, und er wird im Überfluss haben; wer aber nicht hat, dem wird auch noch weggenommen, was er hat* (Mt 25,29). Diese Aussage schildert keine himmelschreiende Ungerechtigkeit, sondern das kosmische Resonanzprinzip: Wenn du dir deines Wertes bewusst und damit in der Schwingung bist, die mit etwas entsprechend Wertvollem übereinstimmt, dann wird dir dieser Wert zuteil. Die Wunscherfüllung ist also nicht die Bedingung dafür, dass du dich gut fühlst, sondern die natürliche Folge davon. Wenn du dir etwas wünschst, um dich besser zu fühlen, wirst du mit großer Wahrscheinlichkeit bis in alle Ewigkeit auf die Erfüllung warten müssen, denn du zäumst das Pferd vom Schwanz her auf. Willst du unter glücklichen Bedingungen leben, sei zuerst glücklich! Holografisch ausgedrückt: Schaffe in dir selbst die Vorlage zum Glück, das sich in deinem Leben reflektieren soll.

Geh mit deiner Wunschvorstellung in Resonanz

Die gängigen Ratgeber empfehlen dir, das Gewünschte zu visualisieren und deine Gedanken möglichst kontinuierlich darauf zu fokussieren, um dein Bewusstsein energetisch darauf einzustimmen. Das funktioniert wunderbar, wenn unsere emotionale Schwingung bereits weitgehend mit dem Wunschgedanken übereinstimmt. Wenn allerdings eine spürbar große Diskrepanz zwischen dem Soll- und dem Ist-Zustand besteht, laufen wir mit unseren kühnen Visionen Gefahr, den Widerstand unseres Zellbewusstseins zu provozieren. Schließlich nimmt unser Bauchgehirn seine Aufgabe, unsere Unversehrtheit zu sichern, sehr ernst und lässt sich nicht für dumm verkaufen. »Von wegen Ferrari!«, knurrt es. »Bring erst mal die alte Schrottkarre in die Werkstatt und überleg dir, wie wir die Rechnung dafür bezahlen, ohne unsere Großmutter zu versteigern!«

Die zentrale Frage, die du dir beim absichtsvollen Manifestieren stellen musst, lautet daher: **Wie würde ich mich *fühlen*, wenn ich das Gewünschte bereits hätte?** Schließ die Augen, spür in dich hinein. Versenke dich in das Gefühl, die Sache, die du manifestieren willst, bereits zu haben. Was für

Bilder erscheinen vor deinem geistigen Auge? Was ist das Wesentliche dahinter? Welche Assoziationen und Gefühle gehen damit einher? Bring die entsprechenden Gefühle in dein Energiefeld, indem du sie deinem Zellbewusstsein einprogrammierst oder indem du durch ein *Symboling* auflöst, was dich von diesen Gefühlen trennt. Erschaffe in deinem gesamten Energiefeld von der Wurzel bis zur Krone übereinstimmend die Essenz des Gewünschten. Dann wirst du zum Magneten, der die entsprechende Form aus der Matrix des universellen Bewusstseins »herausstanzt«.

Beispiele

Partner = Liebe, Erotik, Inspiration, Wachstum, Geborgenheit

Geld = Freiheit, Sicherheit, Wertschätzung, Energieausgleich

Beruf = Lebensfreude, Kreativität, Selbstausdruck, Sinnerfüllung

Der Manifestationsablauf in einzelnen Schritten

1. Überlege dir eine Sache, Person oder Situation, die du gerne in dein Leben ziehen möchtest. Mach dir dabei ruhig Notizen, um dir genau bewusst zu werden, was du dir vorstellst.
2. Expandiere ins Quellbewusstsein.
3. Visualisiere aus der Perspektive deines Quellbewusstseins im Theta-Zustand ein Bild, in dem du das Gewünschte bereits hast. Das Bild sollte in verdichteter Weise alle wichtigen Aspekte davon enthalten, insbesondere aber das *Gefühl* offenbaren, welches du mit der Erfüllung deines Wunsches verbindest. Wie fühlt sich das an, diese Sache zu haben oder zu erleben? Du musst das Gefühl nicht exakt benennen können, aber du solltest es auf irgendeine Weise deutlich wahrnehmen. Vielleicht kannst du es tatsächlich in

deinem Körper spüren. Vielleicht gibt es sich auch durch ein Symbol zu erkennen. Wenn du dir zum Beispiel ein Gefühl von Freiheit, Abenteuer und Weite wünschst, könnte sich das durch flatternde Segel oder wilde Mustangs offenbaren, die durch die Prärie preschen.

4. Bring dieses Gefühl nun in dein Energiefeld. Formuliere dabei zur Konzentration folgenden Impuls:

ICH BIN das ICH BIN. Ich erlaube meiner Quelle, mit dem Gefühl von (z.B. Freiheit) zu verschmelzen und (das Gewünschte) zum höchsten und besten Wohl und zum göttlich richtigen Zeitpunkt in mein Leben zu ziehen. Jetzt! Danke! (Atmen.) Es ist geschehen.

5. Beobachte nun, wie du dich mit dem Gewünschten verbindest und eins wirst. Du könntest etwa die Person, mit der du gerne zusammen wärst, in deiner Vorstellung umarmen oder mit der Energie der Sache, die du gerne hättest, verschmelzen. Das sollte unbedingt leicht und wie von selbst gehen. Achte dabei genau auf deine Gefühle. Hat sich das gewünschte Gefühl von vorhin verstärkt? Sind weitere Gefühle hinzugekommen? Sieht alles harmonisch aus an dem Bild? Bist du voller Freude und Energie? Ist es wirklich genau das, was du dir wünschst? Mache gegebenenfalls noch Feinabstimmungen, indem du weitere Gefühle oder Energiequalitäten in dein Zellbewusstsein einprogrammierst, durch visuelle oder verbale Eingaben.

Wenn es dir schwierig erscheint, mit deinem Traumbild zu verschmelzen oder dich harmonisch in die Szenerie einzupassen, dann gibt es noch einen Widerstand in Form von Mangel. Stell dir in diesem Fall die Frage: Was bräuchte ich noch, um das Gewünschte in mein Leben zu ziehen und mich darin einzurichten? Die Antwort kannst du dir erleichtern, indem du eine symbolische Abfrage von deinem Mangelgefühl machst und es durch ein *Symboling* ausgleichst: Wenn das, was dich von deinem Ziel trennt, ein Gesicht hätte, wie würde es aussehen? Nimm das Wesen, das sich dir zeigt, ganz genau wahr und befrage es dann direkt oder versetz dich in seine Lage. Was möchte es dir mitteilen? Wie empfindet es sich selbst gegenüber dem, was du dir wünschst? Was braucht es, um sich in deinem Wunschbild rundum wohl und sicher zu fühlen? Fühlt es sich wert und würdig, diese Sache zu bekommen und zu erleben? Was hat es für Befürchtungen, sollte diese Situation wirklich wahr werden? Lass diese Energie in das Wesen einfließen – du kannst sie entweder aus dem Boden holen wie aus einem tiefen Brunnen (als Symbol der Quelle) oder aus dem Wunschbild, das du manifestieren möchtest. Zusätzlich kannst du sie durch einen verbalen Impuls einprogrammieren.

6. Überprüfe abschließend, inwieweit du mit deiner Wunschvorstellung nun energetisch übereinstimmst, indem du dir folgende Situation vorstellst: Angenommen, du wachst morgen früh auf und bist die Person, die sich harmonisch in die Szenerie einpasst, die du dir gewünscht hast. Morgen klingeln die Maler, um mit dir die Wandfarben für dein neues Heim abzustimmen, und der Möbelwagen parkt auch schon vor der Einfahrt. Oder du machst dich auf den Weg zu deiner neuen Arbeitsstelle. Oder dein Traumpartner steht mit einer Tüte Croissants vor der Tür. Stell dir wirklich vor, dass es schon morgen losgeht, und zwar ganz konkret, bis ins Detail. Wie fühlst du dich dabei? Großartig? Nur noch einmal schlafen, dann beginnt mein neues Leben? Oder wirst du nervös? O nein, ich muss doch erst noch fünf Kilo abnehmen und zum Friseur und mir neue Klamotten kaufen! Oder: Ich habe doch aber noch gar nicht die nötigen Kompetenzen, um diesen Job auch wirklich zu meistern! Oder: Ich muss doch erst noch meinen alten Kram aufräumen und aussortieren!

6.1. Wenn es nach deinem Gefühl morgen schon losgehen kann, ist alles paletti. Energetisch hast du deine Wunschvorstellung bereits empfangen, und ihre Erfüllung wird sich in deinem Leben zeigen. Vertraue darauf, dass die Sache, Person oder Situation zum göttlich richtigen Zeitpunkt zu dir kommt, nämlich dann, wenn es für alle Beteiligten passt. Gehe dann zu Schritt 7 über.
6.2. Wenn du dagegen bei der Überprüfung nervös geworden bist, dann bist du noch nicht wirklich bereit, und die Sache kann darum nicht auf schnellstem Wege zu dir kommen. Manifestiere nur Dinge, die du wirklich schon hier und jetzt willst, sonst verunsicherst du dein Zellbewusstsein und verstärkst das Laster des Aufschiebens auf ein unbestimmtes »Morgen«.

Natürlich könntest du richtig damit liegen, dass du dir für deinen Traumjob noch gewisse Qualifikationen aneignen musst und dass du darum nicht tatsächlich schon morgen damit loslegen kannst. Das ist aber nicht das Entscheidende, um innerlich für einen beruflichen (Neu-)Beginn bereit zu sein. Wichtig ist, dass du *am liebsten schon morgen* damit loslegen *würdest*. Und dass du darum nun auch *tatsächlich* sofort damit *beginnst*, die nötigen praktischen Schritte dafür einzuleiten, indem du dich etwa für einen entsprechenden Abendkurs einschreibst oder eine Fremdsprache lernst oder ein Praktikum absolvierst und jede Menge Fachbücher zum Thema liest. Damit machst du dich nicht nur fit, sondern du signalisierst deinem Zellbewusstsein obendrein, dass du es ernst meinst mit deinem Vorhaben. Umso schneller wird das Quellbewusstsein mitmachen, um dir die nötigen Türen zu öffnen. Es wird dir im jeweils vollkommenen Moment die passenden Informationen zuspielen und Begegnungen arrangieren, die dich weiterbringen.

7. Atme abschließend noch einmal tief durch und lass deinen Wunsch los. Das kannst du dir bildlich vorstellen, in-

dem du ihn in einen Briefumschlag steckst und ins Universum abschickst, oder auch tatsächlich ausführen, indem du deinen Wunsch, so wie du ihn im ersten Schritt in allen Einzelheiten notiert hast, zusammenfaltest, eintütest und in ein Schubfach legst. Du könntest den Wunschzettel sogar an einen Gasballon binden und zum Himmel aufsteigen lassen.

Deine Wunschvorstellung loszulassen bedeutet konkret, dass du innerlich von deiner Erwartungshaltung gelöst bist und nicht mehr krampfhaft daran denkst, dass du diese Sache oder Person dringend brauchst. Denn wenn du etwas brauchst, bist du auf deinen Mangel fixiert – ein Zeichen, dass du mit deiner Transformation noch nicht fertig bist.

8. Suche deine Umgebung nicht krampfhaft nach Zeichen ab, die dir bestätigen sollen, dass deine Manifestation funktioniert hat, aber achte aufmerksam auf die Zeichen, die dir von selbst begegnen. Sei *gehorsam* im besten Sinne, indem du nach innen lauschst. Das Quellbewusstsein wird nun verstärkt mit dir kommunizieren. Folge deinen spontanen Eingebungen und Impulsen. Vielleicht hast du plötzlich das starke Gefühl, dass du zu dieser Veranstaltung oder auf jene Party gehen solltest, auch, wenn es keinen offensichtlichen Grund dafür gibt. Geh hin, im Bewusstsein, dass sich dir dieser Grund vor Ort offenbaren wird. Mit großer Wahrscheinlichkeit birgt dieses Erlebnis einen Baustein, der dich deinem Ziel näherbringt. Lass dabei keine Ausreden gelten, etwa, dass du Kopfschmerzen hast oder knapp bei Kasse bist. Die Ziele, die wir erreichen sollen, weil wir sie uns inniglich wünschen, die erreichen wir auch. Die nötigen Mittel werden uns dafür zugespielt, sobald wir nur loslaufen. Zögere nicht. *Go for your dreams!*

Neid ist, was du dir selbst vorenthältst

Ob mit Missgunst gepaart oder nicht, Neid suggeriert, dass das Glück von einem übergeordneten Schicksal ungerecht verteilt wird – die einen werden bevorzugt, die anderen benachteiligt. Es ist ein Gefühl, das alle Beteiligten zum Opfer macht, sowohl diejenigen, die neidisch sind, weil sie selbst von sich annehmen, dass sie bestimmte Dinge nicht erreichen könnten, als auch diejenigen, die dieser Dinge habhaft sind, weil die Neider den »Begünstigten« ihr Glück missgönnen, im Irrglauben, dass ihnen Fortuna ohne jedes Zutun in den Schoß gefallen sei. Es ist alles andere als angenehm, wenn andere, besonders dir nahestehende Personen, dich beneiden. Für viele Leute stellt die Furcht vor Neid eine große Erfolgsbremse dar, denn sie befürchten, allein zu sein, wenn sie am Ziel ihrer Träume sind. Leute, die sich ihrer eigenen Macht nicht bewusst sind, mögen dich mehr, wenn du mit ihnen »auf einer Stufe« stehst und über die misslichen Umstände jammerst. Allerdings nur dann, wenn du selbst noch die Energie von Neid in dir trägst – und der kann sich auch als Hochmut tarnen!

Wenn andere dich um deine Vorzüge beneiden, überprüfe, ob du diese hochmütig zur Schau trägst. Hinter Hochmut verbirgt sich oft Unsicherheit über die eigene Wertigkeit. Je mehr du in dir selbst ruhst, desto weniger wird der Neid anderer dich erreichen. Echtes Glück lässt sich nicht beneiden, weil es nichts ist, was jemand besitzen kann. Nur fälschlich zur Schau getragenes Glück erzeugt Neid und weckt Begehren, wie etwa die Pose einer Bilderbuch-Familie aus dem Werbefernsehen.

Die Werbung ist überhaupt ein ergiebiges Feld, um einen Spot auf die Motive möglicher Wünsche zu werfen, beruht doch ihre Strategie darauf, systematisch die Bedürfnisse der Käufer zu wecken, indem sie Konsumartikel assoziativ mit bestimmten Grundbedürfnissen in Verbindung bringt. Mit den Artikeln selbst haben diese Bedürfnisse herzlich wenig zu tun – und sie werden auch niemals durch ihren Konsum befriedigt. Nach den kapitalistischen Marktgesetzen dürfen sie das auch nicht, denn sonst könnte die Wirtschaft nicht wachsen. Das Wachstum der Wirtschaft hat viel mit dem Wachstum von Wünschen zu tun. Etwa beschwört die Bewerbung von Lebensmitteln großenteils das Bedürfnis nach familiärer Geborgenheit. Waschmittelwerbung appelliert an die »reine Weste«, also moralische Integrität und Achtung in der Gesellschaft. Der Konsum von Kosmetika und Kleidung sowie Sport- und Luxuswagen verspricht erotische Attraktivität und richtet sich also an das Bedürfnis nach Liebe und Fortpflanzung. Alkoholika wecken das Bedürfnis nach Anerkennung und Zugehörigkeit zu einer Gruppe. Der Konsum von Zigaretten suggeriert, wenn nicht Freiheit und Abenteuer, sprich Unabhängigkeit von der Liebe und Fürsorge einer (Mutter-Kind- bzw. Liebes-)Beziehung, dann ebenfalls gesellschaftliche Anerkennung, welche an ein bestimmtes Stil- und Szenebewusstsein geknüpft wird. Bei Zigaretten ist es besonders evident, wie wenig es in unserer Konsumwelt um das Produkt selbst geht, dafür umso mehr um das Image, das sich durch seinen Gebrauch nach außen kommuniziert, sind doch die geschmacklichen Unterschiede des Tabaks im Verhältnis zur ästhetischen Bandbreite der Markengestaltung verschwindend gering. Welche Zigarettenmarke du rauchst, hat wenig mit den oralen Geschmackssinnen zu tun. Als ich noch gelegentlich geraucht habe, habe ich mir die Zigaretten nach dem nilblauen Design der Schachtel ausgesucht, obwohl sie scheußlich schmeckten und mir eine andere Marke viel besser mundete – deren Männlichkeitspathos fand ich aber lächerlich. Ein Verehrer, dem ich das offenbarte, konterte daraufhin, eine originelle Person brauche nicht auch noch eine originelle Zigarettenmarke, und bot mir augenzwinkernd einen seiner »ordinären« Glühstängel an. In meiner Wahl der Zigarettenmarke offenbarte sich also ein starkes Bedürfnis nach Exklusivität, was nur ein eleganteres Wort für »Abgrenzung« ist. Wovon wollte ich mich abgrenzen? Primär von meinen Eltern, denn ich begann mit fünfzehn im heimlichen Protest gegen sie zu rauchen. Ferner vom »gemeinen Volk«, um ein Gefühl der Besonderheit zu gewinnen. Tiefer geschaut, wollte ich mich vor der Zu- und Eindringlichkeit anderer Menschen, besonders von Männern, schützen. Zugrunde lag diesem Motiv selbstredend ein Gefühl der Wertlosigkeit, weswegen ich mich ihren gemeinen Zu- und Übergriffen ausgeliefert fühlte. In der Verzweiflung ist einem doch kein Mittel zu blöd! Lächerlich, die Farbe meiner Zigarettenschachtel als Schutzpanzer zu begreifen – was ich ja nicht bewusst tat, aber unbewusst habe ich sie aus diesem Motiv gewählt (nebenbei gesagt, ist dieses Blau meine Lieblingsfarbe). Übrigens habe ich von heute auf morgen aufgehört zu rauchen, nachdem meine DNA spirituell aktiviert worden war – von da an habe ich gegen alles, was meinen wahren Interessen entgegenstand, unwillkürlich eine Abneigung verspürt. In Verbindung mit meinem wahren Selbst brauchte ich keine künstliche Abgrenzung mehr. Einigen meiner Seminarteilnehmern ging es ebenso. Nach dem Besuch des Basiskurses hörten sie ohne Mühe auf zu rauchen.

Welche Werbebotschaften sprechen dich an? Welche Bilder wecken deinen »Bedarf«?

Wenn du neidisch auf andere bist, dann frag dich, was du in ihrem Glück oder ihren Vorzügen siehst. Warum hast du nicht, was sie anscheinend haben? Was hättest du dann für ein Mehr an Möglichkeiten? Sei dir bewusst: Alles, worum du andere beneidest, trägst auch du als Potenzial in dir. Neid ist eine andere Form von Sehnsucht, und Sehnsucht ist ein Ruf deiner Seele. Sehnsucht verweist dich auf all jene Möglichkeiten, die durch dich verwirklicht werden möchten.

Ich würde beispielsweise niemals einen Chemie-Nobelpreisträger beneiden, weil mir dieses Gebiet völlig fernliegt. Entsprechend fehlt mir die Begabung dafür, chemische Formeln zu entschlüsseln, aber ich brauche sie ja auch nicht, um meine Interessen zu verwirklichen. Dafür habe ich früher häufig Menschen beneidet, die Bücher publizieren, besonders, wenn sie jünger waren als ich. Dann fühlte ich mich ihnen gegenüber minderwertig, denn ich wusste, dass auch ich dieses Potenzial besaß, es aber nicht zur Verwirklichung brachte.

Vergegenwärtige dir vor deinem inneren Auge, worauf du neidisch bist. Wie würdest du dich fühlen, wenn auch du hättest, worum du andere beneidest? Visualisiere eine reale Person, die hat, was du dir erträumst. Und dann wechsle die Perspektive: Tue so, als wärst du die andere Person. Wie fühlt sie sich wirklich? Ist sie tatsächlich so zu beneiden? Oder was verbirgt sich unter ihrer Fassade aus Glück, Schönheit oder Perfektion? Wundre dich nicht, wenn du in dieser Person plötzlich dein eigenes Mangelgefühl erkennst! Ihr zwei geht spiegelbildlich miteinander in Resonanz. Was die Person zu haben scheint, das hast du auch. Woran es ihr fehlt, daran fehlt es dir auch. Gib der Person die Energie, um die du sie beneidest – dadurch wirst du dich verwandeln, und sie sich mit dir. Sie wird dir dankbar sein, dass du sie in ihrer Tiefe erkannt und angenommen hast. In Wahrheit repräsentiert sie nämlich nur einen abgespaltenen Teil deiner selbst.

Reue ist ein Zombie

Bereust du vieles in deinem Leben? Oder nur eine Sache, diese aber gewaltig? Dann nutz die gewaltige Energie deiner Reue und verwandle sie in die Erfüllung, die darin verborgen liegt! Reue weist auf etwas hin, was hätte sein können, also etwas, das im Bereich deiner Möglichkeiten liegt, sich aber aufgrund einer Fehlentscheidung oder einer Unachtsamkeit nicht realisiert hat. Sie verkörpert dein ungelebtes Potenzial, und als solches kannst du sie wunderbar personifizieren. Reue ist ein regelrechter Zombie. Niemals zum Leben erwacht, treibt das Versäumnis in deinem Zellbewusstsein sein Unwesen.

Befrage das Unwesen deiner Reue: Wie hättest du dich gefühlt, wenn du dieses oder jenes in deinem Leben anders gemacht oder entschieden hättest? Welche andere Erfahrung hättest du machen können? Und wie hättest du dich mit dieser Erfahrung gefühlt? Lass dieses Gefühl dann in das Wesen der Reue einfließen und beobachte, wie es sich dabei verändert!

Wenn du das, was du deiner Ansicht nach versäumt hast, in dein Energiefeld integrierst, dann hast du sogar doppelt gewonnen – einmal die Erfahrung, die du ohnehin gemacht hast, und obendrein auch noch den Erfahrungswert, den du gewonnen hättest, wenn du dich damals anders verhalten hättest – denn für dein inneres Erleben zählt einzig die Gefühlsqualität, die damit verbunden ist. Es geht immer darum, wie wir uns fühlen wollen. Alles andere ist Formsache.

Lebst du deinen Traumberuf?

Machst du beruflich das, wovon du immer geträumt hast? Dann gehörst du zu den seltenen Ausnahmen. Die meisten Menschen hierzulande gehen einer Tätigkeit nach, die sie nicht erfüllt. Von dem inneren Widerstand, der damit einhergeht, sind sie so erschöpft, dass sie sich abends nur noch vor die Glotze hängen und das nächste Wochenende herbeisehnen können. Der Thesaurus von Microsoft Word ist dafür wohl symptomatisch. Für das Wort »Arbeit« zeigt er als Erstes das Synonym »Plage« an, mit den Unterbegriffen »Schwierigkeit« und »Strapaze«; weiter unten den Oberbegriff »Anstrengung«, unter anderem mit den Unterbegriffen »Mühe«, »Kopfzerbrechen«, »Last«, »Broterwerb«, »Mühsal«. Da möchte man doch direkt die Ärmel hochkrempeln und sich an die Arbeit machen!

Welchen Beruf würdest du am liebsten ergreifen, wenn du es dir frei aussuchen könntest und die entsprechende Eignung dafür besäßest? Sag jetzt nicht, du weiß es nicht. Vielleicht ist das eines deiner Grundsatzprobleme, nicht zu wissen, was du willst. Daran ist nichts Verwerfliches. Die Sache hat nur einen Haken: Wenn du nicht weißt, was du für dich willst, wissen andere umso besser, was sie von dir wollen. Dein Chef, deine Familie, deine Freunde, deine Kinder. Und? Warum auch nicht? Wer ist nicht gerne allseits gefragt und nützlich? Klar. Aber Hand aufs Herz: Wie fühlt sich das an, fortwährend für Dinge vereinnahmt zu werden, die eigentlich gar nicht so wahrlich und wahrhaftig dem entsprechen, was dir tief in deinem Innersten für dein Leben vorschwebt?

Das, was du dir insgeheim für dich wünschst, wünscht sich deine Seele schon lange. In deiner Sehnsucht hörst du ihren Ruf. Folge ihm. Das Universum konspiriert, um ihn dir zu erfüllen. Alles ist bereits in dir vorhanden, was du dazu brauchst. Erlaube dir zu träumen – und dann werde selbst zu diesem Traum!

Ergründe die Motivation hinter deiner Wunschvorstellung

Wenn es dir schwerfällt, dir deine Gefühle zu der gewünschten Sache auszumalen, vervollständige Sätze wie in den nachstehenden Beispielen und verfolge damit die Spur deiner inneren Beweggründe bis zu deinem Grundgefühl, aus dem dein Wunsch resultiert *Emo-Tracking*, siehe das Praxisbeispiel mit Anna auf Seite 123ff.). Dabei kannst du sowohl deine positiven Erwartungen nachvollziehen als auch deine schlimmsten Befürchtungen – beides wird dich letztlich zu dem Bauchgefühl führen, das dich aktuell davon abhält, das Gewünschte in dein Leben zu ziehen. Denn wenn dein Energiefeld auf ganzer Linie klar und schwingungskohärent wäre, bräuchtest du dir die Sache nur vorzustellen, und sie würde sich dir, schwuppdiwupp, zu Füßen legen!

… am Beispiel Partnerschaft

Ergründe deine *positive* Motivation nach einer Partnerschaft durch die Frage, was du deiner freudigen Erwartung nach tun *würdest* oder *könntest*, wenn du die gewünschte Sache hättest – und wie sich das anfühlen würde.

Wenn ich einen Partner hätte, *könnte* ich mit ihm alles Mögliche unternehmen und in eine schöne Wohnung ziehen. Dann hätte ich ein abwechslungsreiches Leben und würde mich gleichzeitig geborgen fühlen. Wenn ich mich geborgen fühlte, könnte ich viel mehr aus mir herausgehen. Wenn ich mehr aus mir herausgehen würde, könnte ich tun, was meinem Herzenswunsch entspricht, und mich beruflich besser verwirklichen. Dann würde sich mein Leben sinnerfüllt anfühlen.

Deine innerste Motivation hinter deinem Wunsch, einen Partner zu haben, wäre in diesem Beispiel also, ein sinnerfülltes Leben zu führen. Natürlich wollen wir das alle – problematisch wird es nur, wenn wir die Erfüllung unserer Lebensaufgabe von der Existenz eines Partners an unserer Seite abhängig machen. Umgekehrt können wir hieraus schließen, dass du dein Leben aktuell als weniger sinnvoll erachtest, weil du offenbar nicht deinem Herzenswunsch folgst. Sinnlosigkeit und die daraus folgende Verurteilung und also Vernichtung wären das negative Kerngefühl, das dich bislang daran hindert, einen attraktiven Partner anzuziehen. Mit so einem unterschwelligen Gefühl im Bauch sendest du Duftstoffe aus, die potenzielle Kandidaten auf Abstand halten. Denn wer will schon mit einer Person zusammen sein, die ihr Leben nicht auf die Reihe kriegt, nur weil sie gerade keinen Partner hat? Vielleicht einer, der seinen Selbstwert daraus bezieht, anderer Leute Sinnverfehlung zu kompensieren? Das gäbe einen prickelnden Beziehungscocktail – wohl bekomm's!

Ergründe die *negative* Motivation deines Alleingangs durch die Kernfrage, was du deiner Befürchtung nach tun *müsstest oder nicht mehr tun könntest*, wenn du einen Partner hättest – und wie sich das anfühlen würde. Oder auch: Was könnte schlimmstenfalls passieren, wenn du glücklich mit einem Partner vereint wärst?

Wenn ich einen Partner hätte, *müsste* ich mich einschränken und nach ihm richten. Wenn ich mich einschränken und nach meinem Partner richten müsste, könnte ich mich nicht mehr frei entfalten. Dann könnte ich nicht tun, was meinem Herzenswunsch entspricht, und ich würde den Sinn meines Lebens verfehlen. Ich würde mich fühlen wie ein Versager, eine Versagerin.

Da sind wir wieder. Auch auf dem »Schreckenspfad« gelangen wir zum Kerngefühl des Versagens und der Sinnlosigkeit, das durch ein vernichtendes Urteil verhängt wird. Diese Blockade gilt es nun, zu transformieren, damit dein künftiger Traumpartner deine sprühende Selbstverwirklichungsausstrahlung drei Meilen gegen den Wind wittert! Denn vielleicht wechselt er deinetwegen demnächst seinen Wohnort, um wie aus dem Nichts plötzlich in deinem Stammcafé aufzutauchen? Kosmische Verschränkungen scheuen keine Entfernung und kennen keine geografischen Grenzen.

Überleg dir, was du mit deinem Partner erleben und wie du dich mit ihm fühlen willst, um den für dich jeweils Passenden in dein Leben zu ziehen – davon gibt es zumeist mehrere, je nach Lebensphase und persönlichem Entwicklungsstand. Achte darauf, dass du einen Partner manifestierst, mit dem du gemeinsam wachsen kannst – sonst bist du ihm mit der neuen Theta-Power bald um einige Schuhlängen voraus. Auch die Optik und die Körperchemie sollten stimmen. Verlier dich dabei allerdings nicht in Details, wie die Länge der Fußnägel oder die Haarfarbe, denn damit schränkst du den Radius der potenziellen Kandidaten nur unnötig ein. Dein Quellbewusstsein hat den gesamten Überblick, kennt sich viel besser aus und übertrifft im Ergebnis deine Erwartungen meist um ein Vielfaches – es wäre schade, wenn du für diese Boni nicht offen wärst! Beschränke das Äußere deines Traumpartners auf deinem Wunschzettel also auf die wesentlichen Grundattribute – es sollte jemand sein, dessen Aussehen dir gefällt und der gepflegt und sexuell attraktiv für dich ist. Denk außerdem daran, dass du dir den Partner zum göttlich richtigen Zeitpunkt manifestierst. Wenn du darauf bestehst, ihm sofort zu begegnen, könnte es sein, dass er noch in einer anderen Partnerschaft gebunden ist. Erspar dir lieber das Drama seines Fremdgehens oder der Trennung und vertraue darauf, dass er in dein Leben treten wird, wenn ihr beide dazu bereit seid.

Wenn du eine Partnerin oder einen Partner manifestiert hast, dann lauf anschließend nicht erwartungsvoll durch die Gegend und halte Ausschau nach ihr oder ihm. Könnte es diese Grazie da sein? Oder der da hinten, der spricht mich bestimmt gleich an! Wenn du dich dabei ertappst, wie du derart auf der Lauer liegst, bist du noch nicht fertig mit der Transformation deiner Mangelgefühle. Für dich attraktive Menschen riechen die Bedürftigkeit, die sich in dieser Haltung offenbart, drei Meilen gegen den Wind und wenden sich von dir ab, sobald du nur in ihre Nähe blickst. Unterdrück deine Bedürftigkeit auch nicht, indem du den coolen Checker mimst oder die gleichgültige Diva. Wirklich attraktiv aufs andere Geschlecht wirkst du nur, wenn du aufrichtig in deiner Attraktivität ruhst, indem du dir ihrer gewiss bist. Nun kannst du einwenden, dass viele Frauen sehr wohl auf den Obermacker hereinfallen und etliche Männer auf die Silikon-Barbie mit Silberblick. Das mag stimmen. Doch tun sie das nur aus einem selbst empfundenen Mangel heraus. Glückliche und fruchtbare Partnerschaften erwachsen aus ihren Motiven nicht.

Transformiere das Wesen deiner Bedürftigkeit, indem du ihm die Energiequalitäten zufließen lässt, die es braucht: Liebe, Aufmerksamkeit, Wertschätzung, sexuelle Erfüllung. Damit bist du so entspannt, dass du automatisch anziehend auf andere wirkst. Ist dir schon einmal aufgefallen, dass dir viel mehr Blicke und Aufmerksamkeiten zufliegen, wenn du frisch und glücklich verliebt bist und »es« gar nicht mehr »nötig« hast? Das liegt daran, dass Verliebten das Glück und die sexuelle Erfüllung aus jeder Pore strahlen.

Es spricht übrigens nichts dagegen, zur Vorbereitung auf die Begegnung mit deiner großen Liebe zum Friseur zu gehen und deinen Körper in Topform zu bringen. Wenn du dich bislang nicht dazu hast aufraffen können, obwohl du dich unattraktiv mit deiner jetzigen Frisur oder Figur fühlst, dann ist das ein Zeichen dafür, dass du nicht wirklich bereit bist für die Begegnung mit deiner großen Liebe. Dein Seelenpartner wird dich auch mit deinem jetzigen Aussehen mögen. Aber tust du es auch? Was bist du dir selbst wert? Programmiere dir das Gefühl ein, liebenswert, attraktiv und sexy zu sein und eine natürliche Lust auf Bewegung zu verspüren. Dein Körpergefühl wird sich automatisch darauf einstellen. Wenn du dich geliebt fühlst und dich mit deinem Körper annehmen kannst, wie du bist, egal, wie viele Pfunde du draufhast oder wie viele graue Haare du zählst, dann hast du nicht nur eine attraktive Ausstrahlung, sondern obendrein dürfte dein Appetit auf Sahnetorte und Burger allmählich nachlassen. Plötzlich schmeckt dir ein leckerer Salat mit Pinienkernen und Parmesanstreuseln zum Mittagessen, und du bekommst Lust, strammen Schrittes durch den Park zu laufen, einen Yoga-Kurs zu besuchen oder wild durchs Zimmer zu tanzen. Hand aufs Herz: Wann hast du das letzte Mal so richtig ausgelassen getanzt? Zur Abi-Fete? Dann erhebe dich von deinem Sitz, dreh deine Lieblingsmusik laut auf, und ab geht die Luzi! Bring deine Sohlen zum Qualmen! Spür die Erotik in deinen Hüften! Nur keine Hemmungen – in deinen vier Wänden sieht dich keiner. Aber das leidenschaftliche Funkeln in deinen Augen wird niemandem entgehen, der dafür empfänglich ist, sobald du dich ins wilde Leben stürzt!

... am Beispiel Geld

Ergründe die positive Motivation hinter deiner Geldblockade: Wie würdest du dich fühlen, wenn du viel Geld hättest? Was *könntest* du dann tun, was du jetzt nicht oder nur begrenzt tun kannst?

Wenn ich mehr Geld hätte, *könnte* ich mir tolle Reisen leisten. Wenn ich tolle Reisen unternehmen würde, würde ich viel von der Welt sehen. Wenn ich viel von der Welt sehen würde, hätte ich Interessantes zu erzählen. Wenn ich Interessantes zu erzählen hätte, wäre ich ein attraktiver Gesprächspartner. Wenn ich ein attraktiver Gesprächspartner wäre, wäre ich bei anderen beliebt und hätte viele Freunde. Wenn ich viele Freunde hätte, wäre ich anerkannt. Wenn ich anerkannt wäre, würde ich mich wertvoll fühlen.

In diesem Beispiel wäre deine Hauptmotivation, mehr Geld zu verdienen, also, dass du mehr Wertschätzung erfahren möchtest. Im Umkehrschluss hast du augenblicklich deshalb nicht mehr Geld, weil du dich weniger wertvoll fühlst. Dieses Kerngefühl gilt es also, zu transformieren.

Integriere das Gefühl der Wertschätzung, das von deinem Energiefeld abgespalten ist, durch ein *Symboling* in dein Zellbewusstsein. Schließe deine Augen und vergegenwärtige dir eine Situation aus deinem Leben, in der du dich nicht anerkannt und wertgeschätzt gefühlt hast. Transformiere die Situation, indem du der Person oder Gruppe, die deinen Wert verkennt, das Gefühl der Anerkennung und

Wertschätzung zufließen lässt. Beobachte dabei genau, wie die Person sich dabei verändert. Mit der Verwandlung und anschließenden Umarmung deines Gegenübers harmonisiert sich der Wesensanteil deiner selbst, der sich abgewertet oder wertlos fühlt, mit deinem Energiefeld. Durch verbale Eingaben kannst du die energetische Transformation noch verstärken: *Ich weiß, wie es sich anfühlt, beliebt und anerkannt zu sein und mich wohl in meiner Haut zu fühlen. Ich weiß, wie es sich anfühlt, ein interessanter und spritziger Gesprächspartner zu sein. Ich weiß, wie es sich anfühlt, wertvoll zu sein.*

Ergründe die negative Motivation hinter deiner Geldblockade: Was *müsstest* du deiner Vorstellung nach tun, wenn du viel Geld hättest? Wie würden andere Menschen dir begegnen, was würden sie in dir sehen und von dir erwarten? Was wäre das Schlimmste, was dir mit viel Geld auf dem Konto passieren könnte? Und wie würde sich das anfühlen?

Wenn ich mehr Geld hätte als andere, würden sie denken, ich hätte es leichter als sie und mir wäre das Geld einfach so zugefallen. Wenn die anderen dächten, dass mir das Geld einfach so zugefallen wäre, wären sie neidisch auf mich. Wenn andere neidisch auf mich wären, wären sie ärgerlich auf mich und würden mich meiden. Wenn andere mich mieden, wäre ich allein. Wenn ich allein wäre, würde ich mich einsam fühlen. Wenn ich mich einsam fühlte, hätte ich das Gefühl, dass keiner mich mag. Wenn mich keiner mag, fühle ich mich wertlos und nichtig.

Die Angst vor Einsamkeit wäre in diesem Beispiel die Negativmotivation, die dich davon abhält, mehr Geld in dein Leben zu ziehen. Die Kernemotion, die der Einsamkeit zugrunde liegt, wäre Nichtigkeit. Transformiere dein Gefühl der Wertlosigkeit durch direktes Umprogrammieren oder indem du dir eine Situation in deinem Leben vergegenwärtigst, in der du dich nichtig gefühlt hast. Dem Teil, der dir seine Anerkennung verweigert, schenkst du deine Anerkennung. So wird er sich verwandeln.

Finde eigene Beispiele, etwa:

- Wenn ich einer Arbeit nachginge, die mich interessiert, würde ich ...
- Wenn ich meine Traumfigur hätte, könnte ich ...
- Wenn ich erfolgreich wäre, würden andere Menschen ...

Tue so, als hättest du das Gewünschte bereits!

Was würdest du anders machen, wenn deine Manifestation sich bereits erfüllt hätte? Versuche, zumindest tendenziell, so zu tun, als lebtest du bereits in deiner neuen Realität – umso eher bringst du dein Zellbewusstsein damit in die gleiche Schwingung. Du könntest etwa regelmäßig Ausflüge in die Natur unternehmen, wenn du dir ein Haus im Grünen wünschst. Wenn du dir ein schickeres Auto wünschst, dann miete dir doch hin und wieder ein solches Modell, um das Gefühl, wie es ist, hinterm Steuer dieses Wagens zu sitzen, schon einmal auszukosten. Oder besuche einen Floating-Tank, wenn du einen Vorgeschmack auf die Tiefenentspannung und das Schwebegefühl haben willst, das sich mit einer sehr hohen Schwingung regelmäßig einstellt – vergiss nicht, in diesem Zustand etwas Schönes für dich zu manifestieren!

Träumst du davon, Maler zu sein und auf einer sonnigen Insel im Süden zu leben? Dann besorg dir Leinwand, Pinsel und Farben und hol die verschiedenen Lichtqualitäten des Meeres in deine Bilder! Miete dir übers Wochenende ein Apartment am Strand und begib dich mit deiner Staffelei ins Freie. Kümmere dich nicht darum, ob deine Bilder von Galerien angekauft werden, sondern male um dein Leben! Und wenn es täglich nur eine halbe Stunde ist, die du dafür Zeit findest. Tu das, wovon du im Großen träumst, schon einmal im Kleinen! So schaffst du die energetische Vorlage, die sich im Hologramm deiner persönlichen Matrix reflektieren wird.

Gehe fein essen, als tätest du das jeden Tag. Lass dir den Geschmack von Luxus auf der Zunge zergehen und verzieh keinesfalls die Mundwinkel in Anbetracht der Preise. Segne die Scheine, die du in dein Wohlstandsgefühl investiert hast, und belohne den Kellner mit einem reichhaltigen Trinkgeld. Großzügigkeit und Dankbarkeit haben eine starke Wirkung auf dein Zellbewusstsein, suggerieren sie doch, dass reichlich vom Gewünschten vorhanden ist.

Wünschst du dir mehr Geld, um in Freiheit zu leben, tu Dinge, die dir das Gefühl von Freiheit verschaffen. Besteige einen Aussichtsturm. Geh Drachenfliegen. Lass dir von einem Freund ein Zugticket für einen Wochenendtrip besorgen, ohne zu wissen, wohin die Reise geht. Setz dir eine *Pulp-Fiction*-Perücke auf und stolziere mit deinem rosafarbenen Pudel durch die Straßen. Geh allein in die Disco, auch wenn du über vierzig bist und morgens früh zur Arbeit musst. Koch dir Spaghetti mit Meeresfrüchten zum Frühstück. Hol dir einen Hauch Bohème in dein Zellbewusstsein.

Schaffe Raum für das Neue

Wenn du dir mehr Raum für dich selbst oder eine größere Wohnung wünschst, könntest du die eine oder andere Ecke in deiner alten Wohnung frei räumen und schöne Lampen in allen Winkeln installieren – Licht schafft nicht nur Atmosphäre, sondern vergrößert auch optisch den Raum! Wenn du dir schönere Kleider wünschst, beginne damit, deine alten Schränke auszumisten und auf diese Weise Raum zu schaffen für neue Sachen. Denn wenn du alles hamsterst und an überflüssigem Ballast festhältst, signalisierst du damit deinem Zellbewusstsein deine Befürchtung, die weggegebenen Sachen nicht ersetzen zu können. Also macht es alle Schotten dicht und sorgt dafür, dass deine Selbstbegrenzung im Geiste sich auf der materiellen Ebene widerspiegelt.

Knapp daneben ist auch verfehlt

Wenn das Universum dich foppt und dir etwas liefert, was die Referenz auf deinen Wunsch zwar klar zu erkennen gibt, aber knapp an seiner wirklichen Erfüllung vorbeigeht, bedeutet das nicht, dass du nicht genau genug formuliert hast, was du willst, sondern dass du widersprüchliche Schwingungsmuster aussendest. In der Regel will dein Herz etwas anderes, als dein Bauch dir zugesteht. Etwa hat eine Freundin von mir sich einmal gewünscht, bei einem Poetry Slam einen herausragenden Platz zu gewinnen – am Ende war sie mit Abstand die Letzte. Sie nahm es mit Humor.

Um eine solche Fehlschöpfung zu vermeiden, denke daran, alles, was du manifestierst, stets zum höchsten und besten Wohl aller Beteiligten zu manifestieren. Im Bewusstsein der Quelle, also jenseits der Dualität, gibt es niemals nur einen Sieger, sondern nur Win-win-Situationen. Wir können mit der höchsten Energie nur manifestieren, was dem höchsten und besten Wohl der Gemeinschaft dient. Darum kannst du mit spirituellen Manifestationstechniken auch nicht im Lotto gewinnen. Wenn du einen Lottogewinn als die Lösung deiner Probleme ansiehst, hast du ohnehin ein Problem. Denn du gibst zu erkennen, dass du dir nicht zutraust, durch eigene Kraft viel Geld zu verdienen. Frage dich, warum du dir viel Geld wünschst, indem du in dich hineinspürst, wie du dich mit einem prall gefüllten Konto fühlen würdest. Die meisten Menschen verbinden mit Geld ein Gefühl von Sicherheit. Doch du irrst dich, wenn du denkst, Geld brächte dir Sicherheit! Geld kannst du genauso schnell wieder verlieren, wie du es gewonnen hast. Viele reiche Menschen sind ausgesprochen ängstlich. Du bist ein potenzielles Opfer für Einbrüche, Mord und Entführungen, wenn du viel Geld besitzt, außerdem eine Zielscheibe für Neid. Sicherheit kannst du nur in dir selbst finden. Selbstsicherheit ist die einzige Sicherheit, die es gibt. Etabliere sie in deinem Energiefeld, indem du systematisch an der Stärkung deines Selbstwertgefühls arbeitest.

Es könnte auch sein, dass du dir einen treuen Partner mit braunen Augen manifestierst und am nächsten Tag ein entlaufener Hund vor deiner Tür sitzt. Dein Zellbewusstsein teilt dir damit auf neckische Weise mit, dass es deinen Wunsch durchaus vernommen hat, dir das Ersehnte aber unmöglich zugestehen kann, weil es schlechte Erfahrungen in Verbindung mit dieser Sache in sich abgespeichert hat. Vielleicht gibt es in dir auch noch versteckte Vorbehalte wie »Ich verdiene es nicht« oder »Für jedes Glück werde ich gleich doppelt und dreifach bestraft«. Das sind häufige Erfolgsblockaden, die nicht selten auf tatsächlichen Erfahrungen beruhen. Doch sei dir bewusst, dass solche Erfahrungen bereits eine Reaktion auf bestimmte emotionale Prägungen auf deiner holografischen Platte sind und nicht deren Ursache. Betrachte sie also nicht als Naturgesetz, sondern behandle sie wie ein Symptom. Ein Symptom lässt sich auflösen.

Die Sinfonie deines Lebens

Über Risiken und Nebenwirkungen

Wenn du *ThetaFloating* intensiv anwendest, wirst du immer schneller deinem innersten Sein entgegenwachsen. Bewusstseinsarbeit ist eine hochdynamische Angelegenheit, und vieles gerät, deinem inneren Wandel entsprechend, in deinem Leben in Bewegung. Dazu gehört es mitunter, dass alte, nicht mehr passende Strukturen wegbrechen. Private Beziehungen und Arbeitsverhältnisse können enden, Aufträge oder Vereinbarungen platzen, wenn sie nicht mehr deinem höchsten und besten Wohl dienen, oder uralte Probleme kommen zum Vorschein, die du längst für erledigt glaubtest – nicht etwa, weil die Anwendung nach hinten losgegangen wäre, sondern weil sich durch die Entfernung alter Muster noch ältere, tief vergrabene Verletzungen erst zeigen können. Nun kannst du dich auch ihrer mit voller Aufmerksamkeit annehmen und ihre abgespaltene Energie in dein Zellbewusstsein reintegrieren. Sollte dir also nach einer Theta-Anwendung etwas passieren, was zunächst nicht nach einer Besserung aussieht, halte die Füße still und versuch auf keinen Fall, zurückzurudern und das Alte wieder zusammenzuflicken. Denn dadurch würdest du die Strukturen deines Leidens nur umso hartnäckiger reinstallieren. Atme lieber tief durch, kauf dir eine Flasche Champagner und gratulier dir selbst zu deinem Mut, das Alte loszulassen, ohne das Neue bereits in Aussicht zu haben. Vertraue darauf, dass dir Veränderungen bevorstehen, die deinem innersten Wesen sehr viel mehr entsprechen als das, womit du dich bislang gequält hast.

Einer meiner Schüler hat sich einmal mit seiner Exliebe harmonisiert, in der Hoffnung, er würde sie dadurch wieder zurückgewinnen. Daraufhin brach die Frau endgültig den Kontakt zu ihm ab. Er war zutiefst erschüttert und überzeugt, die Harmonisierung habe seine Situation nur verschlimmbessert. Tatsächlich hatte das Manöver jedoch hervorragend funktioniert – diese Frau, die ihn jahrelang zum Narren gehalten hatte und auf seinen Gefühlen herumgetrampelt war, passte nur schlichtweg nicht mehr zu seinem neuen Gefühl der Selbstachtung und Wertschätzung, das er in seinem Zellbewusstsein etabliert hatte. Ich empfahl ihm, sich auch mit dieser veränderten Situation zu harmonisieren. Kurz darauf machte er auf einer Reise eine Bekanntschaft mit einer Frau, aus der zunächst eine vertrauensvolle Freundschaft und ganz behutsam schließlich eine innige Liebe erwuchs. Hätte seine Exfreundin sich noch in seinem Energiefeld festgehalten, wäre er für diese Erfahrung nicht offen gewesen und hätte nicht erleben können, wie es sich anfühlt, aufrichtig geliebt und respektiert zu werden.

Es heißt, mit jeder Tür, die sich schließe, öffne sich eine neue, und das ist konsequent wahr bis zur Todestür. Schließe also die Rezeptoren in deinem Zellbewusstsein, die deinem Wohl entgegenstehen, und öffne solche, die dir den Weg zu einem stärkeren, glücklicheren, stimmigeren Selbst weisen. Schmerzhafte Kompromisse sind niemals die Lösung, die deine weise Seele wählt, und sie rächen sich zuverlässig, denn sie entspringen dem Glauben an Mangel und Begrenzung. »Wir gehen ständig Kompromisse ein, die müssen beschissen sein«, lautet eine Rap-Zeile von Sabrina Setlur. Gib dich nicht mit Halbheiten zufrieden, wenn du das Ganze erleben kannst!

Dein Leben im Flow

Je mehr deiner Abspaltungen du integriert hast, je stimmiger dein Zellbewusstsein in sich ist, desto eher arrangieren sich deine Herzensangelegenheiten zu einer volltönenden Sinfonie.

Dann mailst du deinem besten Freund inbrünstig, dass du Lust auf eine temperamentvolle Latina hast. Eine Woche später tippt dir an der Schlange in der Eisdiele eine Spanierin auf die Schulter und macht dich darauf aufmerksam, dass dein Portemonnaie bedenklich aus der Hintertasche deiner Jeans herauslugt. Eure Blicke treffen sich, es gibt einen Stromschlag, und ihr verlasst die Eisdiele mit einem gemeinsamen Rieseneisbecher.

Dann kommst du mit deinem schweren Koffer von einer Reise zurück und stöhnst schon innerlich beim Gedanken daran, dass du ihn gleich fünf Stockwerke die Treppe zu deiner Altbauwohnung hochschleppen musst. In dem Moment kommt dein muskelbepackter Exfreund aus dem Haus, der während deiner Abwesenheit deine Pflanzen gegossen hat, und du kannst ihm deinen Koffer geradewegs überreichen.

Solche Dinge passieren, ohne dass du zu deinem Wunsch explizit etwas beisteuern musst, wenn dein Energiefeld kohärent darauf ausgerichtet ist, das heißt, wenn dein Bauchgefühl deinem bewussten Wollen nichts entgegenzusetzen hat. Plötzlich werden auch Wünsche wahr, die du schon lange gehegt hast, die sich aber aus irgendeinem Grund nie erfüllt haben und die du inzwischen längst wieder vergessen hast. Du wächst durch diese Arbeit einfach immer vollständiger in dein wahres Selbst hinein.

Zieh einen heiligen Kreis um deine Heilung

Schütze dich vor Spöttern, Skeptikern und Neidern, die dir weismachen wollen, das sei alles Unsinn. Das Pflänzchen deines spirituellen Erwachens ist anfangs noch sehr zart und bedarf der sorgfältigen Pflege und des Schutzes, außerdem vieler kleiner und großer Erfolgserlebnisse.

Warum machen das dann nicht alle, wenn es so einfach ist?, lautet die klassische Frage der Skeptiker. Die Antwort ist einfach: Den meisten mangelt es am entsprechenden Bewusstsein. Zu allen Zeiten und an allen Orten hätten die Menschen auf die gleiche einfache Weise ihre Probleme lösen können, wenn das Bewusstsein dafür existiert hätte. Du hingegen genießt das Privileg eines wunderbaren Wandels im menschlichen Bewusstsein. Noch nie war es so leicht wie heute, Quantensprünge in der persönlichen Entwicklung zu machen, denn am Höhepunkt unseres kollektiven Trennungsdramas sind wir endlich reif, eben dieses Drama in Wohlgefallen aufzulösen. Die Magnetfelder der Erde werden aufgrund der erhöhten Sonnenaktivitäten umgepolt und damit auch unser Bewusstsein. Überkommene Strukturen lösen sich mit dem alten Denken auf.

Wenn du dich viel mit Menschen umgibst, die noch nicht zu Bewusstsein gelangt und in ihren alten Denkstrukturen gefangen sind, werden dich ihre Begrenzungen immer wieder runterziehen. In ihrer Gegenwart neigst du dazu, sofort aufzugeben, wenn deine ersten Flugversuche nicht die gewünschten Ergebnisse erzielen. Darum ist es unbedingt wichtig, dass du, solange du noch am Anfang dieser Entwicklung stehst, eine Art »heiligen Kreis« um dein neues Bewusstsein ziehst und dich von Menschen fernhältst, die dieses Denken nicht mit dir teilen wollen. Wenn sich ihre Gesellschaft nicht vermeiden lässt, etwa im Kolleg oder in der Familie, dann halte dich mit Erzählungen über das, was du treibst, vorerst zurück. Wenn du deinen Weg konsequent weitergehst und dich spirituell entwickelst, werden diese Menschen sich entweder, inspiriert von deinem leuchtenden Vorbild, mit dir wandeln oder allmählich aus deinem persönlichen Umfeld verschwinden. Du wirst die Stellung wechseln und neue Bindungen eingehen, die deiner Wellenlänge entsprechen.

Lass dich auch zu keinem Test herausfordern, mit dem du den Beweis erbringen sollst, dass das, was du da treibst, Hand und Fuß hat. Wer so etwas von dir verlangt, ist in der Regel nicht wirklich daran interessiert, zu realisieren, dass es funktioniert. Er will dich nur vorführen und lächerlich machen, damit er in seinem alten System verharren kann. Eine schlechte Voraussetzung, die einen negativen Vorführeffekt beinahe garantiert, denn damit gerätst du so unter Druck, dass dir die Expansion in ein höheres Bewusstsein schwerfallen wird. Versuch es also gar nicht erst. Lächle deinen Herausforderer lieber milde an und erklär ihm, dass du nicht daran interessiert bist, ihn zu missionieren. Das nächste Mal, wenn du wieder in den Theta-Zustand gehst, wirst du die Erhabenheit der Quelle spüren. Weisheit ruht in sich selbst und hat es nicht nötig, sich zu beweisen. Lass den Skeptikern ihren Glauben und ihre eingeschränkte Weltsicht. Es gibt mehr als genug Menschen auf der Welt, die deinen Kräften gegenüber aufgeschlossen sind und deine Hilfe gerne in Anspruch nehmen. Sie werden dir die nötige Wertschätzung und den entsprechenden Energieausgleich dafür gerne geben. Ihre Zahl steigt stetig an. Halte dich an diese Menschen und geh mit deinem leuchtenden Beispiel voran. So bist du um ein Vielfaches überzeugender, als wenn du irgendwelche Zauberkunststückchen um des Effekts willen vollführst.

Mein Leben im Schaffensrausch

Während ich dies schreibe, versinkt meine Heimatstadt Berlin bei Temperaturen um minus sechzehn Grad im Schnee. Eiskalter Ostwind fegt durch die Häuserschluchten. Die ersten Weihnachtsbäume werden vor die Tür geworfen. Das Jahr 2010 neigt sich seinem Ende zu. Ich sitze auf der Terrasse am Hang der alten Casa Morena, die im Bergdorf Moya im Norden der Insel Gran Canaria liegt. Die Sonne wandert allmählich hinter dem Gemäuer entlang Richtung Bergkamm und wärmt meinen Nacken. Der Panoramablick über das Tal offenbart grün bewachsene, schroffe Felsklüfte, gekrönt von einzelnen Häusern und Ortschaften. Dahinter erstreckt sich das blaue Meer und verschmilzt mit dem milchigen Blau des Horizonts. Hinter dem Segelboot und dem Dampfschiff, die in Zeitlupe den sanften Wellengang durchkämmen, scheint die Welt zu enden. Von fernen Gehöften tönt Hundekläffen herüber, und eine Schafherde blökt dazu ihr rührendes Konzert. Im Geäst der Bäume und Sträucher hüpfen zierliche Singvögel umher und zwitschern das Lied vom ewigen kanarischen Frühling. Mein Gesicht spiegelt sich vor dem Himmel im Bildschirm meines Notebooks. Johannes, mit dem ich vorhin auf dem Sonnendeck des Hauses gefrühstückt habe, kraxelt im Alleingang über Felsen und denkt dabei über sein nächstes Werk nach.

Schon immer habe ich mir gewünscht, in sonnigen Gefilden Bücher zu schreiben. Jetzt, da dieser Wunsch Realität geworden ist, muss ich gestehen, dass ich mir das etwas anders vorgestellt habe – nämlich mit einem sehr viel größeren Zeitfenster, das mir auch noch privaten Spielraum lässt. Statt meinen gesamten Jahresurlaub am Computer in der Casa zu verbringen und mit dem gefährlich nahenden, bereits mehrfach verschobenen Abgabetermin im Nacken mein Manuskript zu erstellen, würde ich jetzt lieber mit Johannes in der Meeresbrandung eines abgelegenen Strandes herumtollen. Und nicht nur der Verlag wartet ungeduldig auf meinen Output, auch in meiner Coaching-Praxis bilden sich unablässige Warteschlangen, und die täglichen E-Mail-Fluten kriege ich kaum mehr auf die Reihe. Ich brauche dringend Personal, um all den Anforderungen, die der Erfolg mit sich bringt, gerecht werden zu können. Mein Unternehmen ist schneller gewachsen als meine strukturellen Kapazitäten, und das fühlt sich zwar einerseits erhebend, andererseits aber auch ziemlich ungemütlich an. Das ist es, was ich mit »Luxusproblemen« meine. Ich bin sicher, dass sie sich mit der entsprechenden »Nachrüstung« schnell beheben lassen.

Immerhin sind die Anstrengungen der letzten Monate, in denen ich Nacht für Nacht durchgearbeitet habe, um neben dem florierenden Coaching- und Seminarbetrieb das *Theta-Floating*-Konzept abzustecken und schriftlich zu formulieren, schon nach kürzester Zeit vergessen. Angeschlossen an die hochschwingenden Energien der höheren Bewusstseinssphären, tanken sich meine Batterien schnell auf. Täglich berausche ich mich an meiner Arbeit, die ich mit so vielen dankbaren Menschen teilen darf. Meine persönlichen Ruheoasen finde ich in den vertikalen Räumen meiner Zeit, in denen ich in Theta gehe und mich aktiv mit meiner geistigen Führung verbinde, um mich mit frischen Inspirationen, Weisungen und vitalen Gammastrahlen zu versorgen. Während ich am einen noch werkele, bahnt sich in meinem Hinterkopf schon das nächste Großprojekt an.

Mein Leben spielt sich also immer noch auf der Überholspur ab – im Gegensatz zu früher jedoch mit magischem Rückenwind und blankem Jubel statt mit angezogener Handbremse und blanken Nerven. Spirituelle Praxis und eine hohe Aktivität schließen einander nicht aus, im Gegenteil. Da ich heute im Einklang mit meinem Seelenstrom lebe, habe ich so viel Power, um meine Interessen zu verwirklichen. Gib mir einige unverplante Stunden, und ich gerate in kreative Ekstase. Feierabende oder Erholungswochenenden sind meine Sache nicht. Mein Leben ist der kreativen Arbeit gewidmet, und meine kreative Arbeit widmet sich dem Leben. Dieses Leben erfüllt mich mit Begeisterung und Glück. Es ist das Glück, das aus mir selbst sprudelt. Eine andere Quelle brauche ich nicht.

Heute habe ich eigentlich nur noch einen Wunsch: mehr Zeit zur Verfügung zu haben, um all das Wunderbare auch gebührend genießen und würdigen zu können, das mir unentwegt zuteilwird. Zeit ist das Einzige, woran es mir heute subjektiv noch mangelt. Es gibt so vieles, was ich gerne auskosten würde. Doch ahne ich auch, dass man nicht wirklich mehr Zeit gewinnt, indem man mehr Stunden zur Verfügung hat, etwa, indem man auf Schlaf verzichtet. Denn es geht im Leben nicht um Quantitäten, die man mit der Uhr messen kann, sondern um die qualitative Erfüllung, die in jedem Moment liegt. Das eigentliche Geheimnis der Zeit offenbart sich in ihrer Parallelität, in der Gleichzeitigkeit allen Geschehens und allen Seins. Zeit ist in höheren Sphären des Bewusstseins, wie alle Erscheinungen, eine Illusion. In der Meditation lässt sich die Zeitlosigkeit erkunden, und ich arbeite daran, dieses Erleben in mein Schaffen zu überführen. Eines Tages, das gelobe ich, werde ich zur Expertin der Zeit. Denn wo die größten Dilemmata liegen, liegt auch das größte Potenzial.

Hierzu passt die vorletzte Meditation auf der beigelegten CD: *Erschaffe dir neue Zeit-Räume.* Track 5

Danksagung

Zwei Personen möchte ich ganz besonders danken, die mich auf diesen Weg geführt haben und denen ich in Ewigkeit verbunden bin: Johannes Kreidler, meinem aufregenden Magier, Inspirator und Venusboy für seine Liebe und Partnerschaft, sein schillerndes Wesen und sein Vertrauen in meine Talente und Fähigkeiten. Vor allem aber danke ich ihm für seine unbeugsame Vernunft, mit der er mich zu seiner großen Schwester bugsiert hat. Und diese wahrlich große Schwester Mechthild Wenzelburger ist die andere Person: Mein tiefer Dank gilt ihrer meisterlichen Heilkraft und Einführung in die Kunst des absichtsvollen Erschaffens, ihrer liebevollen Ermutigung, Großzügigkeit und Gastfreundschaft und ihren wertvollen Tipps beim Start in die Theta-Praxis. Ihr Vorbild beim Schwingen des geistigen Zauberstabs und ihr konsequent hohes Selbst haben mich dermaßen verblüfft und überzeugt, dass es mir in meinen zweifelnden und rückfälligen Phasen immer wieder neuen Auftrieb gab.

Außerdem danke ich von Herzen meinem Verleger Christian Strasser für seinen Vertrauensvorschuss in meine Kompetenz und den großen Gestaltungsspielraum bei der Produktion des Buches und der CDs sowie meinen Lektorinnen Caroline Colsman und Meike Frese vom Scorpio-Verlag für ihre engagierte Betreuung meiner Werke und Annette Barth im Außenlektorat für ihren zügigen und kompetenten Einsatz.

Dank gilt meinem Menschi und *personal assistant* Tom Radau für Fugenkitt und Fürsorge in allen Lebenslagen. Meinem Haus- und Hoffotografen Ivan Schneider für seinen stylischen Blick, seinen Böse-Buben-Charme und seinen großzügigen Support. *Mil besos* an meinen strahlenden Astronauten Manuel Romen für unsere Synchronizitäten, unsere geniale künstlerische Zusammenarbeit und die vielen Lachanfälle beim Reisen. Eine innige Umarmung meiner Herzensdichterin Oya Erdoğan, die mich mit ihrem wunderschönen und intelligenten Wesen entzückt, berührt und inspiriert. Tiefen Dank an die lemurische Grazie Gudrun Brunier, dass sie »uns« gefunden hat und mit mir Mädchenurlaub in Asien macht. Herzlichen Dank an Walter Stolte, meinen spirituellen Wegbereiter, für seine mentorische und freundschaftliche Begleitung und Gastfreundschaft seit meinen Mittzwanzigern. Mit seiner klaren, unverblümten und mitreißenden Art hat er mich ob meines damaligen Opferkults gehörig auf den Pott gesetzt und mir damit eine erste Ahnung von meiner inneren Macht vermittelt. Mit seiner spritzigen, witzigen und herzlichen Frau Ines sind unsere Gespräche gleich doppelt wertvoll. Einen glitzernden Sternenkuss für meinen Elfenschatz Peh, der ich ein wunderbares Gefühl der Freiheit und Liebe mit auf die Reise durch die Welt und zu sich selbst gebe. Eine dicke Umarmung an meine liebe, langjährige Freundin Claudia Schulz, deren Erdmännchen-Ethos mir immer ein Vorbild war und mit der ich noch meilenweit durch den Tiergarten spazieren möchte. Eine innige Umarmung an meinen hochbegabten Stardramatiker Jannis, der mir den Duft der Theaterwelt eröffnet und immer an »Leowee, die alte Textsau« geglaubt hat. Möge die Welt dir rote Teppiche ausrollen, soweit das Auge reicht! Einen dicken Knutscha an mein Gänseblümel Kamila Handzik, der ich meine *Blonde-Street*-Perücke hiermit auch offiziell vermache – Madame Petrovska gebührt keine geringere! Eine liebevolle Umarmung meiner Sternensista Tatjana Köhne – möge dir deine innere Göttin ewig leuchten. Ein Strauß Zauberfedern an Andrea König für ihr diebisches Kichern und die vielen ermutigenden telefonischen Übungseinheiten in unserer gemeinsamen Theta-Startphase.

Mein Dank gilt – neben Mechthild – meinen Lehrern Vianna Stibal, Simon Rose, Frank Kinslow und Richard Bartlett, deren spirituelle Ansätze und Methoden mich in meiner Arbeit inspiriert haben. Meinen lieben Assistenten für ihre Loyalität und Unterstützung auf meinen Seminaren. Und ganz besonders all meinen Klienten und Seminarteilnehmern für die vielen Stunden, die wir zusammen geschwebt und gezaubert, gelacht, diskutiert und geweint haben, für ihre Begeisterung, ihr Vertrauen und ihre Anerkennung. Mit euren Anregungen, Fragen und Zweifeln seid ihr meine überhaupt allerbesten Lehrmeister!

Bonus-Credits an Shōtōki, meinen 24-hours-open-Chevalier, und mein Seelenteam vom Sirius für ihr unermüdliches Coaching und die vielen erhellenden Durchsagen!

Mein Segen gilt meiner Löwenmutter Schna und meinem »dänischen« Bruder Schnotz. Ich hab euch sehr, sehr lieb! Mögen Freude und Erfüllung euch den Weg durch das Jetzt weisen.

Quellen und weiterführende Literatur

Bartlett, Richard: Die Physik der Wunder. Wie Sie auf das Energiefeld Ihres Potenzials zugreifen. Kirchzarten 2010.

Braden, Gregg: Der Realitäts-Code. Wie Sie Ihre Wirklichkeit verändern können. Burgrain 2008.

Broers, Dieter: (R)Evolution 2012. Warum die Menschheit vor einem Evolutionssprung steht. 3. Aufl., Berlin u. München, 2009.

Dahlke, Rüdiger und Dethlefsen, Thorwald: Krankheit als Weg. Deutung und Be-Deutung der Krankheitsbilder. Erw. u. bearb. Aufl., München 1990.

Dispenza, Joe: Schöpfer der Wirklichkeit. Der Mensch und sein Gehirn – Wunderwerk der Evolution. Aus dem Englischen von Hanna Goldbach. Zürich 2010.

Fahrnow, Ilse Maria und Jürgen: Gespräche mit Sirius. 3 Bde., Teil 1: Ein größeres Bild der Realität. / Teil 2: Die neue Energie der Liebe. / Teil 3: Erkenne, wer du bist. Berlin 2008–2010.

dies.: Leichtnahrung. Die neue Kraftquelle für Körper und Geist. Berlin 2010.

Fosar, Grazyna und Bludorf, Franz: Vernetzte Intelligenz. Die Natur geht online. Gruppenbewusstsein, Genetik, Gravitation. 5. Aufl., Aachen 2007.

dies.: Der Geist hat keine Firewall. Neues Bewusstsein trifft Mind Control. München 2009.

Gespräche mit Nathan Gill: Sein – sonst nichts. Being – the bottom line. Fürstenfeldbruck 2008.

Goswami, Amit und Niehaus, Thomas: Das bewusste Universum. Wie Bewusstsein die materielle Welt erschafft. Neuaufl., Bielefeld 2007.

Goswami, Amit: The Quantum Activist. Über die Wissenschaft zu Gott. DVD, Spielzeit: 77 Min. 2010.

Hartong, Leo: Zum Traum erwachen. Die Kunst, hellsichtig zu leben. Winterthur 2006.

Hawkins, David: Erleuchtung ist möglich. Wie man die Ebenen des Bewusstseins durchschreitet. 2. Aufl., Wasserburg/Inn 2008.

Hay, Louise L.: Heile deinen Körper. Seelisch-geistige Gründe für körperliche Krankheit und ein ganzheitlicher Weg, sie zu überwinden. 4. Neuaufl., Bielefeld 2009.

Hicks, Esther und Jerry: Ein neuer Anfang. Das Handbuch zum Erschaffen deiner Wirklichkeit. 4. Aufl., München 2007.

dies.: Wie unsere Gefühle die Realität erschaffen. Die Gesetze der Manifestation. Berlin 2009.

Janew, Claus: Die Erschaffung der Realität. 2., überarb. Ausg. Dresden 2010.

Jansen, Robert: Ist die Welt ein Hologramm? In: Allmystery 2007. [http://www.allmystery.de/artikel/universum_hologramm.shtml]. Englische Originalquelle für diesen Artikel: *The Universe as a Hologram. Does objective reality exist, or is the universe a phantas?* [http://www.advaita.de/html/hologramm.html] 1996.

Jawer, Michael A. und Micozzi, Marc S.: Die geheime Macht der Gefühle. Über die spirituelle Dimension unserer Emotionen. München 2010.

Kinslow, Frank: Quantenheilung. Wirkt sofort – und jeder kann es lernen. 3. Aufl., Kirchzarten 2009.

ders.: Quantenheilung erleben. Wie die Methode konkret funktioniert – in jeder Situation. Kirchzarten 2010.

Kochte, Esther: Maskierungen. Insignien des Ichs. In: 1000 und 1 Buch. Das Magazin für Kinder- und Jugendliteratur. Nr. 1/2007, S. 26-29.

dies.: *ThetaFloating*. Das Hörbuch – gekürzte Lesung, 3 CDs. Spielzeit 312 Min. München 2011.

dies.: *ThetaFloating*. Meditationen und Übungen (Audio-CD). Spielzeit 75 Min. München 2011.

Das Kybalion. Die sieben hermetischen Gesetze. Hamburg 2007, 5. verbesserte Aufl. 2010, hg. u. mit einem Vorwort versehen v. Robert B. Osten.

dass.: Deutsche Übersetzung, PDF (211 kB). [http://www.hermetics.org/pdf/Das%20Kybalion.pdf]

Lipton, Bruce: Intelligente Zellen. Wie Erfahrungen unsere Gene steuern. Burgrain 2006. [Auch als DVD]

McTaggart, Lynn: Das Nullpunkt-Feld. Auf der Suche nach der kosmischen Ur-Energie. München 2007.

Metzinger, Thomas (Hrsg.): Bewusstsein. Beiträge aus der Gegenwartsphilosophie. 5. erweiterte Aufl., Paderborn 2005.

ders.: Der Ego-Tunnel. Eine neue Philosophie des Selbst: Von der Hirnforschung zur Bewusstseinsethik. 8. Aufl., Berlin 2010.

Northoff, Georg: Die Fahndung nach dem Ich. Eine neurophilosophische Kriminalgeschichte. München 2009.

Ricard, Matthieu und Trinh Xuan Thuan: Quantum und Lotus. Vom Urknall zur Erleuchtung. München 2008.

Roth, Gerhard: Aus Sicht des Gehirns. Vollständig überarb. Neuaufl., Frankfurt/M. 2009.

Scheinfeld, Robert: Raus aus dem Geld-Spiel! Ihr Wegweiser für den täglichen Kampf ums liebe Geld. Kulmbach 2007.

Sharamon, Shalila und Baginski, Bodo J.: Das Chakra-

Handbuch. Vom grundlegenden Verständnis zur praktischen Anwendung. 51. Aufl., Aitrang 2007.

Sheldrake, Rupert: Sieben Experimente, die die Welt verändern könnten. München 1997.

ders.: Das schöpferische Universum. Die Theorie des morphogenetischen Feldes. Aktualisierte und stark erweiterte Neuausg., Berlin 2009.

Singer, Wolf und Ricard, Matthieu: Hirnforschung und Meditation. Ein Dialog. Frankfurt/M. 2008.

Tolle, Eckart: Jetzt! Die Kraft der Gegenwart. Ein Leitfaden zum spirituellen Erwachen. Bielefeld 2000.

Walsch, Neale Donald: Gespräche mit Gott. Vollständige Ausgabe. 3. Aufl., München 2009.

Register

ThetaFloating – das Praxisbuch

Esther Kochte gewährt in ihrem praxisorientierten Begleitbuch fundierte Einblicke in ihre Arbeit als intuitive Heilerin und Bewusstseinstrainerin. Neben einer Reihe von Übungen erläutert die Autorin Schritt für Schritt anhand von Fallbeispielen, welche mitunter auch körperlichen Begleiterscheinungen und Symptome typischerweise mit bestimmten mentalen Mustern einhergehen und welche Strategien jeweils zur persönlichen Verwandlung und Heilung führen. Eine Gegenüberstellung einzelner Erscheinungen im *ThetaFloating-Prozess* lässt hinter jedem besonderen Fall ein Grundschema erkennen. Dazu erhält der Leser wertvolle Anregungen und Tipps, wie er dieses Wissen auf Heilanwendungen an sich selbst und anderen übertragen kann.

Mehr über unsere Bücher
www.trinity-verlag.de

160 Seiten, englische Broschur
12,95 € (D) 13,40 € (A) / 20,50 sFr
ISBN 978-3-942166-55-3